ENCICLOPÉDIA BÍBLICA DE TRABALHOS MANUAIS
VOLUME 2
DE GÊNESIS A APOCALIPSE

Publicado originalmente nos E.U.A.
por Group Publishing, Inc.
Título do original em inglês
The Encyclopedia of Bible Crafts for Children
Copyright © 2002 Group Publishing, Inc.

1ª Edição - Junho de 2009
1ª Reimpressão - Abril de 2013

Publicado no Brasil com a devida autorização
e com todos os direitos reservados por
Shedd Publicações
Rua São Nazário, 30, Sto Amaro
São Paulo-SP - 04741-150
Tel. (011) 5521-1924
Vendas (011) 3577-0177
sheddpublicacoes@uol.com.br
www.loja.sheddpublicacoes.com.br

Proibida a reprodução por quaisquer meios
(mecânicos, eletrônicos, xerográficos,
fotográficos, gravação, estocagem em
banco de dados, etc.)
Permitida a reprodução parcial somente
quando autorizado no texto ou em citações
breves em obras, críticas ou resenhas,
com indicação da fonte.

ISBN 978-85-88315-81-5

Printed in Brazil / Impresso no Brasil

Tradução - Eulália de Andrade P. Kregness
Revisão - Edmilson F. Bizerra
Adaptação - Helen Shedd Bizerra
Diagramação e Capa - Samuel Paiva

SUMÁRIO

GÊNESIS
Gênesis 1.14-19 6
Gênesis 1.20-31; 2.15 7
Gênesis 6.9-22 8
Gênesis 11.1-9...................10
Gênesis 15.5-6...................12
Gênesis 24.1-4, 10-27.......13
Gênesis 28.10-22...............14
Gênesis 37.3-4...................15

ÊXODO
Êxodo 2.1-10.....................16
Êxodo 3.1-10.....................17
Êxodo 14.21-31.................18
Êxodo 15.19-21.................19
Êxodo 16.11-21, 31, 35......20
Êxodo 19.3-6a; 20.1-17.....21
Êxodo 25.10-22.................22

LEVÍTICO
Levítico 8.7-13...................23
Levítico 16.6-18.................24

NÚMEROS
Números 13.......................25
Números 13.33..................26
Números 15.37-41.............27
Números 21.6-20...............28
Números 22.21-38.............29

DEUTERONÔMIO
Deuteronômio 6.4-8...........31
Deuteronômio 7.................32

JOSUÉ
Josué 6.1-21......................33
Josué 10.1-15....................34

JUÍZES
Juízes 4.1-16.....................35
Juízes 7..............................36

RUTE
Rute 1.1-18........................37
Rute 2.2-23........................38

1SAMUEL
1Samuel 9.25-10.1............39
1Samuel 16.1-13...............40
1Samuel 17........................41
1Samuel 20........................42

2SAMUEL
2Samuel 2.1-7...................43
2Samuel 9..........................44

1REIS
1Reis 3.5-15; 4.29-30.........45
1Reis 10.1-13....................46

2REIS
2Reis 5.1-16......................47
2Reis 18.1-7......................48

1CRÔNICAS
1Crônicas 4.9-10 49

2CRÔNICAS
2Crônicas 20.1-30.............50

ESDRAS
Esdras 3.1-6; 6.12 51
Esdras 7.6, 10 52

NEEMIAS
Neemias 2.11-20................53
Neemias 12.27-43.............54

ESTER
Ester 2.1-18 55
Ester 3.10-12; 8.8 56
Ester 4.10-17.....................57

JÓ
Jó 1.1-2.10; 42.10-17........58

SALMOS
Salmo 1.1-6 59
Salmo 8 60
Salmo 23 61
Salmo 119.96-106.............62
Salmo 121 63
Salmo 150 64

PROVÉRBIOS
Provérbios 2.1-15 65
Provérbios 3.5-6 67

ECLESIASTES
Eclesiastes 2.24-26 68
Eclesiastes 3.1-8...............69

CÂNTICOS
Cânticos 2.11-13 71

ISAÍAS
Isaías 1.18 72
Isaías 43.1 73

JEREMIAS
Jeremias 18.1-17 74
Jeremias 29.11..................75

LAMENTAÇÕES
Lamentaçoes 3.22-23........76

EZEQUIEL
Ezequiel 1.25-28 77

DANIEL
Daniel 2.1-28.....................78
Daniel 3 79
Daniel 5 80
Daniel 6.1-23.....................81

OSÉIAS
Oséias 6.3 82

JOEL
Joel 2.28-29.......................83

AMÓS
Amós 9.11-15 84

OBADIAS
Obadias 1.1-21 85

JONAS
Jonas 1-2 86
Jonas 1.1-3.3 88
Jonas 4.5-11......................89

MIQUÉIAS
Miquéias 7.19 90

NAUM
Naum 1.15 91

HABACUQUE
Habacuque 1.12-17 92

SOFONIAS
Sofonias 3 94

AGEU
Ageu 1.1-2.9 95

ZACARIAS
Zacarias 14.20-21 96

MALAQUIAS
Malaquias 4.1-3 97
Malaquias 4.2 98

MATEUS
Mateus 2.1-12 100
Mateus 3.13-17 101
Mateus 4.1-11 123
Mateus 4.18-22 111
Mateus 4.18-22 113
Mateus 5.1-11 102
Mateus 5.13-16 104
Mateus 6.5-15; 7.7-11 106
Mateus 7.24-29 124
Mateus 13.1-23 125
Mateus 13.31-32 114
Mateus 14.25-33 107
Mateus 14.15-21 136
Mateus 18.10-14 130
Mateus 18.21-35 108
Mateus 20.29-34 115
Mateus 21.1-11 109
Mateus 26.26-30 110
Mateus 28.1-7 118
Mateus 28.18-20 119

MARCOS
Marcos 1.9-11 101
Marcos 1.12-13 123
Marcos 1.16-20 111
Marcos 1.16-20 113
Marcos 4.1-20 125
Marcos 4.30-34 114
Marcos 6.34-44 136
Marcos 6.45-52 107
Marcos 10.46-52 115
Marcos 11.1-11 109
Marcos 12.41-44 116
Marcos 14.3-9 117
Marcos 14.12-26 110
Marcos 16.1-20 118
Marcos 16.15-17 119
Marcos 16.19-20 140

LUCAS
Lucas 2.1-20 100
Lucas 2.8-20 120
Lucas 2.22-40 121
Lucas 2.41-52 122
Lucas 3.21-22 101
Lucas 4.1-13 123
Lucas 5.27-32 111
Lucas 5.27-32 113
Lucas 6.47-49 124
Lucas 8.4-15 125
Lucas 9.10-17..................136
Lucas 10.30-37 127
Lucas 10.38-42 128
Lucas 13.10-17 129
Lucas 15.3-7....................130
Lucas 17.5-6 114
Lucas 18.35-43 115
Lucas 19.1-10..................131
Lucas 19.28-44 109
Lucas 21.1-4 116
Lucas 22.7-38 110
Lucas 24.1-12 118
Lucas 24.44-49 119
Lucas 24.50-53 140

JOÃO
João 1.4-5 132
João 1.35-51............111, 113
João 2.1-10.....................133
João 3.16 134
João 4.1-26 135
João 6.1-15 136
João 6.16-21 107
João 6.35 138
João 10.11-16 139
João 12.12-19 109
João 13.1-38 110
João 20.1-31 118

ATOS
Atos 1.9-11......................140
Atos 2.1-4 141
Atos 2.42-47 142
Atos 3.1-11 143
Atos 6.9-7.60...................144
Atos 8.26-40....................145
Atos 9.1-31......................146
Atos 12.3-19....................147
Atos 16.11-15..................148
Atos 16.25-34..................149
Atos 18.1-3......................150

ROMANOS
Romanos 6.23..................151
Romanos 8.15-16............152

Romanos 8.38-39 153	**GÁLATAS**	**1TESSALONICENSES**	**TIAGO**
Romanos 9.20-21 154	Gálatas 3.26-29 171	1Tessalonicenses 5.19-24 190	Tiago 1.19-20 203
Romanos 10.15 155	Gálatas 5.13-15 172	**2TESSALONICENSES**	Tiago 2.14-17 204
Romanos 13.8-10 156	Gálatas 5.22-26 173	2Tessalonicenses 2.15-17 191	**1PEDRO**
Romanos 13.11-12 157	Gálatas 6.7-10 174	**1TIMÓTEO**	1Pedro 5.7 205
Romanos 15.2 158	**EFÉSIOS**	1Timóteo 2.1-4 192	**2PEDRO**
1CORÍNTIOS	Efésios 1.3-6 175	1Timóteo 4.12-13 193	2Pedro 1.3-9 206
1Coríntios 3.6-9 159	Efésios 1.13-14 176	**2TIMÓTEO**	**1JOÃO**
1Coríntios 3.9-15 160	Efésios 2.8-9 177	2Timóteo 2.3-4 194	1João 1.9 207
1Coríntios 6.20 161	Efésios 4.32 178	2Timóteo 3.10-4.8 196	**2JOÃO**
1Coríntios 9.24-27 162	Efésios 5.8-10 179	**TITO**	2João 5-6 208
1Coríntios 12.12-26 163	Efésios 6.10-17 180	Tito 3.4-8 197	**3JOÃO**
1Coríntios 13 164	**FILIPENSES**	**FILEMON**	3João 11 209
2CORÍNTIOS	Filipenses 2.3-4 182	Filemom 4-7 198	**JUDAS**
2Coríntios 1.21-22 165	Filipenses 4.6-7 184	**HEBREUS**	Judas 17-23 210
2Coríntios 2.14-17 166	**COLOSSENSES**	Hebreus 2.1 199	**APOCALIPSE**
2Coríntios 4.4-6 167	Colossenses 1.17-18 185	Hebreus 3.6 200	Apocalipse 3.20 212
2Coríntios 5.17 168	Colossenses 2.2 186	Hebreus 4.12-13 201	Apocalipse 21.1- 22.6 213
2Coríntios 5.20 169	Colossenses 3.18-21 187	Hebreus 12.1-3 202	
2Coríntios 9.7-8 170	Colossenses 4.2-4 189		

INTRODUÇÃO

No início da aula, João criou seu mundo. Ah, mas ele não ficou nada parecido com o mundo magnífico e perfeito criado originalmente por Deus. Mesmo assim, era o mundo de João, composto de vários pedaços de papel colorido grudados aleatoriamente uns nos outros, formando um círculo distorcido. João, um menino de seis ou sete anos de idade, o exultante criador, correu ao encontro do pai quando a aula terminou: "Papai, olha! Deus criou o mundo, e eu criei também! O senhor pendura meu mundo no teto do meu quarto, quando a gente chegar em casa?"

Geralmente as crianças do estudo fundamental são bem parecidas com João. Diante de um projeto, a primeira reação delas talvez seja: "Isso é muito difícil", mas depois ficam "eletrizadas" com a realização da tarefa. A *Enciclopédia Bíblica de Trabalhos Manuais* oferece quase 200 projetos experimentados e aprovados sobre as histórias bíblicas mais importantes de Gênesis a Apocalipse. Para facilitar a tarefa do professor, incluímos "Isso dá Certo!"—sugestões para ampliar o aprendizado e a criatividade; "Fazer é Fácil!"—instruções detalhadas para os líderes; e "Conexão Garotada"—que torna o aprendizado bíblico uma experiência REAL.

ISSO DÁ CERTO!

A seção "Fazer é Fácil" é reproduzível, para que as crianças sigam as instruções enquanto criam os artesanatos. Para facilitar a leitura, amplie as cópias.

A *Enciclopédia* é uma ferramenta essencial para todos os professores de crianças que se interessam em ajudar os alunos a pesquisar e entender a Bíblia. Use a *Enciclopédia* na escola dominical, no clube bíblico, na educação religiosa nas escolas, nos programas do departamento infantil da igreja ou em qualquer outra atividade com as crianças. Prepare-se para criar trabalhos manuais únicos e motivadores que levarão seus alunos a aprender a Bíblia rapidinho!

Ajudas para o/a Professor(a)
Receitas

Massinha de Modelar

1 xícara de farinha
½ xícara de sal
1 colher de sopa de óleo
1 xícara de água
corante líquido
2 colheres de chá de cremor de tártaro
(encontra-se em lojas de material para fazer doces)

Coloque a cor desejada na água e misture todos os ingredientes sobre fogo brando, até que a massa se torne uma bola grudada na colher. Despeje sobre a mesa e amasse até ficar homo-gênea e lisa. Pode guardar em pote ou saco plástico por tempo indeterminado. O cremor de tártaro é o ingrediente secreto que mantém a massinha por muito tempo.

Glacê Branco

3 xícaras de glaçúcar (de confeiteiro)
1 colher de sopa de margarina ou manteiga derretida
1 ½ colher de chá de baunilha
1 colher de sopa de leite
corante líquido

Bata todos os ingredientes na batedeira com algumas gotas da cor desejada, até ficar uma consistência boa para passar sobre um bolo. Pode guardar as sobras na geladeira por alguns dias.

Massa de Pãezinhos*

1 tablete de fermento fresco ou 1 colher de sopa de fermento seco
2 colheres de sopa de água morna
2 colheres de sopa de açúcar mascavo
½ xícara de margarina derretida
1 xícara de leite morno, mas previamente fervido
2 ovos batido
4 xícaras de farinha de trigo (pode colocar metade de integral)
1 colher de chá de sal

Dissolva o fermento e 1 colher do açúcar na água morna. Deixe descansar por 5 minutos. Bata com a batedeira a margarina e o restante do açúcar por 3 minutos. Adicione o leite, o fermento e os ovos e bata mais 1 minuto. Acrescente a farinha e o sal e bata mais 2 minutos. Transfira a massa para uma tigela untada com óleo e vire a massa na tigela até cubri-la completamente com o óleo. Deixe crescer até o dobro do tamanho. Após bater no centro da massa, coloque em uma superfície coberta com farinha de trigo e amasse. Corte ou modele a massa no formato em que desejar. Coloque na assadeira para assar ou guarde no freezer para assar depois. Quando congelado é preciso deixar a massa descongelar a temperatura ambiente até dobrar de tamanho. Asse em forno quente (220º) até dourar (aprox. 15-18 minutos).

* Tirado de: Gayla Visalli, ed., *Cook Now - Serve Later*, Nova Iorque e Montreal, 1989, p. 238

COMO FAZER POMPONS

Cortar uma pequena tira de papelão. Quanto menor a tira, menor o pompom. Dê a volta na tira várias vezes (20-30 vezes). Tire a bolinha de lã pela lateral do papelão. Amarre um fio pelo centro da bolinha. Corte todas as pontas para ficarem espetadinhas.

ONDE ENCONTRAR OS MATERIAIS DESTE LIVRO (OU SEMELHANTES)

adesivos - lojas evangélicas (tem do Smilinguido e outros)
argila - papelarias, bazares, lojas de material de construção
arame encapado - bazares, floriculturas
bandejas de alumínio - marmitex retangular de 1,5 litros em lojas de embalagens
biscoitos de animais - biscoito de chocolate série bichinhos (Pullman)
borracha EVA - Papelarias, lojas de 1 real
cadarços - bazares
CD marker - (grossa chama-se *pincel marcador permanente*) - encontra-se em papelaria
chenile (limpadores de cachimbo) - tabacarias
copos e tigelas de isopor - lojas de embalagens
cremor de tártaro - lojas de embalagens; lojas que vendem material para fazer doces
fecho (amarrados de saco) - lojas de embalagens, papelarias
festão (tiras de guirlandas) - casas de enfeites/cestas de café (*mais fácil achar perto do Natal)

filó - lojas de tecido
folhas de ímã - papelarias (existem rolos de ímã em bazares)
forminhas de empada - lojas de embalagens, lojas de festa
guizo (sininho) - bazares
hastes de trigo - lojas de embalagens ou floriculturas
limpadores de cachimbo - tabacarias
luvas de algodão - lojas de 1 real
olhos móveis - bazares (existem em vários tamanhos)
palitos de sorvete coloridos - papelarias grandes
palitos de sorvete grandes (depressor de língua de madeira) - farmácias ou lojas de material médico
palitos salgados - Panco, Elma Chips "Stiksy"
pasta americana - lojas de festas ou doces
pot-pourri - lojas de essências, lojas de 1 real
ráfia - bazares
sianinha - bazares

GÊNESIS

DEUS CRIOU O MUNDO
Gênesis 1.14-19

4 A 8 ANOS

ISSO DÁ CERTO!

Para evitar tanta sujeira na hora de pintar a bola de isopor, segure-a com um palito. Para facilitar a secagem, enfie o palito numa embalagem de ovos, virada de boca para baixo. Cole o sol com o buraco do palito na cartolina.

Atividade: As crianças farão móbiles de pôr-do-sol para que se lembrem de apreciar a beleza de uma das criações de Deus.

Material: Bolas de isopor de 3-4cm, tinta de artesanato (acrílica) amarela, círculos de 20cm de cartolina branca ou similar, copinhos de água, tinta guache vermelha, amarela e laranja, jalecos/camisetas velhas, arame encapado de lã/chenile laranja, cola branca, pincéis, tesouras, folhas de papel jornal, pedaços de 30cm de barbante. (Obs. Caso não encontre o arame chenile, poderá utilizar no lugar palitos de dente pintados de cor laranja).

Preparação: Pinte as bolas de isopor de amarelo um dia (ou mais) antes.

FAZER é FÁCIL

PÔR-DO-SOL INESPERADO

Ensino Bíblico: Deus criou o sol para nós.

1. Vista o jaleco. Ponha o círculo de cartolina em cima do papel jornal e pinte-o com o guache, em qualquer ordem de cor, começando pelo meio e indo em voltas.

2. Corte quatro pedaços de 2,5cm e cinco de 5cm de arame laranja. Dobre um dos pedaços de 5cm em forma de U e enfie as duas pontas na bola de isopor. Enfie os outros pedaços de arame no isopor como se fossem raios de sol, alternando os tamanhos.

3. Despeje um pouco de cola no meio do círculo e ponha o sol em cima.

4. Enfie um pedaço de barbante no arame em U, para pendurar o sol.

CONEXÃO GAROTADA

Quando as crianças terminarem, leia a história de como Deus criou o sol, a lua e as estrelas. Pergunte:

• Por que Deus criou o sol para nós?

• O que aconteceria conosco se o sol não existisse?

Diga: **Quando Deus criou o mundo, ele já sabia que iríamos precisar do sol para viver. O sol produz calor e luz, e ajuda os animais, as plantas e as pessoas a crescerem e ficarem fortes. Temos o sol porque Deus nos dá tudo o que precisamos para viver.**

Ore com as crianças agradecendo a Deus porque ele nos dá tudo o que precisamos, especialmente o sol.

DEUS CRIOU O MUNDO
GÊNESIS 1.20-31; 2.15

6 A 12 ANOS

Atividade: As crianças farão alimentadores de passarinho.

Material: caixas de leite/suco, tinta branca em spray (aerossol), grampeador, papel de seda colorido, papel criativo, cola, tesouras, fio de lã, papel adesivo transparente (contact), palitos de sorvete, canetas hidrográficas, jalecos/camisetas velhas.

Preparação: Corte o topo das caixas de leite, enfie os lados mais estreitos para dentro e grampeie (exemplo abaixo). Pinte as caixas de branco. Quando secarem, corte um semicírculo em dois de seus lados, a uma distância acima de 2,5cm da base. Recorte o papel adesivo transparente em pedaços que cubram as caixas.

ISSO DÁ CERTO!

Se quiser aumentar o interesse das crianças neste projeto, descubra que espécies de pássaros existem em sua área. Se puder, mostre fotos/figuras e curiosidades sobre eles. Para ampliar o Estudo Bíblico, entregue a cada aluno um punhado de alimento para aves (alpiste, migalha de pão, cereal matinal) num saquinho de plástico bem fechado para ser levado para casa juntamente com o alimentador.

FAZER É FÁCIL

ALIMENTADOR DE PÁSSAROS

Ensino Bíblico: Deus nos manda cuidar de sua criação.

1. Antes de começar, vista o jaleco. Pinte dois palitos com canetas hidrográficas. Cole um no outro em formato de cruz.

2. Recorte dois retângulos de 5x10cm de papel criativo colorido; arredonde um dos lados de cada retângulo como se fosse janela de igreja. Recorte um círculo de 5cm do mesmo papel.

3. Recorte o papel de seda colorido em pedacinhos. Passe cola nas "janelas" e no círculo. Espalhe o papel de seda sobre a cola ainda molhada; apare as beiradas, retirando o excesso de papel.

4. Cole as janelas nos dois lados da caixa. Cole o círculo acima de um dos semicírculos para marcar a entrada do alimentador.

5. Cubra todo o alimentador com papel adesivo transparente, para deixá-lo à prova d´água. Não se esqueça de recortar a entrada para que os pássaros alcancem a comida.

6. Faça um furo no topo da caixa. Corte um pedaço de fio de lã no comprimento do seu cotovelo à ponta do dedo médio e passe-o pelo furo, para pendurar a caixa. Cole a cruz acima da "janela" redonda, e o alimentador está pronto.

CONEXÃO GAROTADA

Leia Gênesis 1.20-31; 2.15. Pergunte:

- **Como um alimentador de pássaros ajuda a cuidar das criaturas de Deus?**
- **O que temos feito para cuidar bem das suas criaturas? E como temos deixado de cuidar?**
- **Como podemos consertar nossos erros e cuidar de todas as coisas vivas, como Deus espera que façamos?**

Diga: **Deus criou muitas plantas e animais da hora aqui no mundo. Cuidar deles não foi tarefa exclusiva de Adão e Eva; a responsabilidade chegou até nós. Cada peixinho, cada florzinha, cada passarinho tem uma razão de existir. Vamos agradecer a Deus por essas criaturas espetaculares, e fazer tudo o que pudermos para cuidar bem delas.** Orem agradecendo a Deus por todas as coisas que têm vida.

ISSO DÁ CERTO!

Acrescente mais dimensão à arca com objetos extras, como enfeitar os peixes com lantejoulas, cobrir o telhado com gravetos e fazer gotas de chuva com cola transparente (mas certifique-se de que a arca não fique pesada demais para ser pendurada). Faça o seu próprio espelho e coloque em um interruptor da classe para que as crianças se recordem desta lição durante o ano todo.

NOÉ CONSTRÓI A ARCA
GÊNESIS 6.9-22

6 A 12 ANOS

Atividade: As crianças irão fazer espelhos para interruptores de luz.

Material: borracha EVA colorida, canetas, tesouras, fita adesiva, cola, linha de pescar/lã azul, CD markers/pincéis marcadores permanentes (ponta fina), glitter, fita adesiva de face dupla, animais prontos de EVA e "Molde da Arca" (p. 9).

Preparação: Copie e recorte vários conjuntos do molde da página 9 para as crianças fazerem o traçado.

FAZER é FÁCIL

A ARCA DE NOÉ EM CASA

Ensino Bíblico: Deus abençoa nossa obediência.

1. Em EVA de cores diferentes, trace e recorte os moldes de telhado, cabine, casco, ondas, peixes e pássaro com a folha no bico.

2. Enfeite as partes da arca e acessórios com CD markers e glitter. Cole tudo de modo a formar a arca, e acrescente os animais, exceto os peixes.

3. Corte dois pedaços de 7cm e outros dois de 8cm de linha de pescar. Com fita adesiva, prenda uma ponta da linha nas costas de um peixe. Prenda a outra ponta nas costas da arca. Faça o mesmo com os outros peixes e linhas.

4. Cole dois pedaços de fita de face dupla nas costas da sua arca. Quando chegar em casa, peça à mamãe ou ao papai para retirar a pele protetora da fita e prender a arca no interruptor de luz de seu quarto.

CONEXÃO GAROTADA

Reúna a classe e revise a história da arca de Noé. Enfatize a obediência de Noé e sua família mesmo diante de uma tarefa gigantesca. Por causa da obediência, eles foram salvos. Pergunte:

- O que será que Noé pensou quando Deus mandou que ele construísse uma arca?
- Quem se lembra de uma situação em que foi difícil fazer o que era certo?
- O que acontece quando obedecemos a Deus?
- Sempre que olharem para o interruptor de luz, do que vocês irão se lembrar?

Diga: Nem sempre é fácil fazer o que Deus manda. Podemos imaginar o que Noé pensava enquanto construía a arca. Mas ele obedeceu porque amava a Deus. E por causa da obediência, Noé, sua família e muitos animais foram salvos. Quando obedecemos a Deus, ele fica muito feliz conosco, também!

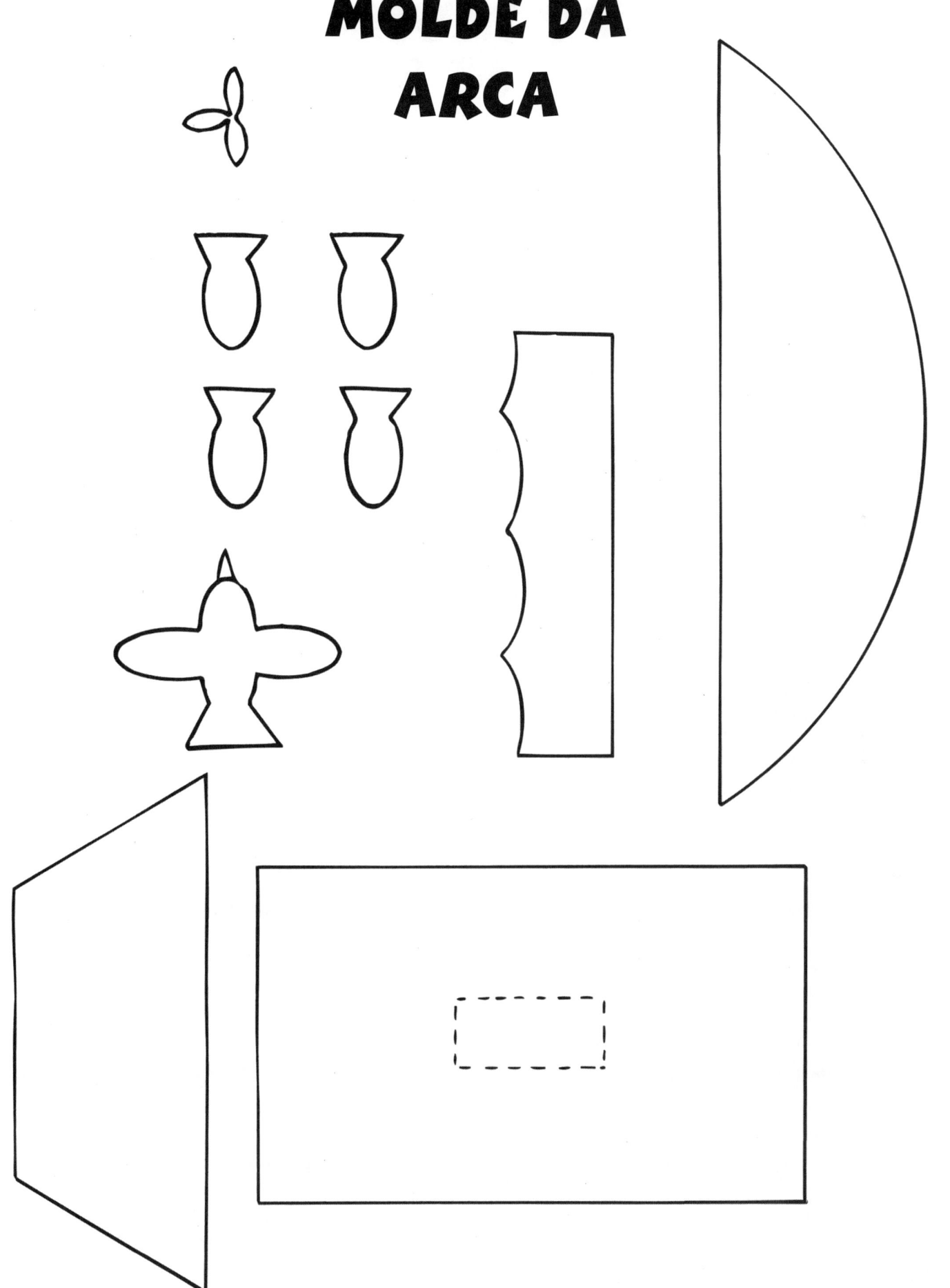

A CONSTRUÇÃO DA TORRE DE BABEL
Gênesis 11.1-9

11 A 12 ANOS

ISSO DÁ CERTO!

Antes de iniciar o jogo, dê tempo para os alunos praticarem as instruções nas outras línguas com a tradução em Português.

Atividade: As crianças irão criar e realizar um jogo para entenderem a importância do apoio de Deus.

Material: tubos de papelão (papel toalha ou de papel higiênico), tesouras, canetas hidrográficas, cópias das fichas do jogo (p.11).

Preparação: Faça várias cópias (uma para cada dupla de alunos) da folha de fichas do jogo (p.11) e cole-as em folhas de papel-cartão/cartolina.

E AÍ?

Ensino Bíblico: Precisamos de Deus ao nosso lado.

Escolha um parceiro e trabalhem juntos na confecção do jogo e memorização das regras.

1. Um dos parceiros corta os tubos em comprimentos de 5cm a 10cm. (Quanto mais tubos, mais alta sua torre será!) Separe os tubos em duas pilhas.

2. O outro parceiro recorta as fichas e depois as embaralha.

3. Com as canetas hidrográficas, desenhem janelas e tijolos nos tubos. Enquanto trabalham em conjunto, vão praticando as palavras em Inglês, Alemão e Francês.

4. Revezem-se nas tarefas de Leitor e Construtor e tentem construir a torre mais alta que puderem, usando apenas as instruções das fichas.

5. Para jogarem, o Leitor escolhe uma ficha da pilha e lê as instruções nas três línguas estrangeiras (sem dizer ao Construtor o significado em Português). Se o Construtor entender corretamente, seguirá as instruções e acrescentará ("pra cima"), retirará ("pra baixo") ou colocará os tubos conforme a instrução, e o jogo prossegue com a leitura de outra ficha. Se o Construtor não entender a instrução, troca de lugar com o Leitor, e o jogo recomeça.

CONEXÃO GAROTADA

Reúna a classe e leia a história da torre de Babel. Enfatize a vaidade—e tolice—do povo ao achar que não precisava de Deus. Pergunte:

- **O que vocês acharam de ler as instruções numa língua diferente?**
- **Foi fácil seguir as instruções de seus parceiros? Por quê?**
- **O que aconteceu quando o povo de Babel achou que não precisava de Deus?**
- **O que acontece quando Deus é nosso parceiro?**

Diga: **O povo de Babel se tornou orgulhoso e pecador. O povo decidiu construir algo maior e melhor que qualquer coisa que Deus havia criado. As pessoas achavam que não precisavam de Deus. Deus, é claro, mudou todo o esquema orgulhoso do povo ao misturar as línguas que as pessoas falavam. Deus quer que precisemos dele. Quando Deus fica do nosso lado, podemos fazer qualquer coisa!**

Português um pra cima	**Inglês** one up (um pra cima)	**Alemão** ein auf (um pra cima)	**Francês** un en haut (um pra cima)
Português um pra baixo	**Inglês** one down (um pra baixo)	**Alemão** ein hinunter (um pra baixo)	**Francês** un en bas (um pra baixo)
Português dois à esquerda	**Inglês** two left (dois à esquerda)	**Alemão** zwei links (dois à esquerda)	**Francês** deux gauche (dois à esquerda)
Português três à esquerda	**Inglês** three left (três à esquerda)	**Alemão** drei links (três à esquerda)	**Francês** trois gauche (três à esquerda)
Português quatro pra cima	**Inglês** four up (quatro pra cima)	**Alemão** vier auf (quatro pra cima)	**Francês** quatre en haut (quatro pra cima)
Português dois pra cima	**Inglês** two up (dois pra cima)	**Alemão** zwei auf (dois pra cima)	**Francês** deux en haut (dois pra cima)
Português três pra baixo	**Inglês** three down (três pra baixo)	**Alemão** drei hinunter (três pra baixo)	**Francês** trois en bas (três pra baixo)

O PACTO DE DEUS COM ABRÃO
Gênesis 15.5-6

 6 A 10 ANOS

ISSO DÁ CERTO!

Incremente as galáxias das crianças com estrelinhas e luas de metal ou plástico (encontradas em casas do ramo). Use cola glitter para enfeitar o papel alumínio das tampas.

Atividade: As crianças farão potes de estrelas.

Material: potes de comida de nenê (ou similares com tampas), fita crepe, papel alumínio, furador em forma de estrela, glitter prata, glicose de milho/xarope KARO, água, anilina (corante) azul, adesivos de estrelas, fita de seda prata, tesouras.

Preparação: Prepare duas áreas de trabalho: em uma, as crianças encherão os potes; na outra, irão decorar os potes. Deixe água, sabonete e toalha à disposição para a limpeza pós-melado.

HERDANDO UMA GALÁXIA
Ensino Bíblico: Podemos acreditar nas promessas de Deus.

1. Despeje a glicose de milho num pote—até um pouco acima do meio. Pingue uma gota de anilina azul; acrescente água até chegar a 1,5cm da boca do pote.

2. Com o furador, faça 10-15 estrelas de papel alumínio e coloque-as dentro do pote. Acrescente glitter prata e feche bem o pote.

3. Sele a tampa com fita crepe. Recorte um círculo de uns 10cm de papel alumínio, ajeite-o sobre a tampa e apare as pontas; cole o círculo na tampa.

4. Cole os adesivos de estrelas na tampa e amarre a fita prateada em volta do pescoço do pote, cobrindo bem a fita crepe.

5. Agite o pote e divirta-se com sua constelação de estrelinhas.

CONEXÃO GAROTADA

Quando terminarem, reúna a classe e leia Gênesis 15.5-6. Explique por que Deus fez essa promessa a Abrão e como cumpriu sua palavra. Pergunte:

• **Que promessa Deus fez a Abrão?**

• **O que Abrão fez para merecer uma bênção tão maravilhosa de Deus?**

• **Em que promessas de Deus nós podemos acreditar?**

• **Como a galáxia em miniatura irá lembrar você de crer nas promessas de Deus?**

Diga: **Deus planejou coisas grandiosas para Abrão, mas Abrão tinha de obedecer a Deus e confiar nele. Quando acreditamos nas promessas que Deus nos faz, mesmo sem entendermos, descobrimos que ele sempre cumpre o que diz. É impossível contarmos as estrelas que enfeitam o céu, mas podemos sempre contar com Deus. Podemos acreditar nas promessas que Deus nos faz.**

ISAQUE E REBECA SE CASAM

Gênesis 24.1-4, 10-27

 6 A 10 ANOS

ISSO DÁ CERTO!

Se preferir, em vez de fita adesiva, use cola a prova d´água. Em vez de embalagens de ovos, use copos de café de plástico, e as crianças, então, poderão tirar água de verdade de seus poços!

Atividade: As crianças construirão poços de água.

Material: latas vazias de conservas, papel criativo bege, fita adesiva transparente, tesouras, canetas hidrográficas, arame encapado de lã/chenile, lápis sem ponta (para o sarilho), embalagem de ovos, furador, pedaços de 30cm de fio de lã.

Preparação: Para cada aluno, recorte uma taça da embalagem de ovos e o papel criativo em pedaços de um tamanho que cubra as latas (aproximadamente 10x20cm).

Um Poço de Bondade

Ensino Bíblico: Ajudar os outros com alegria.

1. Com uma caneta hidrográfica, desenhe pedras no papel criativo e depois cole-o ao redor da lata. Ajeite-a a beirada cuidadosamente dentro da lata para cobrir qualquer farpa; prenda o papel com fita adesiva.

2. Dobre em Y dois pedaços de arames encapado de lã e prenda-os dentro da lata, em lados opostos; o V fica para fora.

3. Ponha o lápis no V do Y e enrole as pontas para que o lápis fique seguro. Dobre outro pedaço de arame encapado para fazer a manivela do sarilho.

4. Faça dois furos em lados opostos da taça do ovo. Enfie um pedaço de lã pelos furos e dê um nó a 5cm acima da taça.

5. Amarre a outra ponta da lã no lápis, prenda-a no lugar com fita adesiva e enrole a "corda no sarilho".

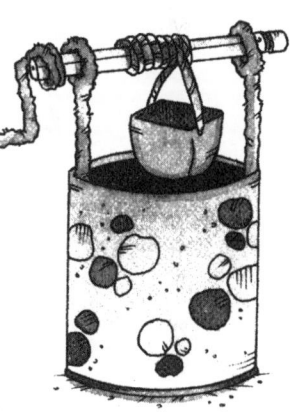

Conexão Garotada

Mande as crianças se reunirem. Enquanto você conta a história de como Rebeca se dispôs a ajudar um desconhecido, as crianças fazem de conta que estão tirando água do poço. Pergunte:

- **Por que Rebeca deu água a um desconhecido e seus camelos?**
- **O que aconteceu quando Rebeca foi bondosa?**
- **Como você se sente quando é gentil com uma pessoa ou um animal?**

Diga: **Nem sempre é fácil ser gentil com alguém. Às vezes, estamos cansados depois de um longo dia no trabalho ou escola; ou talvez, estejamos muito ocupados. Mesmo muito atarefada, Rebeca tirou água do poço para o servo de Abraão e seus camelos, e foi pedida em casamento para Isaque. Mesmo que não lhe digam "muito obrigado", Deus vê o que você faz. Quando você é bondoso com alguém, três pessoas ficam felizes: a pessoa ajudada, você e Deus! Vamos sempre ajudar os outros com muita alegria.**

O SONHO DE JACÓ EM BETEL
Gênesis 28.10-22

6 a 12 anos

Atividade: As crianças irão fazer pesos de papéis em formato de pilar.

Material: pedras limpas e achatadas, cola quente, feltro, tesouras, CD markers/ pincéis marcadores permanentes (ponta fina).

Preparação: Arranje quatro ou cinco pedras pequenas e achatadas para cada aluno, ou peça que tragam de casa.

Um Pilar de Pedra

Ensino Bíblico: Deus está sempre conosco.

1. Pense numa ocasião em que teve certeza de que Deus estava com você. Lembre-se disso enquanto cria seu pilar de pedras.

2. Trace num pedaço de feltro o molde da pedra que vai ser a base. Recorte o feltro e cole-o embaixo da pedra.

3. Para começar a construção, cole outra pedra em cima da base. Espere a cola secar, e cole outra em cima da última, e assim por diante.

4. Use um CD marker para escrever a frase "Eu estou com você", uma palavra na lateral de cada pedra.

Conexão Garotada

Enquanto a cola seca nos pilares, reúna a classe e leia Gênesis 28.10-22. Explique que as pedras não devem ser adoradas, mas serão usadas como lembretes da presença de Deus em nossas vidas. Pergunte:

- **O que seu pilar de pedras significa para você?**
- **Por que a pedra da história foi especial?**
- **Em que seu pilar de pedras é igual ao de Jacó?**

Diga: **Na Bíblia, muitas pessoas usaram pedras para marcarem lugares especiais como altares de Deus: Abraão, Isaque, Jacó, Moisés e Josué são alguns exemplos. Os pilares lembravam as pessoas que Deus estava sempre presente para as ajudar e proteger. Os pesos de papéis que fizemos hoje, em formato de pilar, nos ajudarão a lembrar da mesma coisa— Deus está sempre conosco, cuidando de nós e nos orientando a fazer as escolhas certas. Não é bom demais saber que Deus está sempre presente?**

OS SONHOS ESTRANHOS DE JOSÉ

6 A 10 ANOS

Gênesis 37.3-4

Atividade: As crianças farão imãs de José e sua túnica colorida.

Material: borracha EVA, fitas de seda de 1cm (ou menos) de diferentes cores, um novelo de lã preta, olhinhos móveis, cola, canetas hidrográficas de ponta fina, imãs auto-adesivos, tesouras.

Preparação: Usando o molde em forma de pessoa abaixo, faça um desenho para cada aluno, em EVA.

A Túnica da Discórdia

Ensino Bíblico: Deus quer que perdoemos as pessoas e sejamos livres.

1. Escolha uma pessoa de EVA para ser o José e escreva seu nome nas costas dele. Corte pedaços de fita para enfeitar a túnica de José. Passe cola no corpo dele e cole os pedaços de fita.

2. Cole pedaços de fio de lã preta na cabeça de José, e desenhe o rosto dele com uma caneta hidrográfica. Cole os olhinhos.

3. Cole um imã nas costas do José e ponha para secar.

Conexão Garotada

Reúna a classe e peça para as crianças mostrarem os seus Josés. Faça um resumo dos sonhos de José e do quanto seus irmãos o detestavam porque seu pai o amava e lhe deu uma túnica especial. Explique, também, que os irmãos venderam José como escravo, que ele prosperou no Egito e como, ironicamente, ele salvou os irmãos, bem mais tarde. Pergunte:

- **Por que será que os irmãos de José tinham inveja dele?**
- **Como os irmãos trataram José?**
- **Como José tratou os irmãos?**
- **Por que Deus quer que perdoemos uns aos outros?**

Diga: **Você já se sentiu igual aos irmãos de José? Eles ficaram com tanta raiva quando o pai deu uma túnica bonita para José que acabaram vendendo o rapaz como escravo. Mas José perdoou os irmãos e impediu que sua família morresse de fome, bem mais tarde. Deus quer que perdoemos os outros e sejamos livres.**

ÊXODO

DEUS PROTEGE MOISÉS
Êxodo 2.1-10

6 A 12 ANOS

ISSO DÁ CERTO!

Em vez de bolinhas de madeira, uma alternativa mais barata é usar círculos de feltro ou bolinhas de isopor pintadas—um dia antes—de bege. Para facilitar a pintura, enfie um palito na bolinha e retire-o quando a tinta secar. Outra idéia: use bandejas de isopor (de frios) para recortar o rostinho de Moisés. Talvez alguma lanchonete famosa lhe dê uma generosa contribuição em embalagens!

Atividade: As crianças farão cestinhas que flutuam de verdade, e com o bebê Moisés dentro.

Material: duas tigelas de plástico/isopor para cada aluno, arame encapado de lã/chenile branco (ou arame simples), retalhos de tecido/feltro, novelo de lã preta, olhinhos móveis, bolinhas de madeira de 2-3cm, algodão, cola, CD marker marrom, tesouras, furador, bacia com água.

Preparação: Ajeite o material no local determinado. Deixe a bacia com água em outro lugar.

FAZER é FÁCIL

MOISÉS NO CESTINHO
Ensino Bíblico: Deus protege a todos nós.

1. Corte o fio de lã em vários pedaços pequenos. Para os cabelos de Moisés, cole os pedaços de lã na bolinha de madeira; cole os olhos e deixe secar.

2. Com o CD marker marrom, desenhe linhas entrelaçadas do lado de fora da tigela, para que fique parecida com uma cestinha.

3. Faça dois furos distantes 8cm um do outro na borda de uma tigela e coloque-a de boca para baixo em cima da outra tigela. Marque os lugares e faça dois furos ali. Ponha a primeira tigela de volta em cima da segunda. Para fazer a dobradiça, corte dois pedaços de arame de 8cm de comprimento, passe-os pelos furos e torça as pontas.

4. Passe um pouco de cola na tigela de baixo, ajeite um montinho de algodão em cima; depois, cole um retalho de tecido em cima do algodão como se fosse um cobertor. Cole a cabeça do nenê numa das pontas do cobertor. Com bastante cuidado, coloque sua cesta na bacia com água e veja como ela flutua.

CONEXÃO GAROTADA

Reúna a classe e leia a história de como Deus salvou Moisés com a ajuda de sua irmã, Miriã, e de sua mamãe. Pergunte:

- Como vocês acham que Miriã se sentiu ao ver o irmãozinho flutuando no rio?
- Se você fosse Miriã, como protegeria seu irmão ou irmã caçula?
- Como Deus protegeu você hoje?

Diga: **Quando sua cestinha flutuou na água, o bebê Moisés que você fez ficou em segurança e sequinho. Cada um de nós é tão especial para Deus quanto Moisés. Deus protege a todos nós de maneiras diferentes.**

MOISÉS ENCONTRA DEUS NO ARBUSTO EM CHAMAS

Êxodo 3.1-10

6 A 12 ANOS

Atividade: Criar broches em forma de arbusto queimando.

Material: macarrão cru, cola, folha de isopor, glitter verde, alfinetes de broche, tesouras, papel de seda vermelho, amarelo e laranja, cola quente.

Preparação: Recorte um quadrado de isopor de 10x10cm para cada aluno. Misture ½ xícara de álcool com cinco gotas de anilina (corante) verde. Coloque rapidamente o macarrão nesta mistura e deixe o tempo necessário para o tingimento completo. Deixe o macarrão secar (mais ou menos uma hora) sobre um jornal.

ISSO DÁ CERTO!
Avise as crianças que o broche só poderá ser usado depois que a cola estiver totalmente seca.

SEU PRÓPRIO ARBUSTO EM CHAMAS

Ensino Bíblico: Todos nós fomos escolhidos por Deus.

1. Para fazer o tronco do arbusto em chamas, quebre o macarrão em quatro pedaços do tamanho de seu polegar. Passe cola no quadrado de isopor e ajeite os pedaços de macarrão um ao lado do outro.

2. Quebre mais macarrão em vários pedaços de tamanhos diferentes, mas pequenos, e ajeite-os no topo do tronco como se fossem galhos.

3. Pingue cola nos galhos e salpique glitter verde para criar as folhas. Corte os papéis de seda em pedacinhos. Pingue mais cola sobre os galhos e folhas e salpique o papel de seda para dar o efeito de chamas.

4. Apare o quadrado de isopor ao redor do tronco e galhos, dando-lhe o formato de arbusto.

5. Use a cola quente para prender o alfinete nas costas do arbusto.

CONEXÃO GAROTADA

Enquanto os broches secam, reúna as crianças e revezem-se na leitura de Êxodo 3.1-10. Explique o que significa ser "escolhido" por Deus, e que ele tem um plano especial para a vida de cada um de nós. Pergunte:

• **Por que será que Deus falou com Moisés de um arbusto em chamas?**

• **Qual era o trabalho especial que Deus tinha para Moisés?**

• **Você acha que Deus tem um trabalho especial para você? O que é?**

• **O que você poderá fazer para Deus nesta semana?**

Diga: **Todos nós fomos escolhidos por Deus para realizar um trabalho especial para ele, assim como Moisés foi escolhido para libertar os israelitas da escravidão do Egito.**

ISSO DÁ CERTO!

Durante o ensino, use lembretes visuais dos milagres que acontecem diariamente: figura de pôr-do-sol, flores de verdade, molde de coração e até mesmo uma criança da classe.

OS ISRAELITAS ATRAVESSAM O MAR VERMELHO

ÊXODO 14.21-31

4 A 10 ANOS

Atividade: As crianças farão modelos do Mar Vermelho que se abre e fecha.

Material: papel-cartão azul, conchinhas do mar, cola, folha de lixa, plástico fino ou papel de seda azul, papel criativo, tesouras, velcro auto-adesivo.

Preparação: Corte um retângulo de 23x30cm de papel-cartão para cada aluno. Pegue o papel em sentido horizontal, com o lado azul para você e faça uma dobra de 13,5cm nas duas pontas, virando-as para o centro do retângulo. Faça dobra de 1,5cm, para fora, em cada ponta (com os lados brancos se tocando). Recorte um pedaço de lixa de 23x2,5cm para cada aluno.

FAZER é FÁCIL

ABRINDO O MAR VERMELHO

Ensino Bíblico: Deus realiza milagres.

1. Abra o papel-cartão com o lado azul para você e cole o pedaço de lixa no meio, fazendo, assim, um caminho de areia.

2. Recorte conchas, estrelas do mar e/ou peixes em papel colorido e cole-os, juntamente com as conchas verdadeiras, na areia do fundo do mar.

3. Corte dois pedaços de papel de seda/plástico azul um pouco maiores que as paredes do oceano. Espalhe uma camada bem lisa de cola na parte externa de uma das paredes e cole um pedaço de papel azul; as rugas do papel darão a impressão de ondas do mar. Repita o processo com a outra parede. (Se quiser, cole mais peixinhos no meio das ondas.)

4. Prenda os pedaços de velcro nas dobras feitas no topo das paredes do oceano. Mostre ao amigo mais próximo como Deus abriu o Mar Vermelho para os israelitas.

CONEXÃO GAROTADA

Reúna as crianças. Diga-lhes para abrirem e fecharem o Mar Vermelho na hora certa, enquanto você conta a história bíblica. Enfatize a maravilha desse milagre, e deixe claro que há coisas maravilhosas acontecendo ao nosso redor todos os dias. Pergunte:

• **Por que vocês acham que Deus abriu o Mar Vermelho?**

• **Deus pode nos salvar hoje exatamente como salvou os israelitas? Por quê?**

• **Sobre que tipos de milagres você ouve hoje em dia?**

Diga: **A história bíblica de hoje nos falou de um milagre impressionante. Deus abriu o Mar Vermelho para que seu povo escapasse, e fechou-o depois. Mas nem todos os milagres são tão grandes assim. Às vezes, nem prestamos atenção aos milagres que acontecem todos os dias, como nascimento de nenês, pássaros voando, flores crescendo, o nascer e por do sol. Deus faz milagres, sim! Temos de parar um pouco, observar os milagres ao nosso redor e nos lembrar de dizer "muito obrigado" ao nosso Deus.**

O CÂNTICO DE MIRIÃ
Êxodo 15.19-21

4 A 10 ANOS

Atividade: As crianças construirão tamborins e cantarão com alegria ao Senhor.

Material: pratos de alumínio (marmitex), pedaços de arame/amarradores de saco de lixo (pode ser até coloridos), fitas coloridas, adesivos, tesouras, objetos que ressoam, tais como sininhos, chaves, clipes de papel, botões.

Preparação: Faça furos distantes 2,5cm uns dos outros em toda a volta dos pratos.

ISSO DÁ CERTO!
Para aumentar o "barulho santo", coloque grãos de feijão/ milho/ arroz dentro dos pratos antes de fechá-los.

TAMBORIM DO LOUVOR
Ensino Bíblico: Podemos adorar a Deus com música.

1. Enfie os pedaços de arame e de fitas de seda em quase todos os furos do marmitex e amarre os objetos que ressoam.

2. Enfeite os dois lados do prato com adesivos.

3. Amarre fitas coloridas nos furos restantes, e você está pronto para cantar alegremente como Miriã e os israelitas fizeram.

CONEXÃO GAROTADA

Reúna a classe e leia Êxodo 15.19-21. Explique que existem várias maneiras de louvar a Deus, como orar em silêncio, cantar, dançar, pintar, escrever e falar de Jesus aos outros. Pergunte:

- **De que maneiras podemos louvar a Deus com alegria?**
- **Como você pode louvar a Deus com música?**
- **Como será que Deus se sente quando vocês tocam seus tamborins?**
- **De que maneiras vocês dizem a Deus "muito obrigado" ou que o amam muito?**

Diga: **Miriã e os outros israelitas dançaram de alegria ao escaparem do Egito. A Bíblia diz: "Ofereçam música ao Senhor" (Salmo 98.5a). É muito importante ficarmos sozinhos para orar, mas Deus também gosta quando exultamos e mostramos a todo mundo que o amamos muito! Da próxima vez que tiver vontade de cantar lembre-se de que você pode louvar a Deus com música. Cante ou toque uma canção que as crianças possam acompanhar nos tamborins.**

DEUS ENVIA CODORNIZES E MANÁ

Êxodo 16.11-21, 31, 35

8 A 12 ANOS

Atividade: A crianças irão confeccionar cestinhos.

Material: vasilhas de plástico pequenas (como potes de margarina), tesouras, réguas, lápis, novelos de lá de várias cores, contas/miçangas de materiais diferentes, fita adesiva.

Preparação: Peça aos alunos para trazerem as vasilhas com uma ou duas semanas de antecedência. Pinte as vasilhas com tinta marrom pelo menos uma semana antes da aula.

Um Pilar de Pedra

Ensino Bíblico: Deus sempre preenche nossas necessidades.

1. Use régua, tesoura e lápis para recortar, em sentido vertical, tiras de 2,5cm de largura ao redor do pote. Comece pelo topo e desça até a base, deixando-a intacta.

2. Corte um 1m de fio de lã e amarre uma ponta numa tirinha do pote, na base. Entrelace o fio pelas tirinhas. Amarre outro fio de lã da mesma cor (ou de outra cor) no fim do primeiro pedaço e continue entrelaçando. Enfie contas/miçangas conforme desejar, certificando-se de que fiquem do lado externo do pote.

3. Quando terminar, amarre a ponta do fio no lado interno do pote.

4. Corte três pedaços de fio de lã de 25cm, faça uma trança e prenda as pontas com fita adesiva, para não se desmanchar. Faça outra trança. Amarre as duas tranças no cestinho como se fossem alças.

Conexão Garotada

Reúna a classe e leia Êxodo 16.11-21, 31, 35. Pergunte:

• **Quantos cestos de maná vocês acham que os israelitas recolhiam todos os dias?**

• **Por que vocês acham que Deus alimentava os israelitas, apesar das reclamações e desobediência deles?**

• **Como Deus supre as necessidades de vocês?**

Diga: **Milhares de anos atrás, Deus fez uma promessa a Abraão. Ele havia prometido que a descendência de Abraão seria um povo santo. Deus abençoaria, protegeria e cuidaria do povo para sempre. Mesmo quando os israelitas pecavam e reclamavam, Deus cuidava deles. Quando o povo obedecia—por exemplo, quando recolhia o maná em seus cestos— Deus abençoava os israelitas ainda mais. Usem seus cestinhos como um lembrete de que Deus supre as necessidades de vocês.**

Use tinta spray de cor bege ou marrom, troque a lã por barbante e use miçangas de cor natural para fazer uma cesta mais legítima. Dê algumas bolachas simples (tipo maisena) para as crianças colocarem nas cestas, representando o maná que os israelitas juntaram no deserto.

DEUS ENTREGA OS DEZ MANDAMENTOS

Êxodo 19.3-6a; 20.1-17

6 A 12 ANOS

Atividade: As crianças farão marcadores de livros.

Material: Bíblias, folhas de borracha EVA/cartolina/papel-cartão, CD markers, tesouras, fitas de seda de 3cm de largura, cola, moldes de tábuas da lei (veja abaixo).

Preparação: Recorte vários moldes de tábuas da lei para as crianças copiarem.

TÁBUAS DO AMOR

Ensino Bíblico: Ame a Deus e ao próximo.

1. Junte-se a um amigo e leiam Êxodo 20.1-17. Troquem idéias de como amar a Deus e ao próximo cada vez mais.

2. Corte um pedaço de 30cm de fita. Dobre um pedaço da fita ao meio, no sentido vertical, e picote um triângulo na ponta, do lado aberto para o fechado. Abra a fita com o lado inteiro para cima. Deixe 2,5cm de espaço em branco do topo para baixo. Com um CD marker escreva na fita como você pode amar mais a Deus e ao próximo.

3. Trace o molde de tábua da lei na borracha EVA e recorte. Com um CD marker, risque uma linha no meio da tábua, no sentido vertical; escreva 1, 2, 3, 4 e 5 no lado esquerdo e 6, 7, 8, 9 e 10 no lado direito. Cole a tábua no topo da fita, no espaço em branco. Deixe secar. Coloque a "tábua da lei" na Bíblia, em sua história ou versículo favorito sobre amar a Deus e/ou ao próximo.

CONEXÃO GAROTADA

Reúna as crianças, com os marcadores em mãos. Leia Êxodo 19.3-6a; 20.1-17. Pergunte:

- Por que devemos aprender os Dez Mandamentos?
- Como o marcador ajudará você a se lembrar das leis de Deus?
- Como você pode amar mais a Deus e ao próximo?

Diga: Deus explicou aos israelitas que se obedecessem aos seus dez mandamentos, eles seriam um povo santificado e especial para ele. Quando obedecemos às leis de Deus e recebemos o Senhor de todo o coração, também nos tornamos seu povo especial. Para quem obedece a Deus, ele prometeu bênçãos que nem imaginamos. Deus espera que sigamos suas leis e ordens para que amemos a ele e aos outros todos os dias, mais e mais.

MOLDE DE TÁBUAS DA LEI

A ARCA DA ALIANÇA
Êxodo 25.10-22

 8 A 12 ANOS

ISSO DÁ CERTO!

Para que as crianças entendam bem a arca da aliança, arranje uma caixa grande e construa uma arca em tamanho natural. Pinte a caixa e decore-a por fora com dois anjos e coloque dentro uma cópia dos Dez Mandamentos. Use varetas para carregar a arca. Lembre-se de que um côvado é igual a 45cm.

Atividade: As crianças farão uma cópia da arca da aliança.

Material: caixas pequenas com tampa (caixas de sapatos são ótimas), tubos de toalha de papel, cartolina amarela, tinta em aerossol dourada, lápis, tesouras, pedaços de papel, fita crepe, cordão dourado, cola, arame de lã/chenile dourado.

Preparação: Reúna caixas com tampas e tubos de papelão; pinte estes objetos e as costas da cartolina de dourado. Prepare uma caixa, dois tubos de papelão e meia folha de cartolina para cada dois alunos. Faça um molde (de 30 cm) do contorno de um anjo para cada dupla.

CONSTRUINDO UMA ARCA DA ALIANÇA

Ensino Bíblico: Deus merece nosso melhor.

1. Junte-se a um amigo para a realização deste projeto. Leiam as instruções com bastante cuidado. Enquanto trabalham, um lembra o outro de fazer o melhor para Deus.

2. Decore os quatro lados da caixa com o cordão dourado. Se necessário, prenda o cordão no lugar com fita crepe, enquanto a cola seca, e remova-o mais tarde.

3. Trace o contorno do anjo duas vezes no pedaço de cartolina, recorte e prenda-os na tampa da caixa (um virado para o outro).

4. Faça dois furos em cada canto da caixa. Enfie um pedaço de lã/chenile nos furos, formando uma argola grande o bastante para caber os tubos de papelão e enrole bem as pontas. Use dois tubos de papelão como varapaus. Atravesse os varapaus nas argolas e aperte bem o arame.

5. Desenhe e recorte duas tábuas dos mandamentos. Escreva os Dez Mandamentos nas tábuas e guarde-as na sua arca.

CONEXÃO GAROTADA

Mande as crianças mostrarem suas arcas. Leia ou recapitule a história bíblica de Êxodo 25.10-22. Pergunte:

• Por que vocês acham que Deus mandou que Moisés construísse um objeto tão bonito e elaborado?

• Por que Deus espera o melhor de nós?

• De que maneiras você pode oferecer seu melhor para Deus?

Diga: **Os israelitas escolheram seus melhores artesãos para construírem a arca exatamente como Deus mandou, e Deus ficou muito feliz. Vamos oferecer a Deus o nosso melhor todos os dias. Nem sempre é fácil, mas Deus vai ficar feliz com nosso esforço.**

LEVÍTICO

DEUS ESCOLHE SACERDOTES PARA SERVI-LO
LEVÍTICO 8.7-13

4 A 8 ANOS

Atividade: As crianças irão vestir um sacerdote levita.

Material: papel-cartão/similar (procure uma variedade de cores que sugiram diferentes tons de pele), tesouras, feltro branco, fita de seda, botões pequenos, cola, molde de pessoa (ao lado).

Preparação: Em papel cartão, recorte uma figura de pessoa para cada aluno. Recorte, para cada aluno, um quadrado, um retângulo e um semicírculo de feltro branco que se ajustem à figura.

MOLDE DE PESSOA

VESTIDO PARA ABENÇOAR
Ensino Bíblico: Deus nos chamou para trabalhar para ele.

1. Escolha uma figura de sacerdote. Cole o semicírculo na cabeça do sacerdote, o quadrado no peito e, para completar a túnica, o retângulo na parte inferior do corpo.

2. Para enfeitar a túnica, cole alguns botões no colete sacerdotal e um pedaço de fita como cinto.

CONEXÃO GAROTADA

Abra a Bíblia em Levítico 8.7-13 e resuma o texto para as crianças.

Diga: **Muitas pessoas usam uniforme quando vão trabalhar. Policiais, jogadores de basquete, jogadores de futebol, bombeiros e lixeiros usam uniformes. A história Bíblica de hoje conta que Deus mandou seus ajudantes especiais, conhecidos como sacerdotes, usarem uniformes quando fizessem um trabalho especial para ele.** Pergunte:

• Hoje em dia, quem Deus escolhe para fazer o serviço dele?

• Vocês acham que Deus quer que usemos roupas enfeitadas iguais às dos sacerdotes na Bíblia?

• O que vocês podem fazer para Deus?

Diga: **Deus escolheu os levitas especialmente para ministrar e trabalhar para ele. Deus nos escolhe para trabalhar para ele e abençoar as pessoas com o seu amor.**

Para diversão extra, faça um mural com o letreiro "Deus nos chama para o serviço dele". Grampeie os sacerdotes das crianças no mural. Tire uma foto instantânea de cada aluno. Recorte um círculo no rosto do sacerdote e cole o rosto da criança em seu lugar.

ISSO DÁ CERTO!

Quando fizer um projeto que exige bastante material, peça—com semanas de antecedência—aos membros da igreja, ou especificamente aos pais dos alunos, para coletarem os objetos.

O BODE EXPIATÓRIO
LEVÍTICO 16.6-18

 8 A 12 ANOS

Atividade: As crianças farão marionetes de bodes.

Material: linha e agulhas de bordar grossas, rolos de papelão (de papel higiênico), papel criativo, palito de sorvete, cola quente, bolas de isopor de 2,5cm e de 4 a 5 cm, canetas hidrográficas (ou CD markers).

Preparação: Certifique-se de ter um rolo de papel para cada aluno.

FAZER É FÁCIL

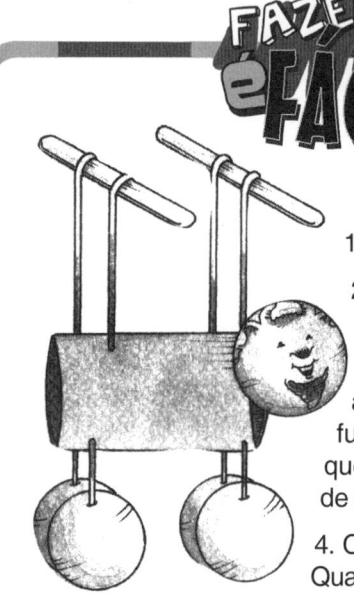

O BODE É O HERÓI

Ensino Bíblico: Deus leva nossos pecados para bem longe.

1. Corte um pedaço de papel criativo e cole-o em volta do rolo de papelão.

2. Use a agulha para fazer quatro furos onde ficarão as pernas do bode. Faça mais quatro furos diretamente acima dos primeiros.

3. Corte quatro pedaços de 20cm de linha. Enfie um pedaço de linha na agulha. Passe a agulha por uma bolinha de 2,5 cm de isopor, depois pelo furo onde ficará uma perna, atravessando o furo acima deste. Use a cola quente para prender uma ponta da linha na bola de isopor e a outra no palito de sorvete. Repita o processo para com as outras três pernas.

4. Cole uma bola de 4 a 5 cm na frente do tubo para fazer a cabeça do bode. Quando a cola secar, use a caneta hidrográfica para desenhar os olhos e a boca.

CONEXÃO GAROTADA

Recapitule Levítico 16.6-18 com a classe.

Diga: A Bíblia fala que o pecado estraga nossa amizade com Deus. Uma das piores coisas sobre o pecado é que ele "gruda" em nós e não conseguimos nos livrar dele. Deus amava seu povo e planejou um modo de acabar com nossos pecados. Deus mandou que o sacerdote pusesse a mão sobre um bode. Isso simbolizava que os pecados de todo mundo estavam sendo colocados sobre o animal. Esse bode especial era chamado de bode expiatório.

Pensem nas coisas erradas que vocês já fizeram. Talvez tenham mentido ou foram grosseiros com alguém. Escrevam no corpo do bode alguns dos pecados que vocês cometeram. Dê tempo para a tarefa. **Depois que o sacerdote colocava sobre o bode os pecados do povo todo, o bode era levado para fora do acampamento. Quando o sacerdote fazia isso, Deus perdoava as pessoas e as tratava como se nunca tivessem pecado.** Mande as crianças levarem seus marionetes lá para um canto da sala e voltarem para o local de ensino. Pergunte:

• O que vocês acham desse costume de colocar os pecados sobre um bode?

• Vocês acham que Deus estava sendo justo ao perdoar as pessoas dessa maneira?

• Qual a semelhança entre Jesus e o bode expiatório?

• Vocês acham que foi justo o que aconteceu a Jesus quando ele levou nossos pecados? Por quê?

Diga: Jesus é parecido com o bode expiatório. A Bíblia diz que por meio de Jesus, Deus levou nossos pecados para longe.

NÚMEROS

MOISÉS ENVIA ESPIÕES À TERRA PROMETIDA

NÚMEROS 13

6 A 12 ANOS

Atividade: As crianças farão cachos de uvas enormes, iguais aos encontrados pelos espiões em Canaã.

Material: bexigas verdes ou violetas, papel de embrulho, fita adesiva transparente, fita crepe, papel criativo verde, lápis, tesouras, arame encapado de lã/chenile verde.

Preparação: Corte uma tira de papel de embrulho de 1,80m de comprimento e quatro de 60cm para cada grupo de crianças. Divida a classe em grupos de quatro a cinco crianças que trabalharão juntas na criação de um cacho de uva.

ISSO DÁ CERTO!

Se você tiver alunos com dificuldade de encher ou amarrar as bexigas, mande-os formar duplas com colegas mais velhos. Uma criança enche as bexigas e a outra as amarra. Se o tempo for curto, divida a classe em dois grupos; um faz as folhas e o outro faz as uvas.

UVA DA FUGA!

Ensino Bíblico: Deus dá coisas boas a seus filhos.

1. Torça as tiras de papel como se fossem ramos de videiras e enrole o arame nas pontas a cada 15-30cm; isso impedirá que as pontas se desenrolem.

2. Com fita crepe, una os ramos menores ao maior.

3. Para fazer a folha, risque o contorno de sua mão no papel criativo verde, deixando-o ovulado. Desenhe vários contornos e recorte-os.

4. Encha as bexigas, dê um nó nas pontas e amarre-as aos ramos com fita adesiva transparente. Para dar o toque final, prenda as folhas no talo, acima das uvas.

CONEXÃO GAROTADA

Abra a Bíblia em Números 13 e recapitule a história com as crianças. Se houver tempo, deixe as crianças usarem os cachos de uvas na dramatização da história. Pergunte:

• **Como você reagiria se descobrisse uma comida tão gostosa na terra que Deus queria lhe dar?**

• **Você acha que valeria a pena lutar contra gigantes para morar nessa terra? Por quê?**

Diga: **Deus dá coisas boas a seus filhos.** Às vezes, alguns desafios (como os gigantes da história bíblica) acompanham o presente. Mas Deus nos dá sabedoria e coragem para lutar contra os gigantes de nossas vidas.

MOISÉS ENVIA ESPIÕES À TERRA PROMETIDA

 4 A 8 ANOS

NÚMEROS 13.33

Atividade: As crianças farão gafanhotos para se lembrarem de como os espiões se sentiram pequenininhos.

Material: prendedores de roupa de madeira, arame encapado de lã/chenile verde, olhinhos móveis, cola, papel de seda verde.

Preparação: Encha uma vasilha com água, acrescente cinco gotas de anilina verde e uma colher de sopa de vinagre. Deixe os prendedores nesta mistura por meia hora; depois, coloque-os sobre uma toalha de papel e deixe-os secar ao vento. Para cada aluno, corte um pedaço de 12 cm de papel de seda e três pedaços de arame de 15cm.

NADA MAIS QUE GAFANHOTINHOS

Ensino Bíblico: Podemos fazer qualquer coisa que Deus manda.

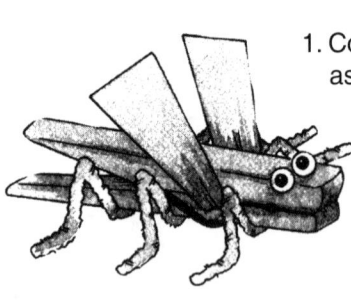

1. Cole o meio dos pedaços de arame ao longo do prendedor como se fossem as pernas do gafanhoto. Deixe a cola secar.

2. Vire o prendedor para que as pernas fiquem na parte debaixo. Dobre as pernas do gafanhoto de maneira para formar as patinhas.

3. Cole os olhinhos na ponta que fica junto à mola do prendedor. Cole o retângulo de papel de seda atrás dos olhinhos (entre as duas partes do prendedor) como se fossem asas. Deixe o gafanhoto secando por alguns minutos.

CONEXÃO GAROTADA

Recapitule o relatório que os espiões deram quando voltaram da missão secreta. Enfatize o versículo 33 e o fato de os espiões terem se sentido como gafanhotos.

Quando houver muitos projetos parecidos na sala, escreva, de modo discreto, o nome das crianças em seus devidos trabalhos. Isso facilita muito as coisas no fim da aula.

Diga: **Deus mandou o povo fazer um trabalho muito difícil: tomar a terra dos gigantes. Quando viram os gigantes, os israelitas se sentiram como gafanhotinhos, e acharam que não conseguiriam realizar a tarefa que Deus lhes havia dado. Porém a Bíblia mostra que, mais tarde, Deus cumpriu a promessa na vida dos filhos desses israelitas. Pergunte:**

• Você já se sentiu tão pequeno quanto um gafanhoto? Quando?

• Você já se viu diante de uma tarefa que achou muito difícil de realizar?

• Como Deus nos ajuda a realizar tarefas difíceis?

Diga: **Às vezes nos sentimos como gafanhotinhos. Muitas vezes achamos que não vamos conseguir fazer o que Deus manda. Isso nos faz sentir pequenininhos. Mas Deus nos ajuda a fazer tudo o que ele manda. E essa é uma notícia boa demais!**

O LEMBRETE DE DEUS
NÚMEROS 15.37-41

 6 A 12 ANOS

Atividade: As crianças farão pompons para se lembrarem de obedecer à Palavra de Deus.

Material: novelos de lã de várias cores (incluindo azul), tesouras, arame encapado de lã/chenile, réguas.

Preparação: Reúna o material.

LEMBRETE DESCOMPLICADO!

Ensino Bíblico: Lembrar da Palavra de Deus e obedecer-lhe sempre.

1. Escolha a cor ou cores para fazer seu pompom. Corte o fio de lã em 12 pedaços de 20cm e dê um nó nas duas pontas de cada pedaço.

2. Arrume os fios de lã um ao lado do outro. Estenda um pedaço de arame encapado em cima deles. Dobre os fios de lã sobre o arame. Junte as pontas do arame e torça-as de maneira que os fios fiquem bem presos.

3. Corte um pedaço de 10cm de lã azul, amarre-o 1,5cm abaixo do arame e dê um nó apertado. Para enfeitar seu sapato com o pompom, amarre o arame no cadarço. Faça um pompom para o outro sapato.

CONEXÃO GAROTADA

Recapitule Números 15.37-41 com a classe.

Diga: **Deus espera que seu povo nunca, jamais, se esqueça de sua Palavra. Ele mandou as pessoas amarem pompons especiais na barra de suas túnicas. Quando as pessoas andavam e os pompons balançavam e chacoalhavam, elas se lembravam de que deveriam obedecer à Palavra de Deus sempre, sempre.** Mande a classe formar uma roda grande e caminhar pela sala, com os pompons nos sapatos. Pergunte:

• **Se você usasse esses pompons todos os dias, acabaria se acostumando com eles e se esquecendo do lembrete? Por quê?**

• **Por que Deus achou importante que o povo se lembrasse de obedecer à Palavra dele?**

• **Como você pode se lembrar da Palavra de Deus?**

Diga: **Deus quer que conheçamos e obedeçamos a sua Palavra para que nossas vidas sejam agradáveis a ele. Deus sabe que nós esquecemos as coisas. Foi por isso que ele mostrou aos israelitas um jeito muito legal de nunca se esquecerem da Palavra dele. Nós também temos de nos lembrar da Palavra de Deus sempre, sempre.**

MOISÉS E A SERPENTE DE BRONZE

8 A 12 ANOS

NÚMEROS 21.6-20

Atividade: As crianças farão um modelo de serpente de bronze.

Material: tubos de papel higiênico/toalha de papel, fio de lã, materiais de artes como tiras ou círculos de papel colorido, glitter, cola, canetas hidrográficas/lápis de cor/giz de cera, cabo de vassoura, lata de tinta vazia, terra/areia.

Preparação: Corte dois pedaços de 15cm de fio de lã para cada aluno. Se usar tubos de papel toalha, corte-os do tamanho de tubos de papel higiênico.

FAZER é FÁCIL

A SERPENTE DO PERDÃO

Ensino Bíblico: Deus nos preparou o caminho do perdão.

1. Faça dois furos em cada ponta do tubo de papel (quatro furos no total).

2. Use o material de artes para decorar sua parte da serpente.

3. Junte-se aos colegas para ligar sua parte da serpente à deles. Passe o fio de lã pelos dois furos de um lado de seu tubo e pelos dois furos do tubo do amigo, e amarre bem. Repitam até que todas as partes do corpo da serpente tenham sido ligadas.

4. Enfie o cabo de vassoura na lata cheia de terra/areia; certifique-se que esteja bem firme. Mande um aluno pendurar a serpente no topo do cabo de vassoura.

CONEXÃO GAROTADA

Resuma Números 21.6-20 com a classe.

Diga: Deus providenciou um jeito de os israelitas serem perdoados. Eles só precisavam olhar para a serpente. Pergunte:

• Como você acha que o povo se sentiu quando as serpentes mordiam e matavam tanta gente?

• Que será que os israelitas pensaram quando Moisés avisou que seriam curados por meio da serpente?

• Como Deus providenciou salvação para nós hoje, quando pecamos?

Diga: Jesus levou nossas culpas e morreu na cruz para nos perdoar de todos os pecados. Se pedirmos a Jesus que perdoe nossos pecados, ele perdoa e nos salva, exatamente como Deus curou as pessoas quando elas olhavam para a serpente.

A JUMENTA DE BALAÃO FALA

4 A 8 ANOS

NÚMEROS 22.21-38

Atividade: As crianças farão jumentas obstinadas que se sentam.

Material: Cópias da "Jumenta Sentada" (p.30) em papel cartão, tesouras, macarrão fino, cola, colchetes.

Preparação: Faça uma cópia da "Jumenta Sentada" (p.30) em papel cartão para cada aluno. Recorte as cópias das crianças menores.

ISSO DÁ CERTO!

Para aumentar a diversão, conte a história novamente e mande as crianças sentarem suas jumentas na hora em que o animal evita passar pelo anjo.

A JUMENTA TEIMOSA

Ensino Bíblico: Prestar atenção quando Deus fala.

1. Recorte as duas partes da jumenta. Com um colchete, junte as duas partes do corpo da mula.

2. Cole o macarrão no lugar da crina e da cauda do animal.

CONEXÃO GAROTADA

Recapitule Números 22.1-38.

Diga: **Balaão foi se encontrar com Balaque mesmo sabendo que Deus era contra a viagem e não queria que ele amaldiçoasse o povo do Senhor. Deus ficou bravo com Balaão porque o homem queria ir de qualquer maneira, mesmo sabendo que Deus havia dito "não". Quando a jumenta de Balaão viu o anjo de Deus, ela empacou, apesar do homem bater nela.** Diga aos alunos para sentarem suas mulas. Pergunte:

• Por que vocês acham que Balaão quis ir mesmo sabendo que era errado?

• Vocês já tentaram fazer alguma coisa mesmo sabendo que Deus ficaria triste?

• Seu comportamento foi mais parecido com o da mula ou o de Balaão?

• Como você deve agir quando não tem vontade de obedecer?

Diga: **Em vez de obedecer a Deus, Balaão cedeu à tentação de ir ver Balaque. Balaão sabia que Balaque iria lhe dar uma boa recompensa por amaldiçoar o povo de Deus. No entanto, a jumenta de Balaão viu o anjo de Deus e parou. Temos de prestar atenção quando Deus nos diz o que fazer—parar, ouvir e obedecer.**

A JUMENTA SENTADA

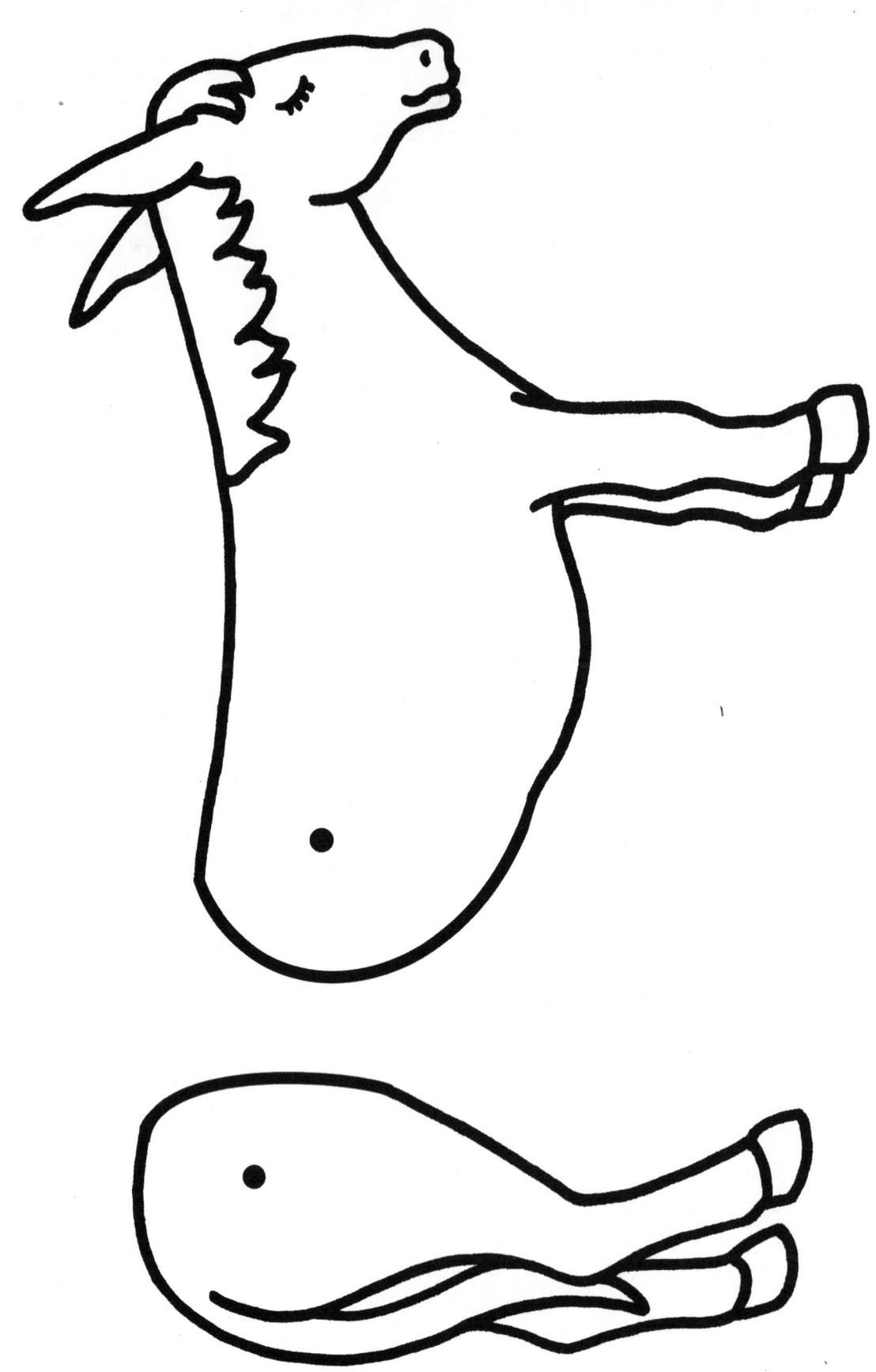

DEUTERONÔMIO

DEUS ORDENA QUE O POVO RECORDE SUA PALAVRA

Deuteronômio 6.4-8

6 A 10 ANOS

Atividade: As crianças farão filactérios.

Material: fios de lã, canetas hidrográficas fluorescentes, papel criativo colorido/cartolina fluorescente, furador de papel, plástico transparente para encadernação ou pasta L, lousa e giz ou papel sulfite e caneta.

Preparação: Para cada aluno, corte dois retângulos de 5x10cm em papel criativo, e dois retângulos do plástico no formato 12x13cm (para dobrar no meio e ficar 6x13cm). Escreva Deuteronômio 6.5 na lousa para as crianças copiarem.

ISSO DÁ CERTO! Para deixar o projeto mais interessante, use fio de lã fluorescente no lugar do comum.

FILACTÉRIOS FLORESCENTES

Ensino Bíblico: Deus quer que nos lembremos de suas palavras.

1. Pegue os dois retângulos de plástico, dobre no meio, e faça um furo nos quatro cantos de cada um. Pegue os pedaços de fio de lã e passe pelos dois furos de um lado. Faça o mesmo com os furos do outro lado. Repita com o outro retângulo de plástico.

2. Copie o versículo nos dois retângulos de papel colorido. Coloque os versículos nos retângulos de plástico. Amarre um filactério no braço, como pulseira; amarre o outro na cabeça.

CONEXÃO GAROTADA

Escolha alguns alunos para lerem Deuteronômio 6.4-8.

Diga: **Deus disse ao povo que eles deveriam falar sobre sua Palavra constantemente. Eles até foram avisados para usar a Palavra de Deus nos punhos e ao redor da cabeça.** Pergunte:

• **O que vocês acham que Deus está querendo dizer ao povo sobre sua Palavra?**

• **Nossa vida seria diferente se meditássemos na Palavra de Deus o dia todo? Como assim?**

• **Como podemos recordar a Palavra de Deus durante o dia?**

Diga: **Deus manda que seu povo se lembre de sua Palavra. Deus sabe que quando pensamos em sua Palavra, nos lembramos de como ele é e do que o deixa feliz. Assim, também poderemos fazer escolhas mais sábias.**

DEUS PROMETE AJUDAR ISRAEL A ENTRAR NA TERRA PROMETIDA

Deuteronômio 7

6 A 10 ANOS

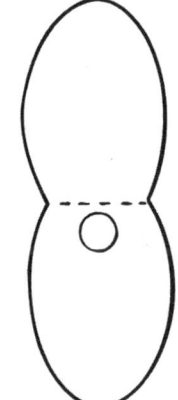

Atividade: As crianças farão vespas zumbidoras.

Material: Clipes de papel grandes (ou pedaços de 15cm de arame), cola, tesouras, grampeador e furador de papel, borrachinhas de escritório, reforçadores de furos em papel, molde de "Vespas Zumbidoras" (ao lado).

Preparação: Faça uma cópia do molde da "Vespa Zumbidora" em cartolina/papel cartão amarelo para cada aluno.

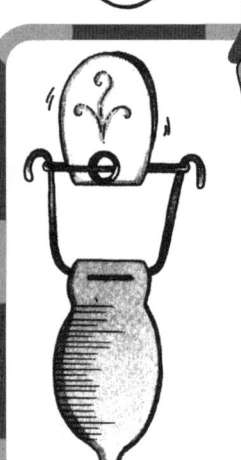

FAZER é FÁCIL

VESPAS ZUMBIDORAS

Ensino Bíblico: Deus prepara nosso caminho.

1. Dobre o clipe em forma de U e vire as pontas para baixo.

2. Recorte o corpo da vespa, dobre-o ao meio sobre o clipe (veja o desenho) e grampeie os dois lados na linha pontilhada. Cole as duas partes do corpo da vespa, logo abaixo da linha pontilhada.

3. Recorte as asas. Faça furos no lugar indicado e proteja-os com reforçadores. Passe a borrachinha pelos furos.

4. Prenda a borracha no clipe; enrole as pontas do clipe na borracha para que ela não saia do lugar.

CONEXÃO GAROTADA

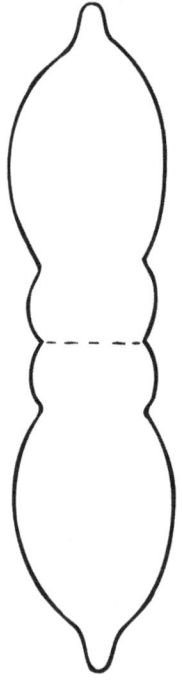

Recapitule Deuteronômio 17 com a classe.

Diga: **A história bíblica conta que Deus prometeu mandar vespas à frente dos israelitas, para expulsar os inimigos da terra.** Pergunte:

• **Vocês já tiveram de chegar a algum lugar quando alguém estava no caminho? O que vocês fizeram?**

• **Como vocês pensariam se fossem um dos israelitas e ouvissem que Deus iria mandar vespas expulsar seus inimigos?**

• **Como vocês sabem que Deus está ajudando numa situação?**

Diga: **Não temos certeza se Deus mandou vespas de verdade ou algo parecido com vespas para assustar o pessoal. O que sabemos mesmo é que Deus fez alguma coisa que quase matou de medo os inimigos de Israel. Deus foi à frente dos israelitas para facilitar o trabalho deles. Deus também prepara nosso caminho. Nem sempre ele acaba com as dificuldades, mas sempre dá um jeito de lidarmos com elas.**

JOSUÉ

DEUS DÁ VITÓRIA SOBRE JERICÓ
JOSUÉ 6.1-21
6 A 12 ANOS

ISSO DÁ CERTO!
Prepare moldes de diferentes tamanhos de trombetas para as crianças usarem.

Atividade: As crianças farão colagens com moldes de trombetas.

Material: papel criativo de diversas cores, revistas, papel alumínio, tesouras, cola, canetas hidrográficas, moldes de trombetas.

Preparação: Faça um molde de trombeta (veja abaixo) para cada criança. Disponha os materiais sobre a mesa.

SOEM AS TROMBETAS
Ensino Bíblico: É possível obedecermos a Deus.

1. Recorte sete trombetas de cores diferentes (inclusive de papel alumínio).

2. Arranje as trombetas sobre o papel criativo de forma bonita e atraente. Passe cola nas trombetas e sobreponha uma trombeta a outra, formando uma colagem. Use a criatividade e cole pedacinhos de papel criativo abaixo das trombetas para lhes dar efeito tridimensional; passe cola sobre algumas trombetas para lhes dar brilho, ou contorne algumas trombetas com cola.

3. Intitule sua obra de "É Possível Obedecermos a Deus".

CONEXÃO GAROTADA

Quando as crianças terminarem suas colagens, chame-as para ouvir a história de como algumas trombetas foram usadas em obediência a Deus. Pergunte:

- **Por que os sacerdotes carregaram e tocaram as trombetas?**
- **Como os israelitas venceram depois que as trombetas foram tocadas?**
- **Como podemos obedecer a Deus?**

Diga: **Os sacerdotes deram ouvidos a Josué porque desejavam obedecer a Deus. Os muros de Jericó desabaram para que os israelitas transformassem Jericó numa cidade de Deus. A colagem de vocês têm sete trombetas, que foi exatamente o número de dias que os sacerdotes obedeceram a Deus. Cada vez que admirarem suas colagens, lembrem-se de obedecer a Deus nos sete dias da semana.**

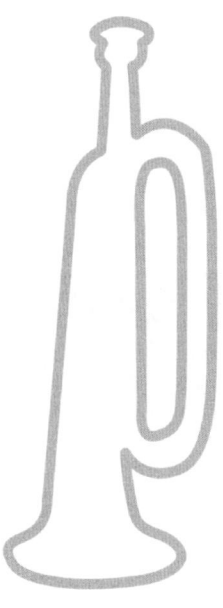

MOLDE DE TROMBETA

O SOL DÁ UMA PARADA
JOSUÉ 10.1-15
6 A 10 ANOS

Atividade: As crianças confeccionarão sóis como lembretes do dia em que Deus parou o Sol para que Josué e os soldados vencessem a batalha.

Material: pratos de papel grandes, bexigas redondas amarelas (de uns 20cm), tesouras, canetas hidrográficas, giz de cera amarelo e também de outras cores, furadores de papel, novelo de lã.

Preparação: Para que os alunos tenham mais espaço e conforto, crie duas áreas de trabalho. Em uma, coloque os pratos, as tesouras e as canetas hidrográficas. Na outra, as bexigas, os furadores, o novelo de lã e tesouras.

FAZER e FÁCIL

DEIXE O SOL BRILHAR!

Ensino Bíblico: Podemos confiar na ajuda de Deus.

1. Recorte o meio do prato para obter o aro do sol. Corte triângulos de raios de luz na volta interna do aro.

2. Use a caneta hidrográfica ou o giz de cera amarelo para colorir a parte da frente do aro; escreva atrás, com as canetas hidrográficas coloridas, "Posso confiar na ajuda de Deus". Faça, então, uma lista das coisas em que você precisa da ajuda de Deus, como ser paciente com um amigo, por exemplo.

3. Encha e amarre uma bexiga e, com muito cuidado, empurre-a até o meio do aro.

4. Corte um pedaço de fio de lã do tamanho do braço de um amigo. Faça um orifício no topo do aro, passe o fio de lã e dê um nó nas pontas.

CONEXÃO GAROTADA

Quando as crianças terminarem, reúna a classe; cada aluno deve ter seu "sol" em mãos. Conte ou recapitule a história bíblica. Pergunte:

- Qual era o problema de Josué?
- Como o problema de Josué foi resolvido?
- Como o seu amigo ajudou você a criar seu projeto?
- Como Deus ajuda você com seus problemas?

Diga: Trabalhar com um parceiro facilitou na hora de cortar o fio de lã. A história bíblica de hoje conta que Josué pediu que Deus o ajudasse. Deus foi o parceiro de Josué na batalha. Deus ajudou Josué a resolver seu problema quando parou o Sol e deixou-o quietinho durante um dia inteiro. Se Deus pode fazer o Sol parar, ele também pode lidar com seus problemas.

ISSO DÁ CERTO!

Crie um ambiente de camaradagem e animação para as crianças. Pode-se utilizar círculos de cartolina amarela. Pode-se também usar pratos plásticos, mas precisam ser pintados com CD markers/pincéis marcadores permanentes (ponta fina). Diga para cada uma deixar seu sol na classe como decoração. Depois da aula ou durante a próxima semana, pendure os sóis no teto (use fita adesiva, percevejo ou similares).

JUÍZES

DÉBORA SE RESPONSABILIZA PELA BATALHA

JUÍZES 4.1-16

8 A 12 ANOS

Atividade: As crianças farão quadros de aviso para se lembrarem das responsabilidades diárias.

Material: Cola, prendedores de roupa, tecido, fita de seda ou similar, fita adesiva.

Preparação: Para cada aluno, corte um pedaço de 25x35cm de cartolina, um pedaço de 30x40cm de tecido, oito pedaços de fita de 45cm e um de 10cm.

FAZER é FÁCIL

QUADRO DE AVISOS PARA LEMBRAR AS RESPONSABILIDADES

Ensino Bíblico: As responsabilidades que Deus nos dá são para honrá-lo.

1. Coloque um pedaço de tecido com o avesso para cima. Ajeite o pedaço de cartolina no meio do tecido; cole as beiradas do tecido na cartolina.

2. Vire a cartolina e coloque quatro fitas sobre ela, em sentido diagonal. Cole as pontas das fitas atrás da cartolina. Cole as outras quatro fitas na diagonal oposta, entrelaçando-as nas outras quatro. Dobre o pedaço menor de fita em formato de alça e cole no topo da cartolina. Reforce a alça com fita adesiva. Ponha no quadro de avisos bilhetes que lembrem você de suas responsabilidades.

CONEXÃO GAROTADA

Depois que as crianças terminarem o projeto, conte a história de Juízes 4.1-16. Pergunte:

• Como Débora soube que os israelitas deveriam lutar contra os inimigos?

• Por que vocês acham que Baraque se recusou a liderar sozinho o exército?

• Se estivesse no lugar de Baraque, o que você teria feito?

Diga: **Débora sabia que Deus queria que Baraque liderasse os israelitas na batalha. Deus até prometeu que entregaria os inimigos nas mãos dos israelitas! Deus não está pedindo que você lidere um exército, mas lhe deu responsabilidades em casa, na escola e em outras atividades também. Se você pedir, Deus vai ajudá-lo nessas responsabilidades.**

ISSO DÁ CERTO!

O projeto de arte desta lição é feito em pouco tempo. Assim, as crianças podem compartilhar as embalagens. Se a classe for grande, use uma embalagem para cada duas ou três crianças.

Se houver tempo, deixe as crianças usarem cinco ou seis bolinhas para fazerem uma pintura, e apenas uma para a segunda pintura. Diga para compararem os dois efeitos.

DEUS LEVA GIDEÃO A VENCER OS MIDIANITAS

6 A 8 ANOS

JUÍZES 7

Atividade: As crianças farão pinturas com bolinhas de gude, mostrando que Deus também usa uma coisa pequena para realizar uma coisa grande.

Material: Embalagens de batata Pringles® (ou tubos de papel toalha), folhas de papel que caibam dentro das embalagens ou dos tubos, bolinhas de gude, tinta guache, lápis, jalecos/camisetas velhas, papel criativo, fita crepe/adesiva (se usar tubos).

Preparação: Cubra a mesa com jornal e ajeite os materiais sobre ela. Tenha água e papel toalha à mão para uma limpeza rápida no final da atividade.

PINTURA ROLA-ROLA

Ensino Bíblico: Deus pode usar coisas pequenas para realizar algo muito grande.

1. Vista o jaleco/camiseta. Escreva seu nome nas costas de sua folha de papel. Pingue cinco ou seis gotas grandes de tinta na frente do papel.

2. Enrole o papel com a tinta para dentro e coloque na embalagem. A seguir, ponha uma bolinha de gude dentro e feche bem*.

3. Agite a embalagem em várias direções e de várias maneiras. Role-a na mesa ou chacolhe-a para cima e para baixo. Depois de alguns minutos, destampe e retire a bolinha. Retire o papel e veja o que a bolinha fez!

4. Deixe a pintura secar; cole-a numa folha de papel criativo, e admire sua obra de arte!

* Se usarem tubos de papelão, fechem bem as pontas com fita crepe/adesiva.

CONEXÃO GAROTADA

Enquanto a pintura seca, conte a história do exército de Gideão que se encontra em Juízes 7. Pergunte:

• **O que vocês acham que Gideão pensou quando viu seu exército ficar cada vez menor?**

• **Como vocês acham que os soldados de Gideão se sentiram ao ver que restaram apenas trezentos deles para lutar contra um exército muito maior?**

• **Será que existe alguém pequeno demais para ser usado por Deus? Por quê?**

Diga: **Deus planejou que um exército pequeno vencesse o grande e poderoso exército dos midianitas. Deus queria que os israelitas soubessem que era o poder dele—e não o tamanho do exército—que conquistaria a vitória. Assim como usamos uma coisa pequena—uma simples bolinha de gude—para criar uma pintura muito bonita, Deus pode usar poucas pessoas para fazer algo muito grande!**

RUTE

RUTE É FIEL
RUTE 1.1-18

8 A 10 ANOS

Atividade: As crianças farão a mistura do Capuccino da Bondade para dar de presente.

Material: Para cada quatro alunos, você precisará de uma tigela grande, uma lata de leite ninho, 100 gramas de café instantâneo, quatro colheres de sopa de chocolate em pó (não pode ser achocolatado), uma colher de chá de bicarbonato, uma colher de chantineve, uma colher de sopa de canela, colheres, saquinhos de plásticos Ziploc®, quatro copos descartáveis de papel/isopor, quatro fichas de arquivo, lápis, canetas hidrográficas e adesivos.

Preparação: Arranje todos os itens sobre uma mesa grande ou várias mesas pequenas. Coloque os copos, fichas, lápis, canetas hidrográficas e adesivos em outra mesa. Diga às crianças para lavarem as mãos.

ISSO DÁ CERTO!
Se possível, arranje para que as crianças entreguem pessoalmente O Capuccino da Bondade aos idosos da igreja, logo após a escola dominical ou visitem abrigos, casas de repouso e afins.

FAZER é FÁCIL

CAPUCCINO DA BONDADE

Ensino Bíblico: Deus quer que sejamos bondosos com os outros.

1. Com seu grupo, decida quem vai medir o café, o leite, o açúcar, etc.

2. Misture bem os ingredientes na tigela grande. Com bastante cuidado, divida a mistura entre os alunos. Feche bem os saquinhos.

3. Numa ficha, escreva "Capuccino da Bondade. Misture 2 colheres (sopa) com uma xícara (chá) de água quente". Use adesivos e canetas hidrográficas para enfeitar a ficha da receita e seu copo. Guarde a receita e a mistura do Capuccino da Bondade dentro do copo.

CONEXÃO GAROTADA

Leia Rute 1.1-18 em uma versão da Bíblia fácil de as crianças entenderem. Pergunte:

• **De que maneira Rute foi bondosa com Noemi?**

• **De que maneiras podemos ser bondosos com os outros?**

Diga: **Nos tempos bíblicos, as viúvas—mulheres cujos maridos tinham morrido—só trabalhavam em casa. Elas passavam necessidades, se não tivessem ninguém para cuidar delas. Rute não quis que Noemi vivesse sozinha. Deus usou a bondade de Rute para suprir as necessidades de Noemi. Embora existam, hoje em dia, várias maneiras de cuidar das pessoas velhinhas, muitas delas vivem sozinhas, como foi o caso de Noemi. A mistura do "Capuccino da bondade", que preparamos aqui hoje deve ser entregue a velhinhos que vocês conhecem. Eles irão se deliciar com o capuccino; porém, mais do que isso, irão gostar muito de saber que vocês puseram amor e criatividade neste projeto. Deus vai usar você para mostrar bondade a essas pessoas!**

RUTE SE CASA COM BOAZ
Rute 2.2-23
6 A 10 ANOS

ISSO DÁ CERTO!

Para colorir a guirlanda, acrescente gotas de corante (anilina) na cola antes de acrescentar o trigo. (Para ficar mais barato, uma alternativa é utilizar arroz e grãos de milho.)

Atividade: As crianças farão guirlandas de centeio e trigo — que representam os grãos de cereal que Rute colheu nos campos de Boaz.

Material: pratos de papel brancos, furador de papel, barbante, tesouras, lápis, colheres e facas de plástico, cola, grãos de centeio e trigo, tubos de cola.

Preparação: Arranje três áreas de trabalho. Na primeira, deixe os pratos, lápis, furador de papel, tesouras e barbante. Para a segunda área, despeje cola numa vasilha e misture uma quantidade suficiente de grãos de trigo que resulte numa mistura grossa. Faça a mistura pouco antes de iniciar a aula, para não secar antes da hora. Deixe facas de plástico junto à vasilha. Na terceira área, deixe tubos de cola, facas de plástico e tigelas com grãos de centeio.

FAZER é FÁCIL

GUIRLANDAS DE GRÃOS

Ensino Bíblico: Podemos adorar a Deus com nosso trabalho.

1. Faça um furo na beirada do prato de papel, passe um pedaço de barbante e dê um nó.

2. Corte fora o meio do prato. Com o lápis, divida o círculo de modo que a guirlanda tenha de seis a oito divisões.

3. Ponha uma colherada da mistura de cola e trigo em algumas divisões da guirlanda. Use os dedos ou uma faca para espalhar bem a mistura no espaço todo.

4. Na próxima área de trabalho, use a faca para espalhar um pouco de cola nas divisões restantes. Arranje grãos de centeio sobre a cola. Ponha a guirlanda para secar.

CONEXÃO GAROTADA

Diga: **Nos tempos bíblicos, os agricultores deixavam que parte da colheita caísse no chão para que os pobres recolhessem. Este recolhimento era chamado de "colheita das sobras". A história bíblica de hoje conta que Rute foi recolher espigas numa plantação.** Conte a história ou leia Rute 2.2-23 numa versão da Bíblia fácil de as crianças entenderem. Pergunte:

• **Como Rute adorou a Deus com sua dedicação ao trabalho?**

• **Vocês acham que estavam adorando a Deus enquanto trabalhavam nas guirlandas?**

Diga: **Trabalhar pode ser uma maneira de adorarmos a Deus porque o Senhor fica contente em nos ver usando os talentos que ele nos deu. Há um versículo na Bíblia que diz: "Tudo o que fizerem, façam de todo o coração, como para o Senhor" (Colossenses 3.23a). Foi exatamente isso que Rute fez. Além de conseguir alimento para ela e Noemi, Rute adorou a Deus com seu trabalho. Quando pendurar sua guirlanda em casa, lembre-se de que seu trabalho—seja ele qual for—pode ser um meio de adoração a Deus.**

1 SAMUEL

SAUL SE TORNA REI

6 A 12 ANOS

1 SAMUEL 9.25-10.1

Atividade: As crianças farão pequenos frascos de óleo de banho.

Material: potes de papinha de nenê (ou vidros pequenos), xampu, óleo infantil, perfume, colônia ou extrato de uma fragrância, círculos de 12,5cm de tecido, pedaços de 45cm de fita de seda, CD markers/pincéis marcadores permanentes (ponta fina), toalhas de papel.

Preparação: Arranje duas áreas de trabalho. Proteja uma mesa com folhas de jornal. Deixe os potinhos, pincéis, xampu, óleo infantil e perfume nesta área. Deixe os círculos de tecido e pedaços de fita na outra área.

ISSO DÁ CERTO!

As crianças menores poderão usar borrachinhas nas tampas, em vez de fita de seda.

FAZER É FÁCIL

FRASCOS DE ÓLEO

Ensino Bíblico: Podemos fazer coisas importantes para Deus.

1. Use o CD marker para escrever seu nome no fundo de um pote de comida de nenê. Tenha cuidado para não deixar o pote cair e quebrar.

2. Despeje óleo até encher um ¼ do potinho. Acrescente várias gotas de perfume. Despeje xampu até o pote ficar cheio.

3. Feche bem o pote. Limpe o pote com a toalha de papel, para que não escorregue das mãos.

4. Cubra a tampa com o tecido. Com a ajuda de um amigo, amarre a fita em volta da tampa.

CONEXÃO GAROTADA

Quando as crianças terminarem, diga-lhes para deixarem os potes na mesa. Apresente ou recapitule o texto bíblico que descreve Samuel derramando óleo sobre a cabeça de Saul. Pergunte:

• **Por que despejar o óleo foi uma tarefa importante para Samuel?**

• **Quais são algumas tarefas que podemos fazer para Deus?**

Leve as crianças a falar sobre as muitas coisas importantes que podem fazer.

Diga: **Há muito, muito tempo, despejar óleo sobre a cabeça de alguém era uma tarefa muito importante. Samuel despejou óleo na cabeça de Saul para mostrar que ele havia sido escolhido por Deus para um trabalho importante—Saul iria ser o primeiro rei de Israel. Ofereçam seus frascos de óleo a alguém que seja importante nas suas vidas; diga a essa pessoa que ele/ela foi escolhido por Deus para uma tarefa importante, assim como você também foi.**

DEUS ESCOLHE DAVI PARA O LUGAR DE SAUL

I Samuel 16.1-13

8 a 12 anos

ISSO DÁ CERTO!

Disponha os corações num mural para que os membros da igreja descubram a quem eles pertencem. Como título, escreva a pergunta: "Você sabe o que existe em nossos corações? Deus sabe!" Prenda as folhas com percevejo para que possam ser virados, e os nomes das crianças apareçam.

Atividade: As crianças farão corações com os polegares para se lembrarem de que a aparência física não é tão importante quanto o que há nos corações.

Material: papel vermelho, canetas hidrográficas/giz de cera, tesouras, papel branco/cartão branco, cola.

Preparação: Arranje o material sobre a mesa.

FAZER É FÁCIL

Coração cheio de valor

Ensino Bíblico: O que existe em seu coração é importante.

1. Dobre o papel vermelho ao meio. Segure a dobra com seu polegar.

2. Marque uns 2cm e recorte em volta do polegar de modo a obter a metade de um coração. Faça três destes recortes ao longo da dobra.

3. No papel vermelho (onde o polegar estava), escreva uma coisa que as pessoas vêem quando olham para você.

4. Dentro de cada coração, escreva uma coisa a seu respeito que ninguém vê, mas que deixa você muito feliz a seu próprio respeito.

5. Cole uma metade dos corações no papel branco de modo que se abram e fechem. Escreva no topo do cartão, "O que existe em seu coração é importante".

Conexão Garotada

Depois que as crianças tiverem colado os corações, recolha as folhas. Apresente ou recapitule a história de quando Samuel ungiu Davi. Pergunte:

- **Quando você conhece uma pessoa, qual é a primeira coisa que observa nela?**
- **O que Deus percebe quando olha para nós?**
- **De que maneira podemos descobrir o que existe no coração de uma pessoa?**

Diga: **Muitas vezes olhamos para as pessoas e observamos uma porção de coisas sobre a aparência delas. Observamos a cor dos cabelos e dos olhos e se elas são altas ou baixas. Mas quando Deus olha para nós, ele não presta atenção nestas coisas. Deus vê o nosso coração. Para ele, o que importa mesmo é o que vai em nossos corações. Vamos ver se adivinhamos o que existe no coração de alguns de nossos amigos.**

Pegue as folhas e leia o que está escrito nos corações. Diga às crianças para adivinharem de quem é o coração. Como dicas, leia o que está escrito fora dos corações.

Diga: **É impossível vermos o que está dentro de uma pessoa, mas Deus consegue isso todos os dias. Quanto mais soubermos como nossos amigos são por dentro, nós também conheceremos mais e mais seus corações.**

DAVI VENCE GOLIAS

6 A 12 ANOS

I SAMUEL 17

Atividade: As crianças confeccionarão figuras de Davi e Golias.

Material: pelos menos 25 colchetes para cada criança, quadrados de 15cm de papel alumínio, tesouras, canetas hidrográficas/giz de cera, borrachinhas de escritório, papel criativo.

Preparação: Ponha sobre a mesa os quadrados de papel alumínio, giz de cera, colchetes, tesouras, borrachinhas e papel criativo. Tenha colchetes a mais, caso alguém use muitos na figura. (Depois de criar o Golias, cada criança precisará de um colchete extra.)

ISSO DÁ CERTO!

Use algumas folhas de papel de embrulho/manilha para fazer um Golias de tamanho real, e deixe as crianças completarem a figura com papel alumínio, usando colchetes e grampeador. O gigante Golias tinha quase três metros de altura. Uma figura em tamanho natural leva a história a causar mais impacto. Deixe o gigante bem visível.

FAZER é FÁCIL

A FÉ É VENCEDORA

Ensino Bíblico: A fé nos ajuda a vencer.

1. Com uma caneta hidrográfica, desenhe a figura de um gigante no lado direito do papel criativo.

2. Recorte pedaços de papel alumínio para fazer a armadura do gigante. Use os colchetes para prender a armadura no corpo do gigante. Faça outras partes da armadura com colchetes.

3. No lado esquerdo do papel, desenho um menino pequeno. Com um colchete de metal, prenda uma borrachinha na mão do menino, para fazer o estilingue.

4. Corte o papel no meio, separando as figuras. Ponha 2,5cm de um papel embaixo do outro e prenda-os na barra com um colchete. Escreva a palavra FÉ em letras grandes em cima de Davi e a palavra VENCE em cima da figura de Golias.

CONEXÃO GAROTADA

Quando terminarem, peça às crianças para mostrarem suas figuras aos colegas. Apresente ou recapitule a história bíblica. Pergunte:

- **Por que vocês acham que Davi não teve medo de lutar contra Golias?**
- **Como a fé em Deus ajudou Davi?**
- **Como vocês podem mostrar aos outros que têm fé em Deus?**

Diga: **Golias era um gigantão que usava uma armadura muito grossa e pesada. O Golias da história bíblica era um homem que apavorava as pessoas, mas Davi não teve medo porque confiava que Deus iria ajudá-lo. Davi sabia que a fé iria ajudá-lo a vencer o gigante.**

Diga aos alunos para formarem duplas e, cada um por vez, fazerem Davi exclamar: "A fé vence!" Depois, viram o Golias de cabeça para baixo e fazem o gigante cair ao chão.

JÔNATAS AVISA DAVI

6 A 12 ANOS

I SAMUEL 20

Atividade: As crianças farão dois amigos para serem colocados numa porta ou no monitor de computador.

Material: papel de rascunho, papel criativo, lápis de cor/canetas hidrográficas, tesouras, réguas.

Preparação: Disponha o material sobre a mesa.

ISSO DÁ CERTO!

Diga às crianças para segurarem suas figuras pela cabeça e formarem um círculo. O "amigo" de uma criança deve tocar o "amigo" de outra. As crianças se revezarão dizendo o nome de um amigo com quem gostariam de bater um papo, ou oferecer ajuda, durante a próxima semana.

FAZER é FÁCIL

AMIGOS PARA SEMPRE

Ensino Bíblico: Amigos ajudam uns aos outros.

1. Dobre uma folha de rascunho duas vezes. Esta folha será usada como molde.

2. Coloque o molde no meio de uma folha de papel criativo e trace em volta. Em um dos cantos, desenhe dois braços estendidos de uns 4cm de largura e 10cm de comprimento. Acrescente as mãos e desenhe uma cabeça entre os braços. Faça a mesma coisa do lado oposto. Veja ilustração.

3. Em um braço, escreva "Amigos", e no outro, "Para Sempre".

4. Desenhe os rostinhos dos amigos e pinte-os como desejar. A seguir, recorte os amigos.

CONEXÃO GAROTADA

Depois que as crianças terminarem o projeto, apresente ou recapitule a história de Jônatas e Davi. Pergunte:

- De que maneiras Jônatas mostrou que era amigo de Davi?
- Por que é importante que os amigos ajudem uns aos outros?
- De que maneira você pode mostrar que é amigo de uma pessoa?

Diga: Jônatas e Davi eram grandes amigos. Um ajudava quando o outro precisava de alguma coisa. Eles foram amigos para sempre. Leve sua figura de amigos para casa e coloque-a numa porta ou no monitor de computador para se lembrar que os amigos sempre procuram ajudar uns aos outros.

2 SAMUEL

DAVI SE TORNA REI
2SAMUEL 2.1-7

6 A 12 ANOS

ISSO DÁ CERTO!

Providencie outros papéis bonitos, como os de presentes, de parede, ou miçangas, para que as crianças façam um projeto tridimensional que será exposto, em vez de recortado em quebra-cabeça.

Atividade: As crianças farão quebra-cabeças da coroa do rei Davi.

Material: papel cartão, papel laminado de várias cores, glitter, CD markers, tesouras, envelopes ou saquinhos tipo Ziploc®, tinta em aerossol ouro ou prata.

Preparação: corte o papel cartão em retângulos de 18x21,5 cm e recorte pontas no meio, como as de uma coroa. (Faça uma coroa para cada criança.) Pinte as coroas. Deixe todo o material, inclusive as coroas, na área de trabalho, em lugar acessível aos alunos.

FAZER é FÁCIL

O REI É COROADO

Ensino Bíblico: Deus sempre cumpre suas promessas.

1. Desenhe e enfeite a coroa. Encha-a de detalhes e cores a seu gosto.

2. Risque linhas em sua coroa como se fossem peças de quebra-cabeça e recorte-as.

3. Guarde as peças no envelope e feche-o bem. Forme dupla com um amigo para um montar o quebra-cabeça do outro.

CONEXÃO GAROTADA

Depois que as crianças tiverem completado a tarefa, reúna a classe. Diga aos alunos para trazerem seus quebra-cabeças. Apresente ou reveja a história bíblica. Pergunte:

- Você já teve de esperar muito tempo por alguma coisa? Pelo quê?
- Como você acha que Davi se sentiu quando finalmente foi coroado rei?
- Você está precisando ter paciência para a realização de algum sonho?

Diga: **Assim como é preciso paciência para criar e montar um quebra-cabeça, Davi teve de esperar muito antes de se tornar rei. Quando foi ungido rei por Samuel, Davi ainda era um menino, todavia foi bem mais tarde que Deus o chamou para ser rei de verdade. Não importa o quanto temos de esperar, Deus sempre cumpre suas promessas.**

43

DAVI É BONDOSO COM MEFIBOSETE
2 SAMUEL 9
6 A 12 ANOS

ISSO DÁ CERTO!

Lembre às crianças de puxarem os fios com cuidado, mas firmeza. Se possível, retire os fios você mesmo, para que as crianças façam apenas o entrelaçamento.

Atividade: As crianças farão jogos americanos de prato.

Material: juta/estopa, fita de seda, tesouras, alfinetes de segurança.

Preparação: Recorte o tecido em pedaços de 30x45cm. Corte pedaços de 50cm e também de 30cm. Arranje os pedaços de tecido em círculo para os alunos se sentarem e executarem o projeto. Em cima dos cortes de juta, coloque um pedaço de fita de cada tamanho.

FAZER é FÁCIL

A BONDADE ENTRELAÇADA

Ensino Bíblico: Deus quer que sejamos bondosos.

1. Retire alguns fios verticais do meio da estopa; depois, retire alguns fios horizontais, formando uma cruz.

2. Prenda um alfinete numa ponta de um pedaço de fita de 50cm e entrelace-a pelos espaços verticais da estopa. Remova o alfinete e coloque-o em outro pedaço e continue entrelaçando. Faça o mesmo com o pedaço de 30cm, mas entrelace-os no sentido horizontal.

3. Apare as sobras de fita.

CONEXÃO GAROTADA

Depois que as crianças terminarem seus projetos, chame-as para junto de você. Apresente ou recapitule a história bíblica. Pergunte:

- Por que você acha que Davi foi bondoso com Mefibosete?
- Como Davi mostrou bondade a Mefibosete?
- Como você pode entrelaçar bondade na vida de alguém?

Diga: A Bíblia nos fala que Davi foi bondoso com Mefibosete. Mefibosete era filho de Jônatas, que havia sido um dos melhores amigos de Davi. Fizemos um jogo americano para nos lembrar que Deus espera que sejamos bondosos com os outros. Podemos entrelaçar bondade na vida das pessoas exatamente como entrelaçamos as fitas coloridas no pedaço de tecido. Vamos sempre nos lembrar de tratar os outros com bondade.

1 REIS

SALOMÃO REINA COM SABEDORIA
6 A 10 ANOS

1Reis 3.5-15; 4.29-30

Atividade: As crianças farão copos de medida como lembrete de que as bênçãos de Deus são imensuráveis.

Material: copos descartáveis, palitos de sorvete grandes, canetas hidrográficas pretas, adesivos, água, jarros/copos de medidas, fita adesiva, tesouras.

Preparação: Leve para a classe um galão de água e vários copos de medidas. Para facilitar a limpeza, cubra a mesa com uma toalha de plástico.

ISSO DÁ CERTO!
Quando os copos estiverem prontos e secos, peça a alguns alunos para, de copo em mãos, compartilharem algumas bênçãos que Deus tem derramado sobre eles.

FAZER É FÁCIL

BÊNÇÃOS NUMEROSAS
Ensino Bíblico: As bênçãos de Deus são imensuráveis.

1. Com a caneta preta, escreva o Ensino Bíblico no palitão de sorvete. Com bastante cuidado, faça um corte pequeno no topo do copo descartável, insira o palito e prenda-o com fita adesiva.

2. Use os copos de medidas para despejar água em seu copo. Com a caneta preta, faça a linha de quantidade. Despeje a água fora, coloque outra medida, marque a linha, e assim por diante até que o copo esteja completo. As medidas devem incluir ¼, ½, ¾ e 1 xícara (ou 50, 100, 150 e 200 ml).

3. Enfeite o copo com adesivos.

CONEXÃO GAROTADA

Apresente ou recapitule a história bíblica. Leia novamente 1Reis 4.29-30. Pergunte:

- Por que Deus ficou tão contente com o pedido de Salomão?
- O que você costuma pedir a Deus?
- Deus tem abençoado você mais do que o esperado? Como?

Diga: **Salomão era filho de Davi e sucedeu o pai como rei de Israel. Num sonho, Deus apareceu a Salomão e prometeu lhe dar qualquer coisa que ele desejasse. Salomão pediu sabedoria. Ter sabedoria é ver as coisas da maneira que Deus as vê. Outros reis talvez tivessem escolhido dinheiro ou fama, mas Salomão quis ter uma mente esclarecida. Deus se agradou dessa escolha, e abençoou Salomão com sabedoria, e também lhe deu riqueza e fama! Deus quer abençoar ricamente todos os seus filhos. Aprendemos hoje que as bênçãos de Deus são desmedidas.**

A RAINHA DE SABÁ VISITA SALOMÃO
1 Reis 10.1-13
4 a 12 anos

ISSO DÁ CERTO!

Modifique o projeto para as crianças mais velhas. Providencie papel colorido ou azulejos e deixe que as crianças os enfeitem em estilo mosaico com desenhos feitos com cola.

Atividade: As crianças farão caixas de tesouro.

Material: caixas vazias de lenços de papel/similar, papel laminado/papel alumínio, cola, papel criativo/sulfite branco, tesouras, fichas de arquivo, adesivos de jóias ou dinheiro, canetas.

Preparação: Arranje as cadeiras de modo que as crianças tenham facilidade em compartilhar o papel laminado ou alumínio e os adesivos. Se o material for limitado, modifique o projeto, e ponha as crianças para trabalharem juntas e decorarem uma ou duas caixas grandes.

FAZER é FÁCIL

PRESENTES MARAVILHOSOS

Ensino Bíblico: Podemos honrar a Deus com nossas habilidades.

1. Cubra a caixa com papel alumínio, ajeitando-o bem (deixando a fenda livre).

2. Escreva o Ensino Bíblico num pedaço de papel sulfite; recorte e cole-o na caixa encapada. Enfeite a caixa com adesivos. (Se não conseguir os adesivos sugeridos, recorte jóias e moedas de papel criativo/laminado de diversas cores.)

3. Numa ficha, escreva o que você pode oferecer ao Rei Jesus. Guarde a ficha dentro da caixa.

CONEXÃO GAROTADA

Apresente ou recapitule a história bíblica de 1Reis 10.1-13. Pergunte:

- Por que as pessoas se presenteiam?
- Que presentes a rainha de Sabá levou para Salomão?
- Como você pode honrar a Deus com presentes?

Diga: **Quando ouviu sobre a incrível sabedoria de Salomão e sobre tudo o que havia feito, a rainha de Sabá quis conhecê-lo. Ela presenteou o rei com seu ouro mais fino, com suas jóias mais caras e com suas melhores especiarias. Sempre que der uma olhadinha em sua caixa do tesouro, lembre-se de oferecer a Deus o que você tem de melhor. Assim como a rainha de Sabá honrou Salomão com seus presentes, também podemos honrar a Deus com as coisas que sabemos fazer.**

2REIS

DEUS CURA NAAMÃ DA LEPRA
4 A 8 ANOS
2Reis 5.1-16

Atividade: As crianças farão fantoches de Naamã.

Material: cartolina/papel cartão, copos de isopor, palitos de sorvete, papel de seda azul, canetas hidrográficas/lápis de cor, cola, tesouras.

Preparação: Para crianças menores prepare moldes de Naamã (veja abaixo). Disponha o material na classe.

FAZER é FÁCIL

MERGULHO NO RIO JORDÃO

Ensino Bíblico: Confie na ajuda de Deus.

1. Desenhe um fantoche de Naamã na cartolina; pinte e recorte-o. "Naamã" tem de ser pequeno o bastante para caber no copo. Cole o fantoche no topo do palito de sorvete.

2. Com a ponta da tesoura, e com muito cuidado, corte uma fenda na base do copo. O fantoche subirá e descerá por ela.

3. Corte pedaços de papel azul e cole-os do lado de fora do copo, para criar o rio Jordão.

4. Insira o palito na fenda, com o fantoche para cima, naturalmente. Você está pronto para contar a história de Naamã!

CONEXÃO GAROTADA

Apresente ou recapitule a história bíblica de 2Reis 5. Incentive os alunos a usarem os fantoches enquanto você conta a história. Pergunte:

• **Por que Naamã precisava de ajuda?**

• **O que você pensaria se estivesse tão doente que nem os médicos soubessem como ajudá-lo?**

• **Em que situação você já confiou em Deus?**

Diga: **Naamã era comandante do exército e bastante conhecido e admirado. Embora fosse muito bem-sucedido em seu trabalho, ele tinha um problemão. Naamã sofria de uma doença horrível chamada lepra. Seguindo o conselho de uma menina, serva em sua casa, Naamã foi atrás de Elias, o profeta de Deus. Elias mandou Naamã mergulhar sete vezes no rio Jordão, para ficar curado. Quando Naamã obedeceu, a lepra desapareceu. Deus espera que todos nós confiemos em sua capacidade de nos ajudar como Naamã fez, mas precisamos deixar o orgulho de lado e pedir que Deus nos ajude.**

EZEQUIAS REMOVE OS ÍDOLOS
2Reis 18.1-7

8 a 12 anos

Atividade: As crianças farão esculturas de sabonete para se lembrarem de que o rei Ezequias "acabou" com a idolatria em Judá.

Material: barras de sabonete, facas de plástico (ou facas de mesa sem ponta e sem dente).

Preparação: Para facilitar a limpeza, cubra a mesa com toalha de plástico. Arranje um local para a exposição das cruzes. Se possível, realize o projeto fora da sala de aula.

FAZER É FÁCIL

ESCULTURAS DA SUPER LIMPEZA

Ensino Bíblico: Jesus pode nos limpar dos pecados.

1. Com a faca de plástico, faça cuidadosamente um esboço de cruz no sabonete.

2. Quando estiver satisfeito com o esboço, comece a esculpir delicadamente, com a faca de plástico, o sabonete. Quando terminar, exponha sua cruz no local estabelecido.

CONEXÃO GAROTADA

Apresente ou recapitule a história bíblica de 2Reis 18. Conte aos alunos que o rei Ezequias retirou os ídolos porque ele queria que Deus tivesse o primeiro lugar. Enfatize às crianças que quando pedimos que Jesus nos perdoe, ele nos limpa de todo o pecado. Pergunte:

- **Quais são alguns "ídolos" que mantêm você afastado de Deus?**
- **Como podemos nos livrar dos ídolos que nos separam de Deus?**
- **Por que Deus valoriza tanto a obediência?**

Diga: **O rei Ezequias ajudou o povo a se voltar para Deus por meio da obediência ao Senhor e a seus decretos. O rei "limpou" o país quando derrubou os templos que não eram de Deus e destruiu os ídolos. Ídolo é qualquer coisa que toma o lugar de Deus em nossas vidas. Vamos seguir o exemplo do rei Ezequias e nos livrar dos pecados que se colocam entre Deus e nós.** Diga aos alunos para levarem as esculturas para casa e colocá-las no banheiro, com a permissão da mamãe/responsável. Ore para que as esculturas sejam um lembrete para as crianças manterem seus corações limpos e darem a Deus o primeiro lugar.

1CRÔNICAS

SAUL SE TORNA REI
1CRÔNICAS 4.9-10

8 A 12 ANOS

Atividade: As crianças farão placas de oração personalizadas como lembretes de que Deus responde às orações que glorificam a ele.

Material: quadrados de borracha EVA/isopor, canetas hidrográficas/lápis de cor, fita de seda, furadores de papel, cola, fichas de arquivo, lápis, papel de rascunho, adesivos, CD markers/pincéis marcadores permanentes (ponta fina).

Preparação: Escreva algumas orações simples como exemplos às crianças. Deixe papel e lápis à mão para que os alunos rascunhem suas orações antes de escrevê-las nas fichas de arquivo.

ISSO DÁ CERTO!

Para melhorar o visual do projeto, use placas de madeira envernizada. Sugira às crianças que pendurem as placas em seus quartos. Incentive os alunos a usarem as placas como lembretes de oração por coisas que glorifiquem e honrem a Deus.

FAZER É FÁCIL

PLACA DE ORAÇÃO PERSONALIZADA

Ensino Bíblico: Deus responde às orações que glorificam a ele.

1. Use lápis e papel de rascunho para escrever sua própria oração; uma ou duas sentenças bastam. Quando terminar, passe a oração a limpo numa ficha de arquivo, com uma caneta hidrográfica.

2. Cole a ficha no meio do quadrado de borracha. Faça um furo no topo do quadrado e amarre um pedaço de fita.

3. Enfeite a placa com CD markers ou pincéis marcadores permanentes e adesivos, e pendure-a numa porta ou janela.

CONEXÃO GAROTADA

Apresente ou recapitule a história de Jabez em 1Crônicas e leia os versículos correspondentes. Pergunte:

• **Por que vocês acham que é importante orar?**
• **Sobre o que vocês oram?**
• **Por que a história falou sobre Jabez? Por que Jabez foi mencionado nessa história?**

Diga: **O livro de 1Crônicas conta a história da vida de Israel. O livro fala das raízes das famílias judaicas e mostra a influência de Deus sobre a vida de seu povo. Muitas pessoas são mencionadas e lembradas por razões diferentes. Jabez é lembrado por causa de sua vida de oração. Essa história nos ensina que Deus honra a oração verdadeira e responde às orações que glorificam a ele e que estão de acordo com seus planos.**

2 CRÔNICAS

JOSAFÁ CONFIA NA VITÓRIA DE DEUS
2 Crônicas 20.1-30
6 A 10 ANOS

Atividade: As crianças farão telescópios para se lembrarem de manter o foco em Deus.

Material: tubos de papel toalha, papel criativo preto, adesivos, glitter, cola, papel sulfite, canetas hidrográficas, tesouras.

Preparação: Certifique-se de haver um tubo de papelão para cada aluno.

FAZER É FÁCIL

TELESCÓPIO DA SALVAÇÃO

Ensino Bíblico: Espere em Deus pela vitória.

1. Cubra o tubo de papelão com o papel criativo preto. Escreva o Ensino Bíblico numa tira de papel branco e cole-o no telescópio.

2. Use cola, glitter, adesivos e outros materiais para enfeitar seu telescópio.

CONEXÃO GAROTADA

Apresente ou recapitule a história bíblica de 2Crônicas 20.1-30. Pergunte:

• O que você faz quando a "barra" fica pesada?
• Como Josafá reagiu?
• Por que devemos confiar em Deus para termos vitória?

Diga: **O povo de Judá estava diante de uma crise e tanto. Quando os exércitos inimigos estavam se aproximando, o rei Jeosafá correu para Deus em busca de solução. Ele procurou a ajuda de Deus, pois sabia que a batalha era do Senhor. Quando você estiver diante de uma situação complicada, lembre-se de Josafá. Olhe através do Telescópio da Salvação e ponha sua confiança em Deus.**

ISSO DÁ CERTO!

Incentive os alunos a usarem seus Telescópios da Salvação na leitura da Bíblia. Enfatize que conhecer a Palavra de Deus e obedecer a seus ensinos irá ajudá-los a ser vitoriosos.

ESDRAS

TRABALHAR PARA DEUS
4 A 8 ANOS
ESDRAS 3.1-6; 6.12

Atividade: As crianças farão cinturões de ferramentas para se lembrarem de que quando servimos aos outros agradamos a Deus.

Material: envelopes de papel manilha grandes (25x33cm mais ou menos), furador de papel, barbante, papel cartão/cartolina, tesouras, lápis ou caneta hidrográfica.

Preparação: Antes da aula, feche os envelopes com cola e corte-os ao meio no sentido do comprimento. Faça moldes de ferramentas em papelão para as crianças copiarem.

FAZER é FÁCIL

FERRAMENTAS DO REINO

Ensino Bíblico: Agradamos a Deus quando servimos aos outros.

1. Segure uma metade de envelope, com a abertura para cima. Faça um furo nos cantos superiores do envelope.

2. Enfie um pedaço de barbante em cada furo, para fazer o cinto, e dê um nó para segurá-lo.

3. Desenhe ou trace o molde de várias ferramentas em papel cartão, tais como martelo, serrote, chave de fenda. Recorte as ferramentas e guarde-as no cinturão.

4. Escreva o Ensino Bíblico no lado externo do envelope. Amarre o cinturão no corpo.

CONEXÃO GAROTADA

Apresente ou recapitule os versículos de Esdras. Pergunte:

- **De que maneiras podemos servir aos outros?**
- **Por que nosso serviço aos outros é importante a Deus?**
- **Como Esdras usou suas habilidades no trabalho de Deus e a serviço dos outros?**
- **Como você pode usar suas habilidades para servir aos outros e agradar a Deus?**

Diga: **Um cinturão de ferramentas nos faz lembrar de trabalho pesado. Esdras não teve medo de servir ao povo de Deus. Esdras orou pedindo que Deus o orientasse, observou o que precisava ser feito e juntou o povo para a reconstrução do templo. Quando vir um cinturão de ferramentas, lembre-se de Esdras. Quando servimos aos outros, servimos ao Senhor. Deus se alegra quando servimos aos outros.**

ESDRAS SE DEDICA AO ESTUDO DA PALAVRA

Esdras 7.6, 10

8 A 12 ANOS

ISSO DÁ CERTO!

Escreva no quadro-negro/folha de papel alguns versículos conhecidos dos alunos, como João 3.16, por exemplo. Incentive as crianças a escolher um versículo favorito e recitá-lo para a classe. Sugira aos alunos que tenham no diário uma página intitulada "Favoritos dos Amigos" onde anotarão os versículos dos amigos, para estudarem mais tarde.

Atividade: As crianças farão diários devocionais.

Material: papel criativo/cartolina, furador de papel, fita de seda, adesivos, lápis de cor/canetas hidrográficas.

Preparação: Antes da aula, confeccione um modelo do diário para que os alunos tenham idéia do que fazer e também visualizarem o produto final.

FAZER É FÁCIL

DIÁRIO DEVOCIONAL

Ensino Bíblico: Estudar a Palavra de Deus.

1. Pegue várias folhas de papel criativo, dobre ao meio e junte-as. Faça três furos na lateral dobrada das folhas, insira um pedaço de fita e dê um laço; seu livro está pronto.

2. Desenhe uma capa bonita e escreva o título, "Diário Devocional do Miguel". Enfeite as capas e páginas do diário com adesivos e caneta hidrográfica.

3. No diário, escreva seus versículos favoritos e as coisas que Deus lhe ensina.

CONEXÃO GAROTADA

Apresente ou recapitule os versículos de Esdras. Pergunte:

- **Quais as maneiras de aprendermos sobre Deus?**
- **Por que é importante estudar a Bíblia?**
- **Como Esdras mostrou sua devoção a Deus?**

Diga: **Esdras foi um sacerdote e escriba que se dedicou completamente a aprender sobre Deus e a trabalhar para ele. Esdras meditava. Ele estava sempre pensando na Palavra de Deus porque desejava conhecer mais o Senhor e ter mais capacidade para falar dele aos outros. Vamos seguir o exemplo de Esdras e nos dedicar à leitura e meditação da Palavra. Ao estudar a Bíblia, escreva em seu Diário Devocional os versículos que falaram ao seu coração e também as coisas que Deus lhe ensinou.**

NEEMIAS

NEEMIAS RECONSTRÓI O MURO
4 A 8 ANOS

NEEMIAS 2.11-20

Atividade: As crianças farão óculos para se lembrarem de inspecionar as áreas de suas vidas que precisam ser consertadas por Deus.

Material: círculos de papel cartão/plástico duro, arame encapado de chenile, tesouras.

Preparação: Para as crianças menores, faça um corte grande no meio dos círculos para ajudá-las a recortar as "lentes" dos óculos.

FAZER é FÁCIL

ÓCULOS DA INSPEÇÃO

Ensino Bíblico: Examine seu coração.

1. Com a tesoura, corte fora o meio dos dois círculos.

2. Una os dois círculos com um pedaço de arame encapado. Tenha o cuidado de torcer bem as pontas do arame, para não se machucar.

3. Para fazer as pernas dos óculos, amarre um pedaço de arame em cada círculo.

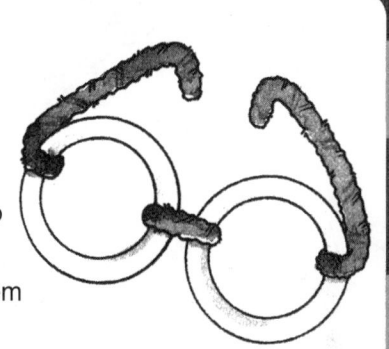

CONEXÃO GAROTADA

Mande os alunos colocarem os óculos e reunirem-se para o estudo. Apresente ou recapitule os versículos de Neemias. Pergunte:

- **Quais são alguns objetos que se quebram com facilidade?**
- **Como vocês acham que nossos corações se estragam?**
- **Como podemos resolver nossos problemas?**

Diga: **O sonho de Neemias era reconstruir os muros de Jerusalém. Ele examinou os muros de perto, e decidiu o que fazer. Depois, Neemias entregou suas preocupações a Deus. Muitas vezes, ao enfrentarmos problemas, achamos que tudo está desmoronando ao nosso redor, como os muros de Jerusalém. Lembre-se de inspecionar seu coração e, depois, corra a Deus em busca de ajuda.**

ISSO DÁ CERTO!

Incentive as crianças a usarem os óculos sempre que alguém ler a Bíblia para elas. Lembre-as de pedir que Deus sonde seus corações e mostre-lhes o que precisa ser consertado.

A DEDICAÇÃO DOS MUROS DE JERUSALÉM

Neemias 12.27-43
6 a 10 anos

ISSO DÁ CERTO!

As crianças menores gostam de tocar em conjunto. Ponha um CD/fita de louvor e chame as crianças para acompanharem com seus instrumentos musicais. Instrua os pequeninos a seguirem o ritmo da canção, e serem criativos quanto ao momento e como tocarem seus instrumentos de louvor a Deus.

Atividade: As crianças farão instrumentos musicais.

Material: materiais que podem ser usados em artes, tais como pés de meia, barbante, sinos, pentes, pratos de papel, grãos de feijão, alfinetes de segurança, papel criativo, borrachinhas de escritório, tesouras, canudos de refrigerante, palitos de sorvete.

Preparação: Espalhe o material de forma acessível a todas as crianças.

FAZER é FÁCIL

INSTRUMENTOS MUSICAIS

Ensino Bíblico: Podemos adorar a Deus com música.

1. Use os materiais de arte para criar e enfeitar seu próprio instrumento musical. Ponha sua criatividade para funcionar ao máximo, e prepare-se para demonstrar o "som" de sua invenção.

2. Por exemplo, coloque uma boa porção de grãos de feijão num pé de meia e enfeite-a no capricho. Com alfinetes de segurança ou pedaços de barbante, prenda alguns sininhos num pente. Use um palito de sorvete para "tocar" o pente. Sua imaginação é o limite e a diversão é sem limites!

CONEXÃO GAROTADA

Apresente ou recapitule os versículos de Neemias. Pergunte:

- Por que você acha que a música foi tão importante na celebração?
- Como você louva a Deus pelas coisas que ele faz?
- Por que o louvor é tão importante para Deus?
- Como você prefere adorar a Deus com música?

Diga: **Depois que os muros de Jerusalém foram inteiramente consertados, o povo celebrou muito num culto de dedicação. Houve música, cânticos e louvores a Deus. As pessoas estavam felizes porque Deus havia lhes dado capacidade e força para completar uma tarefa difícil. Vamos nos lembrar de ser iguais aos israelitas e louvar a Deus por nos ajudar sempre na vida. Podemos adorar a Deus com música.**

ESTER

ESTER SE TORNA RAINHA PARA SALVAR SEU POVO

8 A 12 ANOS

ESTER 2.1-18

Atividade: As crianças farão enfeites de parede como lembretes de que podemos ser usados por Deus.

Material: espelhos quadrados de 5 a 10cm, sem moldura, fita de seda de 2cm, CD markers/pincéis marcadores permanentes, cola quente, cola normal, tesouras, contas de colar.

Preparação: Arranje duas áreas de trabalho. Em uma, deixe os espelhos e a cola quente. Na outra, a fita, a cola normal, os pincéis marcadores permanentes, as tesouras e as contas de colar.

ISSO DÁ CERTO!

Peça a um vidraceiro para cortar os espelhos para você, ou procure-os em loja especializadas em materiais de artes. Se as beiradas não estiverem polidas, instrua as crianças a terem muito cuidado ao manusear os espelhos.

FAZER é FÁCIL

ESPELHO, ESPELHO MEU!

Ensino Bíblico: Deus pode usar você.

1. Use a cola quente para juntar dois espelhos, costas com costas.

2. Começando por um canto, cole a fita em volta dos espelhos. Logo no primeiro canto, deixe duas laçadas de 5cm, que serão usadas para pendurar o espelho. Continue colando a fita até chegar ao ponto da partida.

3. Cole mais fitas ou contas próximo aos laços, para deixar o trabalho bem bonito. Ao longo do topo do espelho, escreva, "Olha quem Deus pode usar".

CONEXÃO GAROTADA

Depois que terminarem, diga às crianças para se sentarem no chão, em círculo, com os espelhos em mãos. Apresente ou recapitule Ester 2.1-18. Pergunte:

- Antes de Ester se tornar rainha, que tipo de moça ela era?
- Que tipo de pessoa você acha que Deus usa no serviço dele?
- **Como Deus pode usar você?**

Diga: **Nem sempre você se acha especial ou capaz de fazer as coisas, mas você é especial para Deus. Ele usa pessoas comuns e acontecimentos do dia-a-dia para realizar coisas maravilhosas, do jeito que usou Ester. Então, quando se olhar no espelho e ler "Olha quem Deus pode usar", sorria e diga: "Eu!"**

ISSO DÁ CERTO!

Dê oportunidade para cada criança dizer o que quer ser quando crescer. Incentive planos/idéias que mostrem que nada é impossível para Deus.

ESTER E O DECRETO DO REI

ESTER 3.10-12; 8.8

8 A 12 ANOS

ISSO DÁ CERTO!

As crianças mais velhas talvez queiram fazer um anel mais elaborado, com suas iniciais no topo. Os meninos podem usar dois ou três pedaços de arame, para criarem anéis mais masculinos.

Atividade: As crianças farão sinetes em forma de anel para entenderem bem a segurança de entregarem a vida a Jesus.

Material: arame fininho (próprio para trabalhos manuais, encontrados em lojas do ramo), contas/miçangas grandes o bastante para que o fio atravesse pelo furo, alicates pequenos, canetas hidrográficas, massinha de modelar (ver receita na p. 5).

Preparação: Corte o arame em pedaços de mais ou menos 15cm. Num pedaço de papel, escreva este decreto: Querido Jesus, eu o aceito como meu Salvador. Obrigado por viver em meu coração. Ajude-me em seu serviço e também a falar do Senhor aos outros. Grude um pedaço do tamanho de uma moeda de dez centavos de massa de modelar logo abaixo do decreto. Escreva um decreto para cada aluno. Deixe os pedaços de arame, as canetas hidrográficas e uma vasilha com as miçangas em cima da mesa. Certifique-se de haver espaço suficiente para as crianças se mexerem em volta da mesa enquanto trabalham.

FAZER é FÁCIL

EU ASSIM DECRETO!

Ensino Bíblico: Ninguém consegue nos separar de Deus.

1. Use uma caneta hidrográfica ou giz de cera grosso como modelo de dedo. Ponha a caneta no meio do pedaço de arame. Junte as pontas do arame e torça-o duas vezes para ficar ajustado em volta da caneta hidrográfica.

2. Torça e modele o arame conforme seu gosto. Enfie uma conta/miçanga em uma das pontas do arame. Use a criatividade e ajeite o arame num desenho não muito saliente, que não se agarre em nada. Com o alicate, torça as pontas do arame, para evitar que machuquem você ou outras pessoas.

3. Retire o anel da caneta hidrográfica no tamanho de seu dedo. Se precisar deixá-lo menor ou maior, torça ou solte as pontas.

CONEXÃO GAROTADA

Depois que as crianças terminarem seus anéis, chame-as para a roda. Tenha com você o papel com o "decreto".

Diga: **Lemos hoje que quando o rei tomava uma decisão, ele a assinava com seu anel, que era um sinete, e a lei não podia ser mudada.** Pergunte:

• Se fosse rei hoje, em que tipos de lei você carimbaria seu anel-sinete?

Diga: **Uma coisa que ninguém pode mudar nem tomar de você é sua decisão de seguir a Deus. Igual ao rei no livro de Ester, você tem toda autoridade sobre sua decisão. Nossa decisão de seguir a Jesus é muito mais forte que qualquer poder estabelecido pelo sinete do rei. Ninguém tem poder para mudá-la!**

Distribua os papéis com o decreto. Instrua os alunos a estamparem seus anéis na massinha de modelar, se concordarem com as palavras do decreto. Quando terminarem, agradeça a Deus por nos ensinar a tomar decisões corretas. Digam em uníssono: "Em nome de Jesus, amém".

ESTER SALVA SEU POVO

6 A 10 ANOS

ESTER 4.10-17

Atividade: As crianças farão distintivos da coragem.

Material: Quadrados de cartolina/papel cartão de 10x10cm, papel alumínio, fio de lã, cola, tesouras, furador de papel, tinta preta, pincéis, jalecos/camisetas velhas, toalha de papel.

Preparação: Organize duas áreas de trabalho. Proteja uma área com jornais e deixe ali a tinta e os pincéis. Coloque o restante do material na outra área. Deixe lenço/toalha de papel nas duas áreas.

ISSO DÁ CERTO!

Para evitar que as crianças melequem a roupa com tinta, providencie jalecos/camisetas velhas para todas elas. Alternativa: use toalha de papel como babador.

FAZER é FÁCIL

"C" DE CORAGEM!

Ensino Bíblico: Seja corajoso para Deus!

1. Vista o jaleco. Recorte um círculo grande na cartolina.

2. No meio do círculo, cole um pedaço de lã em forma de "C". Cole pedaços de lã e de cartolina nas margens do círculo, fazendo um desenho bonito.

3. Cubra o círculo com papel alumínio. Passe delicadamente a toalha de papel sobre o círculo, para definir o "C" e as beiradas. Cole o excesso de papel alumínio atrás da cartolina. Fure o topo do círculo.

4. Pinte o círculo com tinta preta. Use a toalha de papel com cuidado para absorver boa porção da tinta. Esta técnica dará ao "distintivo" aparência de antiguidade.

5. Corte um pedaço de lã do tamanho do seu braço, passe-o pelo furo, dê um nó e pendure o distintivo no pescoço.

CONEXÃO GAROTADA

Chame as crianças, com os distintivos no pescoço, para formarem um círculo junto de você. Apresente ou recapitule a história bíblica. Pergunte:

- O que significa ser corajoso?
- Em que situações você precisa ser corajoso na escola ou em casa?
- O que você precisa fazer para ser um pouco mais corajoso?

Diga: **Nem sempre é fácil mostrar coragem. É difícil ser corajoso quando temos de enfrentar alguém ou deixar o medo de lado. Ester poderia ter dado um "chega pra lá" nos problemas de Mordecai e ter ido cuidar da própria vida. Mas Ester amava a Deus. Ela sabia que proteger o povo de Deus era a decisão certa. Quando você precisar de coragem em alguma situação, ore a Deus e ele lhe dará o que você precisa para encarar seja lá o que for.**

JÓ

JÓ CONTINUA FIEL NO SOFRIMENTO
Jó 1.1-2.10; 42.10-17

8 A 12 ANOS

ISSO DÁ CERTO!

Se houver microondas na sala, peça que um adulto aqueça os travesseirinhos. Surpreenda as crianças ao jogar para elas os travesseiros quentinhos. Uma vez que a temperatura varia de um microondas para outro, faça o teste do tempo; cuide para não aquecer demais os travesseiros. O calor não derreterá a cola.

Mande um bilhete aos pais explicando como usar os travesseiros.

Atividade: As crianças farão travesseirinhos do consolo.

Material: quadrados de feltro, CD markers/pincéis marcadores permanentes (ponta fina), cola quente ou de tecido, arroz cru.

Preparação: Disponha o material na classe.

FAZER é FÁCIL

TRAVESSEIROS DO CONSOLO DE DEUS

Ensino Bíblico: Podemos confiar em Deus nas situações difíceis.

1. Dobre o feltro ao meio, alise-o bem com as mãos e, em um dos lados, escreva "Deus está comigo". Vire o feltro, ainda dobrado, e escreva seu nome do outro lado.

2. Una os lados do feltro com cola, mas deixe uma abertura. Quando a cola secar, encha o travesseirinho com arroz, até a metade ou um pouco mais, e feche a abertura com cola.

CONEXÃO GAROTADA

Diga às crianças para levarem seus travesseirinhos para o local da história. Apresente ou recapitule a história de como Jó confiou em Deus mesmo quando coisas ruins estavam lhe acontecendo. Pergunte:

- **Que coisas ruins acontecem com você?**
- **Como Jó confiou em Deus?**
- **Como você pode confiar em Deus quando coisas ruins lhe acontecem?**

Diga: **Seu travesseiro é chamado de travesseiro do conforto porque se o papai ou mamãe o puserem no microondas, ele vai ficar quentinho e aconchegante. Você pode se abraçar ao travesseiro ou colocá-lo atrás do pescoço, e ficar bem relaxado. Ao sentir o calor do travesseirinho, lembre-se de que Deus está com você. Nos dias de muito calor, ponha o travesseiro no congelador. Geladinho, ele vai refrescar você. O travesseiro será um lembrete de que você pode confiar em Deus quando coisas ruins lhe acontecerem, como foi o caso de Jó.**

SALMOS

QUEM SE ALEGRA EM DEUS É ABENÇOADO

6 A 10 ANOS

SALMO 1.1-6

Atividade: As crianças pintarão árvores enfolhadas.

Material: cartolina branca, pincéis, canudos, pratos de papel, quadrados pequenos de esponja, tintas marrom e verde, jalecos/camisetas velhas.

Preparação: Corte as folhas de cartolina em quatro pedaços iguais. Cubra duas mesas com folhas de jornais. Em uma, deixe a cartolina, a tinta marrom, alguns pincéis e canudinhos. Na outra, as esponjas, os pratos e a tinta verde.

ISSO DÁ CERTO!

Se houver tempo, sugira às crianças que, quando a tinta secar, desenhem maçãs, laranjas ou limões em suas árvores. Providencie giz de cera/lápis de cor/canetas hidrográficas.

FAZER É FÁCIL

PINTURA COM ASSOPRO

Ensino Bíblico: Deus quer que cresçamos nele.

1. Antes de começar, vista o jaleco. Segure o pedaço de cartolina com o lado mais estreito para cima. Pingue 5-6 gotas de tinta marrom na base do papel, em um único lugar.

2. Ponha o canudinho junto à tinta e incline o papel na direção oposta a você. Assopre, suavemente, a tinta em várias direções, para criar os "galhos" da árvore. Para fazer mais galhos, acrescente mais tinta. Pode arrumar os galhos com o pincel caso seja necessário. Quando terminar esta parte, dirija-se à outra mesa.

3. Mergulhe levemente a esponja na tinta verde e retire o excesso na beirada do prato de papel. Para "plantar as folhas", é só bater a esponja nos galhos; deixe secar.

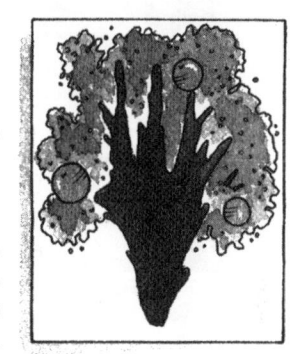

CONEXÃO GAROTADA

Enquanto a pintura seca, leia o Salmo 1.1-6. Pergunte:

• **O que você acrescentou à árvore para que ela parecesse saudável e em crescimento?**

• **O que significa alegrar-se em Deus?**

Diga: **As árvores que são bem regadas produzem muitas folhas grandes e verdes e dão frutos deliciosos. O Salmo 1 diz que se nos alegrarmos no Senhor e em sua Palavra, cresceremos fortes e saudáveis, exatamente como a árvore que recebe muita água. Deus quer que cresçamos nele.**

OS CÉUS SÃO OBRAS DAS MÃOS DE DEUS

6 A 10 ANOS

SALMO 8

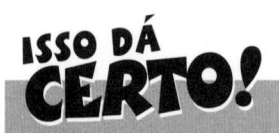

Atividade: As crianças farão globos de água do céu à noite como lembretes de que a glória de Deus também é vista em sua criação.

Material: garrafa de plástico de refrigerante/água, vazias, de 500ml mais ou menos, funis, melado fraco, água, anilina azul (corante), confetes em forma de estrelas, glitter prata ou ouro, cola forte, toalha de papel, copos de medidas.

Preparação: Cubra a mesa com folhas de jornal e ajeite sobre ela os copos de medidas, garrafas, funis e toalhas de papel. Em outro lugar, coloque os confetes, o glitter e a cola. Deixe o melado, a água e a anilina longe das crianças até a aula começar.

ISSO DÁ CERTO!

Leve os alunos para uma caminhada por outras salas e lá para fora, para que vejam o efeito da luz nos globos de água. Quando entrarem num local escuro, leve as crianças a observarem os contrastes causados pela escuridão e pela claridade, em seus globos.

FAZER é FÁCIL

BRILHO DAS ESTRELAS NA ÁGUA

Ensino Bíblico: Os céus declaram a glória de Deus.

1. Coloque o funil na boca da garrafa. Meça ½ xícara de melado e despeje na garrafa.

2. Pingue uma gota de anilina (corante) sobre o melado e despeje água quase até a boca da garrafa (deixe um dedo de sobra). Tampe a garrafa e agite-a até que a anilina se misture ao melado.

3. Abra a garrafa e acrescente alguns confetes e um pouco de glitter.

4. Ponha um pouco de cola dentro da tampa e feche-a na garrafa. Quando a cola secar, agite a garrafa, e veja como as estrelas brilham!

CONEXÃO GAROTADA

Diga para as crianças trazerem seus globos de água para a roda de história e leia o Salmo 8. Enquanto lê os versículos 3 e 4, mande as crianças sacudir os seus globos. Quando terminar de ler o salmo, pergunte:

• O que o autor estava pensando quando contemplava o céu da noite?

• Como que a lua, as estrelas e os planetas nos fazem pensar na glória de Deus?

• Como você se sente ao considerar que o mesmo Deus que criou as estrelas também criou você?

Diga: **Quando o salmista olhava para o céu noturno, ele deve ter questionado que tipo de Deus maravilhoso poderia ter criado tanta beleza num espaço tão grande! Ninguém pode colocar limites no céu. Ele estica através do mundo inteiro! Pense sobre a grandeza de Deus por ter criado algo tão incrível!**

SOMOS OVELHAS DE DEUS

4 A 8 ANOS

SALMO 23

Atividade: As crianças farão marionetes para usarem durante a leitura e discussão do Salmo 23.

Material: folha de borracha EVA branca, arame encapado de chenile branco, canetas, tesouras, cola, bolas de algodão, CD marker preto/pincel marcador permanente preto, olhinhos móveis, fita adesiva.

Preparação: Recorte a folha de EVA em retângulos de 10x12,5cm. Corte o arame em pedaços de 5cm.

ISSO DÁ CERTO!

Leve seus alunos a formarem duplas com crianças menores, de outra classe. Enquanto você lê o salmo, seus alunos usam os fantoches para ilustrar os versículos. Sugira aos alunos que dêem os fantoches de presente às crianças menores.

FAZER É FÁCIL

FANTOCHES QUE ANDAM

Ensino Bíblico: Deus anda conosco.

1. Desenhe uma nuvem grande em seu pedaço de borracha EVA e recorte-a. A nuvem será o corpo da ovelha.

2. Dobre dois pedaços de arame em forma de U. Com fita adesiva, prenda as pontas dos arames no corpo da ovelha como se fossem pernas. Os arames devem formar laçadas que caibam seus dedos.

3. Na parte superior do corpo, desenhe um círculo para fazer o rostinho da ovelha. Cole os olhinhos no lugar e desenhe a boca e as orelhas.

4. Cole bolas de algodão no corpo da ovelha.

CONEXÃO GAROTADA

Mostre aos alunos como enfiar os dedinhos pelas pernas das ovelhas para fazê-las "caminhar". Depois do treino, mande a classe segurar as ovelhinhas nos dedos. Explique às crianças que você irá ler o Salmo 23 e que elas deverão fazer "caminhar" suas ovelhas assim que ouvirem as palavras conduz, guia, andar, voltarei. Pergunte:

• Você ficou feliz ao ouvir que o pastor e a ovelha andaram por onde?

• Da próxima vez em que sentir medo, você irá se lembrar de que parte do Salmo 23?

• Quando Deus estará com você?

Diga: **Este salmo é um retrato nosso e de Deus. Ele é o pastor e nós somos suas ovelhas. O pastor guia as ovelhas para onde devem ir, e ele fica junto delas nos lugares tranqüilos e nos vales cheios de perigos. Deus promete estar sempre conosco, também. Mesmo quando você não sente a presença de Deus, pode ter certeza de que ele caminha com você sempre, sempre.**

A BÍBLIA NOS DÁ SABEDORIA
SALMO 119.96-106

6 A 12 ANOS

Atividade: As crianças farão diários bíblicos.

Material: uma pasta de cartolina para cada aluno, réguas, tesouras, Velcro® adesivo, papel sulfite, grampeador, adesivos e outros materiais decorativos.

Preparação: Faça pastas de cartolina de 24cm de comprimento por 36cm de largura (dobrado ao meio fica 24x18cm). Corte as folhas de papel sulfite no meio (na horizontal para ter folhas de 21x15cm).

ISSO DÁ CERTO!

Em tiras de papel, escreva 3-5 versículos para as crianças guardarem em seus diários e estudarem durante a semana. Incentive os alunos a escreverem nos diários pelo menos uma vez por semana. Peça-lhes que tragam os diários para a classe e compartilhem algumas coisas que anotaram durante a semana, se quiserem.

FAZER é FÁCIL

MEU DIÁRIO BÍBLICO

Ensino Bíblico: A Palavra de Deus é nosso guia.

1. Vire a dobra da pasta para seu lado esquerdo. Corte fora 3cm (do lado direito) da capa de cima, deixando-a mais estreita que a de baixo.

2. Dobre o excesso da capa de baixo em cima da capa da frente, como uma aba.

3. Desdobre a aba e cole um pedaço de Velcro do lado de dentro. Cole o pedaço correspondente do Velcro na capa da frente.

4. Abra a pasta. Grampeie cerca de seis folhas de papel sulfite no topo direito da pasta.

5. Enfeite seu diário com adesivos e outros materiais. Na capa da frente, escreva, "Meu Diário Bíblico".

CONEXÃO GAROTADA

Mande a classe se sentar em roda com os diários e Bíblias em mãos. Chame voluntários para a leitura do Salmo 119.96-106. Pergunte:

• O que estes versículos significam para você?

• De acordo com esta passagem, existe algo em sua vida que precisa ser mudado para Deus?

• Quais são alguns benefícios de estudar a Palavra de Deus?

• Que comparações o escritor faz ao descrever a Palavra de Deus?

Diga: **A Bíblia é um manual de instrução para a vida. Se for cuidadoso em sua leitura e meditação, a Bíblia guiará você em todas as decisões que fizer. Escreva ou desenhe em seu diário bíblico as coisas importantes que Deus fala ao seu coração enquanto você estuda a Bíblia.**

DEUS NOS PROTEGE SEMPRE

6 A 10 ANOS

SALMO 121

Atividade: As crianças farão móbiles para se lembrarem de que Deus as protege dia e noite.

Material: cartolina, lápis, tesouras, réguas, borracha EVA branca, amarela e azul claro, fita de seda de 1,5cm, cola, furador de papel.

Preparação: Na cartolina, desenhe duas figuras de 20cm do sol, da lua e da estrela, conforme ilustrado em Fazer é Fácil. As crianças irão traçar os moldes na EVA. Corte a fita em pedaços de 30cm.

ISSO DÁ CERTO!

Para enfatizar que "Deus nos protege sempre", entregue olhinhos móveis para as crianças colarem no topo dos desenhos.

FAZER é FÁCIL

MÓBILES DIA E NOITE

Ensino Bíblico: Deus nos protege.

1. Trace um dos moldes na EVA e recorte.

2. No meio do desenho, risque cinco linhas de 7,5cm de comprimento, mais ou menos. Espace as linhas igualmente. Corte as linhas com a tesoura.

3. Cole cinco tiras de fita nas costas do desenho, logo acima do primeiro corte. Deixe a cola secar (1-2 minutos). Com muito cuidado, entrelace as fitas pelas linhas abertas. Não puxe muito as fitas, para não se soltarem do lugar.

4. Deixe as sobras das fitas penduradas fora do desenho. Apare as pontas em linha reta ou em V.

5. Faça um furo no topo do desenho e amarre um pedaço de fita, para pendurar.

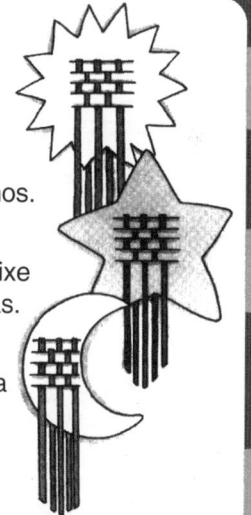

CONEXÃO GAROTADA

As crianças se revezam na leitura do Salmo 121. Pergunte:

• **Como você se sente ao saber que Deus nunca dorme?**

• **Por que a ajuda de Deus é melhor do que a de qualquer outra pessoa?**

• **Em que circunstâncias especiais é muito bom saber que Deus está protegendo você?**

Diga: **O Salmo 121 nos garante que Deus está sempre conosco e quer nos proteger. Isso não significa que você nunca vai levar um tombo ou ficar doente. Mas Deus prometeu que se alguma coisa muito ruim nos acontecer, ele ficará ao nosso lado do começo ao fim, e nunca deixará de nos proteger.**

VAMOS TODOS LOUVAR A DEUS

6 A 10 ANOS

SALMO 150

Atividade: As crianças farão castanholas para usarem no louvor a Deus.

Material: duas tampas de lata de conservas (sem farpas!)* para cada aluno, fita adesiva resistente (como a isolante), borrachinhas de escritório, fitinhas encaracoladas.

Preparação: Corte pedaços de 40cm de fita e encaracole com a tesoura. Se as fitas forem de cores diferentes, separe-as por cor e deixe os alunos escolherem suas favoritas na hora do projeto.

*Quando a castanhola ficar pronta, as tampas deverão bater completamente uma na outra. Assim, escolha tampas que não tenham bordas altas, ou use-as com as bordas para fora.

ISSO DÁ CERTO!

Para uma variedade maior de sons, ajude as crianças a amarrarem sininhos em algumas das fitas de seda.

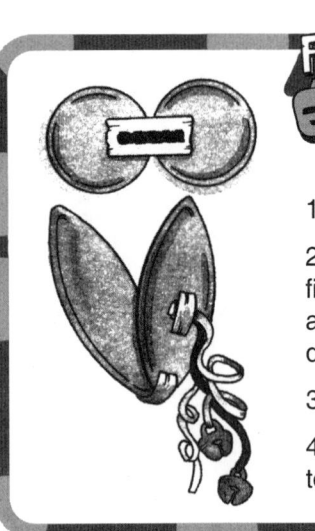

FAZER é FÁCIL

CASTANHOLAS DO LOUVOR

Ensino Bíblico: Deus quer o nosso louvor.

1. Deite as duas tampas lado a lado.

2. Corte um pedaço de 10cm de fita adesiva. Cole uma borrachinha no meio da fita. Prenda uma ponta da borracha numa das tampas. Estenda a fita adesiva até a outra tampa e prenda nela a outra ponta da borrachinha. As duas tampas deverão estar unidas por um pedaço de fita adesiva.

3. Prenda 3-5 tiras de fita de seda num pedaço de fita adesiva.

4. Prenda as fitinhas na fita adesiva que mantém as tampas unidas. Experimente tocar sua castanhola!

CONEXÃO GAROTADA

Toque uma música animada, ou cante uma com a classe, e deixe as crianças acompanharem com suas castanholas.

Quando terminarem, chame as crianças para se revezarem na leitura do Salmo 150, ou leia-o você mesmo. Diga aos alunos para "castanholarem" quando você repetir os versículos 5 e 6. Pergunte:

- **Quando nós podemos louvar a Deus?**
- **Além de dizer "Glória a Deus!", de que outras maneiras podemos louvar ao Senhor?**
- **Como você se sente quando louva a Deus?**
- **Como você acha que Deus se sente quando é louvado?**

Diga: **Quando louvamos a Deus, pensamos em como ele é especial. Pensar em Deus nos traz muita alegria, mesmo quando não estávamos alegres no início. O Salmo 150 fala que Deus gosta de ouvir nossos louvores, não somente quando estamos de bom humor ou felizes porque ele nos deu o que queríamos, mas o tempo inteiro. Deus nunca deixa de ser bom, e ele merece sempre o nosso louvor.**

PROVÉRBIOS

A SABEDORIA VENCE
8 A 12 ANOS
Provérbios 2.1-15

Atividade: As crianças farão cubos de papel que as ajudarão a tomar decisões sábias.

Material: cópias do Cubo da Decisão (p.66), tesouras, canetas hidrográficas, fita adesiva.

Preparação: Para cada aluno, faça uma cópia do Cubo da Decisão em cartolina/similar colorida. Deixe as canetas hidrográficas/lápis de cor, fita adesiva e tesouras à disposição.

FAZER É FÁCIL

Decisões, Decisões
Ensino Bíblico: A sabedoria de Deus nos protege.

1. Recorte o Cubo da Decisão. Escreva seu nome em uma das divisões; use as canetas hidrográficas para enfeitar o cubo.

2. Para montar o cubo, dobre nas linhas pontilhadas e prenda as beiradas com fita adesiva. Não se esqueça de deixar as palavras para o lado de fora!

Conexão Garotada

Quando terminarem, reúna crianças e cubos no local da história. Explique que o livro de Provérbios foi escrito para ajudar todas as pessoas de todos os lugares do mundo a tomar decisões certas. Mande a turma abrir as Bíblias, e peça a um voluntário para ler Provérbios 2.1-15. Pergunte:

- Qual é a coisa mais sábia que você conhece?
- Como podemos nos tornar sábios?
- Quem nos dá sabedoria?

Diga: **Deus deu as instruções de Provérbios para termos segurança e vida tranquila. Deus quer que sejamos sábios. Ele promete nos dar sabedoria sempre que precisarmos. O versículo 12 afirma: "A sabedoria o livrará do caminho dos homens maus". O projeto que vocês fizeram hoje se chama Cubo da Decisão. Cada lado do cubo tem uma pergunta para você se fazer quando não souber que decisão tomar. A pergunta ajudará você a pensar antes de agir. Isso é sabedoria! E a sabedoria que vem de Deus é sempre vitoriosa.**

Revise cada pergunta do cubo. Peça aos alunos para se lembrarem de uma situação que viveram ou poderão viver. Esteja pronto a descrever situações para a classe, tais como ir ao cinema quando os pais pensam que estão na casa de um amigo ou se juntar aos colegas para azucrinar a vida de alguém. Diga às crianças para rolarem os cubos no chão e responderem à pergunta sorteada.

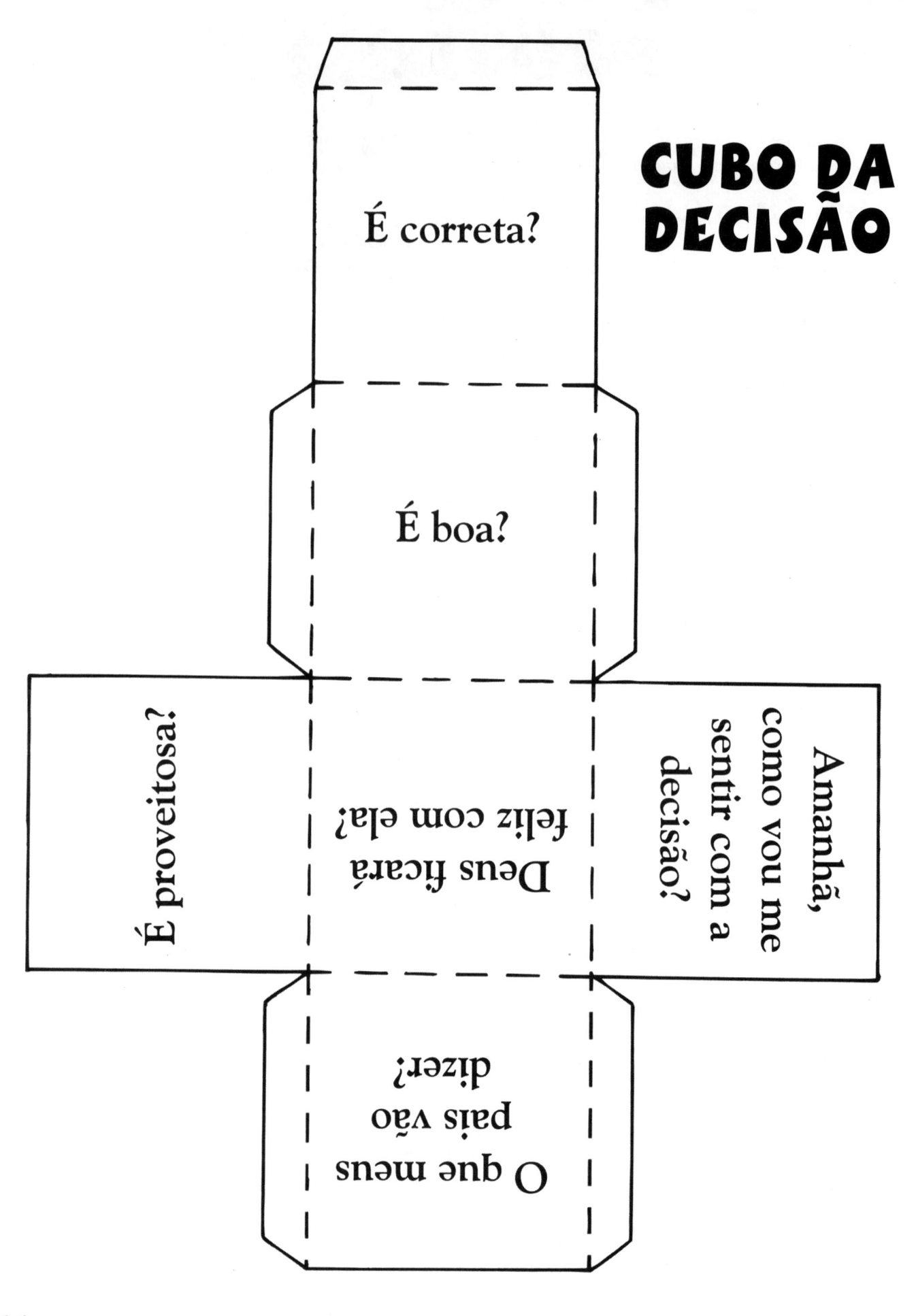

CUBO DA DECISÃO

- É correta?
- É boa?
- É proveitosa?
- Deus ficará feliz com ela?
- Amanhã, como vou me sentir com a decisão?
- O que meus pais vão dizer?

CONFIE NO SENHOR
PROVÉRBIOS 3.5-6

8 A 12 ANOS

Atividade: As crianças farão corações de tecido como lembretes para confiar no Senhor de todo o coração.

Material: tecido branco (fronhas, lençóis ou toalhas), canetas para tecido, papel auto-adesivo (de aproximadamente 7 a 9cm), fita adesiva.

Preparação: Corte um pedaço de tecido de 13x18cm para cada aluno. Corte quadrados de papel auto-adesivo. Dobre os quadrados ao meio e recorte-os em formato de coração. Os corações têm de ser grandes o bastante para as crianças escreverem dentro deles. Serão necessários três corações para cada aluno.

FAZER É FÁCIL

CORAÇÕES CONFIANTES

Ensino Bíblico: Confie no Senhor o tempo todo.

1. Ajeite um pedaço de tecido sobre a mesa. Com fita adesiva, prenda as beiradas na mesa, para o tecido ficar no lugar.

2. Retire o filme protetor das costas dos corações e cole-os no tecido, de acordo com seu gosto. Uma boa idéia é sobrepor os corações um pouco ou colá-los em ângulos diferentes.

3. Com as canetas para tecido, desenhe, trace ou faça rabiscos decorativos em volta dos corações. Trabalhe até cobrir bem em volta dos corações.

4. Descole os corações do tecido. Dentro dos corações brancos, escreva: "Confie no Senhor" ou "Confie no Senhor de todo o coração".

CONEXÃO GAROTADA

Diga às crianças para continuarem sentadas, mesmo após terminarem a tarefa. Peça a um voluntário para ler Provérbios 3.5-6 em voz alta. Pergunte:

- O que significa "não se apóie em seu próprio entendimento"?
- O que significa "reconheça o Senhor em todos os seus caminhos"?
- O que significa fazermos algo de todo o coração?
- Como você pode mostrar a Deus que confia nele de todo o seu coração?

Diga: Esses versículos de Provérbios nos mandam confiar em Deus de todo o coração, especialmente quando não entendemos o que está acontecendo. Podemos ter certeza de que Deus está sempre no controle, ainda que não pareça. No fim das contas, o Senhor sempre faz com que o resultado seja muito bom. Seus corações de tecido são lembretes para que vocês confiem em Deus o tempo todo. Deus é de absoluta confiança! Podemos confiar no Senhor o tempo inteiro.

ISSO DÁ CERTO!

Para mais diversão ainda, prenda o quadrado de tecido em pedaços um pouco maiores de cartolina para as crianças levarem para casa, emoldurarem e enfeitarem seus quartos. Se você souber costurar (ou puder contar com pais de alunos), junte todos os quadrados e faça uma bandeira para ser colocada na classe ou no santuário. A bandeira pode ser leiloada e o dinheiro doado a algum projeto beneficente da igreja ou para missionários-pessoas que geralmente "confiam em Deus de todo o coração" para o suprimento de suas necessidades.

ECLESIASTES

SOMENTE DEUS NOS SATISFAZ
ECLESIASTES 2.24-26

8 A 12 ANOS

Atividade: As crianças farão móbiles da satisfação.

Material: tampas de latas de conserva/similar, papel sulfite, lápis, tesouras, fita adesiva, revistas velhas, martelos, pregos fininhos, fita ou fio de lã, lanterna.

Preparação: Arranje duas áreas de trabalho. Em uma, coloque os materiais de artes; na outra, os martelos e revistas. Prepare uma tampa para servir de modelo.

FAZER é FÁCIL

MÓBILES DA SATISFAÇÃO

Ensino Bíblico: Deus nos faz sentir satisfeitos.

1. Coloque a tampa sobre um pedaço de papel e trace em volta; recorte o círculo.

2. No círculo, faça um desenho que represente Deus para você. Por exemplo, uma cruz, um coração, um sol. Prenda o desenho na tampa, com fita adesiva.

3. Ponha a tampa sobre uma ou duas revistas, para proteger a mesa, e fure-a com prego e martelo, seguindo as linhas de seu desenho. Deixe um espacinho entre os furos. Quando o desenho estiver pronto, retire o papel, vire a tampa e aplaine as farpas, com o martelo. Se necessário, peça a ajuda de um adulto.

4. Fure o topo da tampa, enfie um pedaço de barbante e dê um nó. O móbile está pronto a ser pendurado.

CONEXÃO GAROTADA

Quando as crianças terminarem, peça que mostrem seus móbiles aos colegas, e elogie-as pelo esforço. Leia Eclesiastes 2.24-26 para a classe. Pergunte:

• O que vocês acham dos móbiles que fizeram?

• Em sua opinião, o que significa estar satisfeito?

• Segundo os versículos, de onde vem a verdadeira satisfação?

Diga: **Deus quer que nos alegremos com nosso trabalho. Este sentimento se chama satisfação. Deus se alegra com o esforço de vocês, e ele quer que vivam felizes e satisfeitos, também. O móbile que fizeram será um lembrete para que vocês deixem Deus brilhar em suas vidas e, assim, fiquem satisfeitos com o trabalho que fazem, mesmo que tenham se esforçado muito e o resultado não seja perfeito.** Entregue a lanterna para que as crianças se revezem fazendo-a brilhar através do móbile, enquanto agradecem a Deus por ajudá-las a viverem satisfeitas.

UM TEMPO PARA CADA COISA

8 A 12 ANOS

ECLESIASTES 3.1-8

Atividade: As crianças farão relógios de sol como lembretes de que Deus tem um tempo para cada coisa.

Material: molde de relógio de sol (p.70), canetas hidrográficas/lápis de cor, réguas, colas.

Preparação: Para cada aluno, faça uma cópia do molde relógio de sol em cartolina ou papel cartão.

ISSO DÁ CERTO!

Trace e recorte os moldes de relógio em um pedaço de madeira (compensado). Providencie pincéis e tinta para a decoração do relógio. Providencie também miçangas/contas para serem usadas como números nos relógios. As crianças irão apreciar muito este relógio, que funciona, colocado do lado de fora de suas casas.

FAZER é FÁCIL

MEU TEMPO É O TEMPO DE DEUS

Ensino Bíblico: Deus nos dá um tempo para cada coisa.

1. Escreva seu nome nas costas do relógio; vire a face do relógio para você. No triângulo, escreva: "Há tempo para tudo".

2. Use canetas hidrográficas ou lápis de cor para enfeitar as duas peças do relógio.

3. Dobre na linha pontilhada do triângulo. Cole a aba do triângulo no lugar marcado na face do relógio. Seu relógio de sol está pronto para marcar o tempo que Deus lhe deu.

CONEXÃO GAROTADA

Quando as crianças terminarem, chame-as para junto de você. Apresente ou recapitule os versículos bíblicos. Pergunte:

• O que estes versículos estão nos dizendo?

• Como você se sente ao saber que Deus está no controle de sua vida?

Diga: **A Bíblia diz que há um tempo para todas as coisas. Não importa o quanto planejamos, algumas coisas fugirão de nosso controle. Deus é o único que tem controle absoluto de nossas vidas. Vale a pena ser organizado e planejar as coisas, mas temos de nos lembrar que Deus é quem está no controle. Coloque seu relógio de sol em algum lugar de sua casa onde bata muito sol, talvez na varanda, na entrada da casa ou no quintal. Cada vez que olhar para o relógio, lembre-se de que Deus tem um tempo para cada coisa.**

COLE AQUI

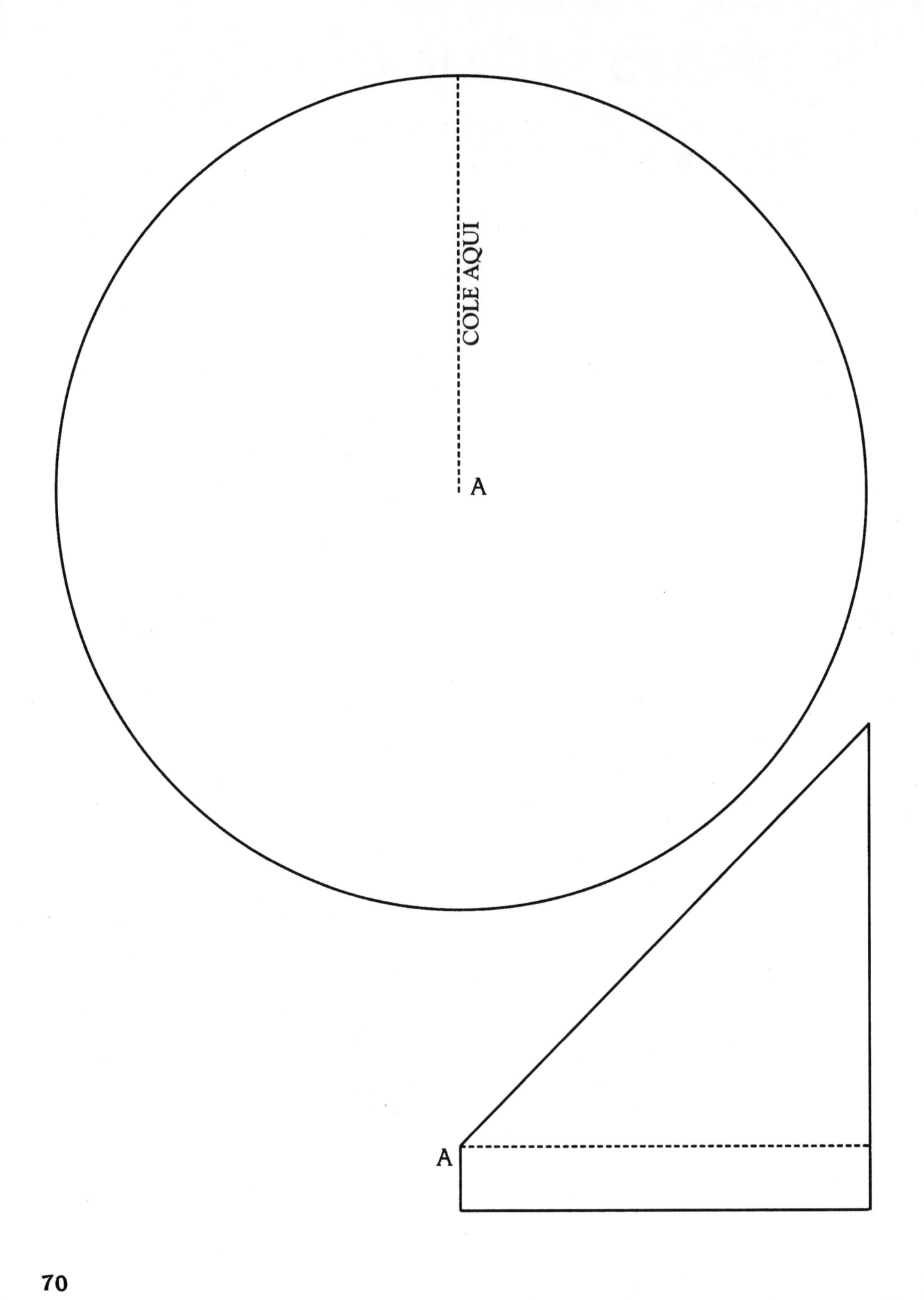

A

A

70

CÂNTICO DOS CÂNTICOS

O AMOR ETERNO DE DEUS

6 A 10 ANOS

CÂNTICO DOS CÂNTICOS 2.11-13

Atividade: As crianças farão pombinhas do amor.

Material: pedaços de 21x30cm de feltro branco, CD markers, algodão/enchimento, olhinhos móveis, cola quente, tesouras, cartolina, lápis, caneta de glitter.

Preparação: Aumente a figura de pomba (ao lado) para no máximo 13x19cm em cartolina e recorte várias figuras para as crianças usarem como moldes. O tamanho do molde deve permitir que duas pombas caibam num pedaço de feltro.

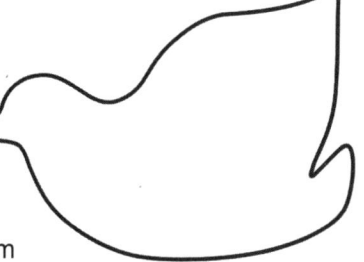

FAZER é FÁCIL

POMBINHA DO AMOR

Estudo Bíblico: Deus nos ama!

1. Com o CD marker, trace dois contornos de pomba no feltro e recorte.

2. Faça um traço grosso de cola em toda beirada de uma das pombas, mas deixe uma abertura de 10cm para o enchimento. Coloque o outro lado da pomba em cima deste, iguale as beiradas e aperte-as bem.

3. Cole os olhinhos nos dois lados da cabeça da pomba.

4. Quando os lados estiverem bem colados um no outro, encha a pomba com o algodão. Tenha cuidado para não descolar as beiradas. Espalhe bem o algodão no corpo da pomba, para não ficar pelotas. Não deixe de encher asas e bicos. Quando terminar, cole a abertura. Com a caneta de glitter, desenhe uma asa na pombinha. Deixe secar por uns dez minutos. Se quiser, desenhe uma asa do outro lado também.

CONEXÃO GAROTADA

Mande as crianças se sentarem no chão, em roda, com as pombinhas em mãos. Leia os versículos bíblicos. Pergunte:

• Que palavras você usa para dizer a uma pessoa que se importa com ela?

• Você já amou tanto uma coisa que só queria ficar abraçado a ela e não largá-la de jeito nenhum? Converse com o amigo ao lado sobre isso.

• Você poderia descrever em suas palavras o quanto Deus ama você?

Diga: As pombinhas simbolizam amor e paz. Acrescente o frescor, renovação e beleza da primavera, e você terá um retrato do amor de Deus por nós. Deus quer nos amar com todas as emoções e sentimentos que temos por nossos pais, por um animalzinho de estimação ou até mesmo um brinquedo. Quando abraçar e acarinhar sua Pombinha do Amor, deixe que Deus ame e segure você na palma de sua mão. Deus nos ama!

ISSO DÁ CERTO!

Deixe as crianças decorarem as asas das pombinhas com CD marker ou glitter. Depois, costure uma fita no topo das aves para serem penduradas na parede ou teto. A pombinha será um lembrete constante do amor e da paz de Deus.

ISAÍAS

O PERDÃO DE DEUS

6 A 10 ANOS

ISAÍAS 1.18

Atividade: As crianças farão cruzes como símbolo do perdão de Deus.

Material: pratos de plástico vermelhos, CD markers/pincéis marcadores permanentes (ponta fina), cartolina, tesouras, cola, cascas de ovos, saquinhos plásticos, glitter/purpurina incolor ou branca.

Preparação: Na cartolina desenhe e corte moldes de cruzes para as crianças traçarem em seus pratos. Para cada aluno, junte e lave três ou quatro cascas de ovos e coloque-as num saco plástico.

FAZER é FÁCIL

BRANCOS COMO A NEVE

Ensino Bíblico: Deus perdoa nossos pecados.

1. Trace o desenho da cruz nas costas do prato com um CD marker. Use um par de tesouras bem afiadas (ou peça ajuda a um adulto) para recortar a cruz. Deixe a base da cruz presa ao prato. Desvire o prato e dobre a cruz de maneira que fique em pé. Deite a cruz no prato desvirado.

2. Com um CD marker, desenhe um pecado seu na cruz. Peça a Deus que perdoe você e, a seguir, espalhe um pouco de cola sobre a cruz. Tenha o cuidado de não derrubar cola no restante do prato.

3. Esmague as cascas de ovos no saquinho e espalhe-as na cruz, sobre a figura de seu pecado. Pingue cola nas cascas, salpique glitter e sacuda um pouco para tirar o excesso. Levante a cruz um pouco para certificar-se de que não grudou no prato e deixe secar. Quando a cola estiver completamente seca, erga a cruz.

CONEXÃO GAROTADA

Peça às crianças para formarem um círculo no chão. Peça a um voluntário para ler Isaías 1.18. Pergunte:

• Qual o significado deste versículo?

• Quando Deus perdoa você, ele também esquece seu pecado? Como você sabe?

• O que você tem de fazer para que seus pecados sejam perdoados?

Diga: **Ao contemplar sua cruz, observe o vermelho que simboliza o pecado, e lembre-se do seu desenho. Se você obedecer a Deus e orar pedindo perdão por seu pecado, Deus promete não só perdoar como também esquecer o pecado, Deus não nos vê como os pecadores que somos, mas puros e brancos como a neve, exatamente como você cobriu seu desenho de pecado com as cascas de ovos, para que ele ficasse escondido. Nós servimos um Deus muito santo e amoroso! Deus perdoa nossos pecados e nunca mais se lembra deles.**

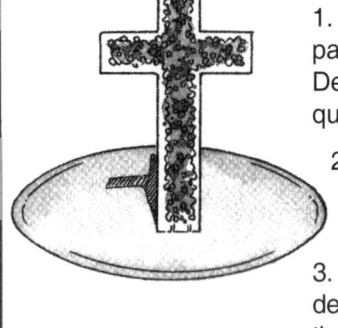

ISSO DÁ CERTO!

Diga às crianças para recortarem a cruz totalmente fora do prato, furarem o topo, amarrarem um pedaço de barbante e, quando chegarem em casa, a pendurarem na janela do quarto.

DEUS NOS CHAMA PELO NOME

6 A 10 ANOS

ISAÍAS 43.1

Atividade: As crianças farão carrilhões como lembretes de que Deus sabe nossos nomes.

Material: Pedaços de 12x15cm de papelão, barbante ou linha de bordar, tinta, pincéis, jalecos/camisetas velhas, sininhos, miçangas/contas ou similares, canetas hidrográficas, cola, agulha de bordar grande ou prego bem pontudo.

Preparação: Antes da aula, faça uma cópia do versinho abaixo para cada aluno.

Quando ouvir estes sininhos, lembre-se desta verdade,

Deus sabe o seu nome, e aprecia demais sua amizade.

Arranje duas áreas de trabalho para esta atividade. Proteja uma área com jornal; as crianças usarão este espaço para pintar o papelão. Coloque o restante do material na outra área.

ISSO DÁ CERTO!

Os sinos podem se enroscar facilmente. Para evitar isso, ajeite o carrilhão na mesa e cole fita adesiva sobre os pedaços de barbante para mantê-los no lugar até as crianças chegarem em casa.

FAZER é FÁCIL

QUAL É A MÚSICA?

Ensino Bíblico: Deus sabe nossos nomes.

1. Vista um jaleco. Pinte um lado do papelão de uma cor só; deixe secar.

2. Enfie um sininho num pedaço de 20cm de barbante. Não amarre o barbante, e deixe-o de lado para ser usado mais tarde. Faça o mesmo com mais seis ou sete sininhos.

3. Quando a tinta estiver seca, cole o versinho no papelão, e enfeite com miçangas/glitter ou similares. Com uma caneta hidrográfica, escreva seu nome, em letras grandes, no topo do versinho.

4. Com a agulha ou prego, fure a base do papelão; espace igualmente os furos. Enfie um pedaço de barbante por um dos furos e amarre as pontas; faça o mesmo com os outros sinos. Procure deixar os barbantes do mesmo comprimento para que os sinos toquem uns nos outros quando você levantar o papelão. Faça um furo no topo do papelão, e pendure o carrilhão numa maçaneta ou parede.

CONEXÃO GAROTADA

Diga às crianças para deixarem seus carrilhões no chão, em frente delas. Mande todos se sentarem e abrirem as Bíblias em Isaías 43.1. Peça a um voluntário que leia o versículo. Pergunte:

• O que há de tão especial em ser chamado pelo nome?

• O que Deus já fez que mostra que ele conhece você muito bem?

• O que o versículo diz a respeito dos sentimentos de Deus por você?

Diga: **De nossa própria maneira, cada um de nós é único e especial. Gostamos ou não gostamos de coisas diferentes. Além de saber nosso nome, Deus conhece e se interessa por cada pequeno detalhe de nossas vidas. Deus nos criou e formou. O seu nome pertence a você, ele tem a "sua cara". Do mesmo modo, pertencemos a Deus e ele sabe o nome de cada um de nós.**

JEREMIAS
NA CASA DO OLEIRO
JEREMIAS 18.1-17
6 A 10 ANOS

Atividade: As crianças farão casas de argila.

Material: uma caixa de leite longa vida para cada aluno, argila caseira (receita abaixo), pau de macarrão, tinta marrom, pincéis, forno.

Preparação: Lave e seque as caixas de leite muito bem. Prepare a argila caseira antes da aula. A receita é suficiente para duas crianças; ajuste a receita para o tamanho da classe. Misture 1 xícara (chá) de farinha, ½ xícara (chá) de sal. Acrescente ½ xícara (chá) de água e 1 colher (sopa) de óleo. Unte as mãos para a massa não grudar e amasse tudo por, no mínimo, um minuto.

FAZER é FÁCIL

A CASA DO OLEIRO

Ensino Bíblico: Deus quer moldar nossas vidas.

1. Meça 10cm da base para o topo da caixa e corte fora o restante. Ponha a caixa de boca para baixo. Com o pau de macarrão, abra argila suficiente para cobrir as quatro paredes da casa e o telhado. Ajeite a argila sobre a casa, unindo bem os cantos. Com as mãos, faça uma borda em volta do telhado. Se quiser pode formar alguns vazos/potes para coloca no telhado.

2. Deixe no forno por 25 minutos, a 120°, para secar (a caixa não se queimará nesta temperatura). Quando a casa estiver seca, pinte uma porta, algumas janelas e uma escada que leve ao telhado. Se desejar, use um CD marker para desenhar um tapetinho no telhado.

3. Se for deixar a casa secar naturalmente, pode pintar as janelas e portas agora (a argila não ficará melecada nem se desmanchará).

ISSO DÁ CERTO!

Ajudaria bastante se você conseguisse fotos ou diagramas de casas dos tempos bíblicos para mostrar às crianças. Geralmente são encontradas em Bíblias e enciclopédias bíblicas.

Faça argila extra e deixe as crianças confeccionarem acessórios para as casas. Potes, pessoas ou até uma roda de oleiro darão mais autenticidade à casa. Essas casas podem ser feitas com argila comprada. Não é necessário assar no forno, mas apenas deixar secar.

CONEXÃO GAROTADA

Deixe as casas em local visível, mas longe das mãozinhas. Reúna a classe num círculo para revisão ou apresentação da história bíblica. Pergunte:

• **O que você achou de construir sua casa de argila?**

• **De que maneiras Deus molda ou dá forma a sua vida?**

• **O que temos de fazer para que Deus realize o trabalho dele em nossas vidas?**

Diga: **É sempre divertido trabalhar com argila. A gente pega um montinho de nada e transforma numa obra de arte. Deus quer moldar e arranjar nossas vidas para que, por meio dele, sejamos pessoas úteis e bonitas.**

OS PLANOS DE DEUS PARA NÓS

6 A 10 ANOS

JEREMIAS 29.11

Atividade: As crianças farão "lembretes diários" dos tempos bíblicos.

Material: papel criativo bege/marrom claro, saquinhos de papel, fio de lã escura, cola, fita adesiva, tesouras, pincéis marcadores permanentes.

Preparação: Para ganhar tempo, corte fora a base dos saquinhos e abra-os no meio. (Se quiser, pode usar folhas de papel pardo cortadas no tamanho 17x29cm.)

FAZER é FÁCIL

LEMBRETE DO PERGAMINHO

Ensino Bíblico: Deus tem bons planos para nós.

1. Começando por um canto, enrole bem uma folha de papel criativo; vá de um o canto ao outro (sentido transversal), formando um tubo bem fininho. Prenda com fita adesiva. Faça o mesmo com outra folha.

2. Amasse o saquinho de papel até ficar maleável. Rasgue um pouco as beiradas do papel para deixá-lo com aparência de couro de animal.

3. Cole a beirada superior do papel amassado num tubo de papel criativo. Corte o tubo no tamanho desejado. Cole a beirada inferior do papel amassado no outro tubo.

4. Enrole um pedaço de 30cm de fio de lã escura ao redor de dois dedos, sem apertar muito. Com cuidado, retire o fio de lã dos dedos e passe um fio de 15cm através dele e dê um nó. Corte no meio o fio enrolado para fazer uma borla (franja decorativa). Faça quatro destas borlas e amarre-as nas pontas dos tubos.

5. Escreva o versículo (Jeremias 29.11) no papel amassado. Depois, anote alguns planos que você acha que Deus tem para sua vida. Por exemplo: "Deus tem planos para eu ser feliz", "Deus planeja me fazer feliz", ou "Deus tem planos para eu anunciar sua Palavra". Enrole os tubos até se encontrarem no meio. Prenda-os com um uma fita/fio de lã.

CONEXÃO GAROTADA

Mande a classe sentar em círculo, no chão. Peça a um voluntário para ler Jeremias 29.11. Pergunte:

- **O que você quer ser quando crescer?**
- **Como você acha que pode servir a Deus com isto?**
- **O que você sente ao saber que Deus tem grandes planos para você?**

Diga: **Às vezes temos tantos compromissos que, para não perder ou esquecer nenhum, marcamos tudo num calendário ou agenda. Mas precisamos dar uma parada e pensar nos planos que Deus também tem para nós. Da próxima vez que checar sua agenda para ver como será seu dia, lembre-se de ler isto (mostre o pergaminho), pare e considere os planos de Deus para o seu dia. Você é muito especial para Deus, e se confiar nele, irá descobrir os excelentes planos que ele tem para você.**

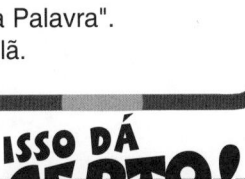

ISSO DÁ CERTO!

Antes de começar o projeto de artes, explique que nos tempos bíblicos as pessoas não escreviam em papéis, e não existiam livros iguais aos de hoje. As pessoas escreviam em pedaços longos de papel, chamados papiros, que depois eram enrolados. Os livros originais da Bíblia foram escritos em rolos, e as pessoas dos tempos bíblicos marcavam as datas e eventos importantes nos rolos, do mesmo jeito que usamos agendas e calendários hoje.

LAMENTAÇÕES

AS MISERICÓRDIAS DE DEUS NUNCA TERMINAM
LAMENTAÇÕES 3.22-23
8 A 12 ANOS

Atividade: As crianças farão pulseiras como lembretes de que, igual a um círculo, as misericórdias de Deus não têm fim.

Material: fiozinho de couro/silicone de cores diferentes, miçangas coloridas.

Preparação: corte o fio em tirinhas de 30cm. Para facilitar o trabalho das crianças e evitar perdas e desperdícios, coloque as miçangas numa vasilha no meio da área de trabalho.

FAZER é FÁCIL

CÍRCULO DO AMOR
Ensino Bíblico: As misericórdias de Deus duram para sempre.

1. Trabalhe com um amigo. Escolha três cores de tirinhas, junte-as e amarre numa ponta. Peça ao amigo para segurar na ponta amarrada.

2. Comece a trançar as tirinhas. Vá acrescentando miçangas e criando seu próprio desenho. Quando faltar um dedo para chegar ao fim, dê um nó para a pulseira não se desmanchar.

3. Amarre um pedaço de fio em cada uma das pontas. Peça ao amigo que ajude você a prender a pulseira no braço. Agora, ajude seu parceiro a fazer a pulseira dele. Observe como o círculo de miçangas nunca termina.

CONEXÃO GAROTADA

Reúna a classe num círculo. Explique que a forma redonda da pulseira representa a história da grande misericórdia de Deus por nós; misericórdia que nunca termina. Conversem sobre o formato da pulseira, um círculo que não tem fim. Leia os versículos da história de hoje. Pergunte:

• O que você gostaria que nunca tivesse fim, mas teve? Como você se sentiu?

• Esta pulseira lembra você de alguma coisa sobre o amor de Deus? Do quê?

Diga: **Aqui no mundo, todas as coisas chegam ao fim, de um modo ou de outro. Um dia muito divertido chega ao fim quando vamos para a cama, à noite; quando o juiz dá o apito final, a partida de futebol termina; a taça do sorvete delicioso fica vazia quando a gostosura toda acaba em nossa barriga. No entanto, o amor de Deus e sua compaixão por nós são iguais ao formato desta pulseira. Um círculo não tem fim e, do mesmo modo, o amor de Deus por nós não termina nunca.**

EZEQUIEL

A GLÓRIA DE DEUS 6 A 10 ANOS
EZEQUIEL 1.25-28

Atividade: As crianças pintarão espelhos de interruptores que serão lembretes da glória resplandecente de Deus, descrita em Ezequiel.

Material: um espelho de interruptor de cor clara para cada aluno, CD markers/ pincéis marcadores permanentes (ponta fina), tinta acrílica, pincéis, jalecos/ camisetas velhas, canetas de glitter/ lantejoulas grandes, cola quente.

Preparação: Cubra uma mesa com jornais e arranje tintas e pincéis sobre ela. Se for usar glitter e lantejoulas para enfeitar o projeto, coloque-os juntos com a cola quente, em outra área. Certifique-se de que os parafusos estejam bem presos aos espelhos, para que as crianças não os percam a caminho de casa.

FAZER é FÁCIL

LUZ RADIANTE
Ensino Bíblico: Busque a glória de Deus.

1. Vista um jaleco. Enfeite o espelho com desenhos feitos de tinta, glitter e lantejoulas.

2. Com um CD marker ou pincel marcador permanente, escreva a frase, "Que a Glória de Deus Brilhe em Mim!" no espelho.

CONEXÃO GAROTADA

Depois que os espelhos estiverem prontos, mande a classe se reunir. Apresente ou recapitule o texto de Ezequiel. Pergunte:

- **Como você descreveria o brilho do sol a um cego?**
- **Como você acha que Ezequiel se sentiu ao ver a glória de Deus?**
- **Como você descreveria Deus?**

Diga: **De acordo com Ezequiel, a glória de Deus se apresentou na forma de uma luz brilhante. Conhecemos o amor, a bondade e a compaixão de Deus. Mas fazemos bem em não nos esquecer que ele também é tão brilhante e resplandecente quanto a estrela mais luminosa que existe, e é mais glorioso do que nossos olhos aguentariam olhar. Não servimos a um Deus sem brilho! Vamos desejar e buscar a glória de Deus.**

ISSO DÁ CERTO!
Explique às crianças que elas não devem trocar sozinhas nenhum espelho de interruptor, mas, sim, pedir a ajuda de um adulto.

DANIEL

DANIEL INTERPRETA UM SONHO
DANIEL 2.1-28
4 A 10 ANOS

ISSO DÁ CERTO!

As crianças menores precisarão de bastante ajuda neste projeto. Desenhe um perfil simples para elas, e permita que eles desenhem os próprios olhos fechados, os cabelos e os lábios. Se o perfil for simples, os pequeninos conseguirão recortá-lo sozinhos.

Atividade: As crianças farão desenhos tridimensionais retratando a verdade de que Deus conhece e se interessa por nossos sonhos.

Material: papel criativo preto, bege e de cor viva, canetas, canetas gel, revistas velhas, tesouras, cola, grampeador.

Preparação: Antes da classe, recorte, da seguinte forma para cada aluno, as folhas de papel criativo: um retângulo preto de 30x23cm; um retângulo bege de 25x12cm; uma tira colorida de 24x5cm.

FAZER é FÁCIL

MEU SONHO
Ensino Bíblico: Deus conhece meus sonhos.

1. Deite sua cabeça de lado no papel bege e peça a um amigo para traçar seu perfil, incluindo o pescoço. Como a figura vai mostrar apenas um lado de seu rosto, desenho seus olhos fechados, como se estivesse dormindo. Não se esqueça de desenhar a boca. Recorte o perfil.

2. Procure em revistas, três figuras pequenas de coisas com as quais você sonha de vez em quando. Cole as figuras no topo do papel preto, bem espaçadas. Com a caneta gel, desenhe círculos em volta das figuras. Depois, desenhe círculos bem pequeninos que vão das figuras até seu perfil, significando sonhos, como visto em gibis.

3. Na tira de papel colorido, escreva a frase, "Só Deus conhece os meus sonhos"; peça ajuda, se precisar. Ajeite o seu perfil no papel preto, centralizado abaixo das três figuras; ajeite a tira colorida ligeiramente em cima do perfil, bem centralizada.

4. Curve o papel preto de modo que o perfil e a tira colorida (que são menores que o papel preto) fiquem alinhadas na margem esquerda. Grampeie os três juntos. Repita no lado direito. O papel preto terá uma curva maior, o perfil uma curva menor e a tira ficará esticada. A impressão que dá (em 3D) é que você está dormindo num travesseiro!

CONEXÃO GAROTADA

Reúna as crianças. Apresente ou recapitule a história bíblica. Pergunte:
- **Com o que você geralmente sonha?**
- **Por que você acha que Deus deu ao rei um sonho para Daniel interpretar?**

Diga: **Daniel era obediente a Deus. Ele confiou que Deus o ajudaria a entender o sonho do rei. Deus também conhece nossos sonhos.**

OS AMIGOS DE DANIEL SÃO PROTEGIDOS NA FORNALHA ARDENTE

8 A 12 ANOS

DANIEL 3

Atividade: As crianças farão descansos de panela para mostrar que Deus protegeu Sadraque, Mesaque e Abede-Nego.

Material: retalhos de tecido de algodão, feltro ou outro material grosso, linha e agulhas de bordar, tesouras, tinta ou canetas para tecido.

Preparação: Como os tecidos são difíceis de serem cortados sem uma tesoura bem afiada, faça esta tarefa antes da aula. Cada aluno irá precisar de dois quadrados de feltro de 15x15cm e dois quadrados de 18x18cm de tecidos iguais.

FAZER é FÁCIL

PROTEÇÃO CONTRA QUEIMADURA

Ensino Bíblico: Deus cuidará de nós!

Deus nos protege

1. Coloque um quadrado de feltro sobre o outro e centralize-os no avesso de um dos quadrados de tecido. Ajeite o avesso do segundo quadrado de tecido em cima dos feltros. (Imagine que você esteja fazendo um sanduíche de feltro!)

2. Enfie linha e agulha próximo de um canto do protetor de panela, pegando os quatro quadrados de tecido; deixe 2,5cm de linha sobrando. Puxe a agulha de volta, furando perto da entrada. Corte a linha e junte as duas pontas em um nó firme. Repita nos outros cantos, para que os quadrados fiquem no lugar.

3. Passe um fio de uns 80cm na agulha e dê um nó na ponta. Comece num dos cantos e vá costurando em toda a volta do tecido, com pontos simples. O feltro já foi costurado no passo 2. Agora você está costurando os dois quadrados de algodão um no outro, perto das beiradas. Termine a costura com um nó firme.

4. Com a tinta ou caneta de tecido, escreva no protetor de panela: "Deus nos Protege!"

CONEXÃO GAROTADA

Reúna a classe e apresente ou recapitule a história de hoje. Pergunte:

• **Por que os rapazes da história necessitavam de proteção?**
• **Em que circunstâncias você pede a proteção de Deus?**

Diga: **Quando tiramos algo quente do forno, confiamos que o protetor de panelas irá impedir que nossas mãos se queimem. Sadraque, Mesaque e Abede-Nego confiaram que Deus iria estar com eles e cuidar deles também. Se confiarmos em Deus, ele cuidará de nós!** Cantem "Crer e observar" ou "Cristo ama as criancinhas" como a oração final.

ISSO DÁ CERTO!

As crianças precisarão de ajuda com o projeto, pois "costurar" pode ser frustrante para os pequeninos. Consiga ajuda de adultos pacientes, providencie um ambiente tranquilo e mostre uma atitude do tipo "Vamos nos divertir de montão!" durante todo o projeto, e a experiência será positiva!

ESCRITO NA PAREDE
DANIEL 5

8 A 10 ANOS

ISSO DÁ CERTO!

Para ajudar as crianças, faça o seu projeto e use-o como exemplo. Para crianças menores, desenhe Daniel na cartolina e deixe as crianças pintar.

Atividade: As crianças irão confeccionar fotos-surpresa.

Material: papel cartão branco, cartolina de cor clara, canetas hidrográficas, lápis de cor, CD markers pretos, plástico transparente para encadernação/pasta L, fita crepe, cola forte.

Preparação: Para cada aluno, corte um quadrado de 15x15cm de cartolina, um quadrado de 12x12cm de plástico transparente e dois quadrados de 15x15cm de papel cartão. Em um dos pedaços de papel cartão, marque 2,5cm das margens para dentro, risque o quadrado e recorte-o, obtendo uma janela de 10x10cm.

FAZER É FÁCIL

MENSAGEM NA PAREDE!

Ensino Bíblico: Deus quer nossa atenção!

1. Na cartolina, desenhe o Daniel com sua túnica púrpura e correntes de ouro com as canetas hidrográficas. Se quiser, pinte com lápis de cor. Tome cuidado para desenhar Daniel no centro do quadrado.

2. Com fita crepe, fixe o quadrado de plástico no lado de dentro da janela do papel cartão. Desenhe tijolinhos na parte de fora. Você acabou de fazer a moldura da foto do Daniel.

3. Ponha o outro quadrado de papel cartão sobre a mesa, com o lado branco para você. Com fita crepe ou cola, prenda a moldura no quadrado (tijolinhos para fora, não se esqueça), deixando totalmente aberto o lado direito (ou esquerdo, se você for canhoto). Desenhe um "C" no meio da margem aberta e recorte-o.

4. Enfie a foto do Daniel na moldura. Com o CD marker preto, copie o Daniel no plástico, incluindo os olhos, cabelo, nariz e boca, mas não pinte sua túnica.

5. Com uma mão, segure a moldura. Com dois dedinhos da outra mão, puxe a cartolina para fora. A foto colorida agora é branco e preto!

CONEXÃO GAROTADA

Reúna a classe e apresente ou recapitule a história bíblica de hoje. Pergunte:

• O que você faz para chamar a atenção de alguém?

• Que tipo de coisas fazemos hoje que são parecidas com o que o rei da história estava fazendo?

• Deus já fez alguma coisa para chamar sua atenção? O que foi?

Diga: **Quando mostrarmos nosso projeto às pessoas, talvez recebamos muita atenção por causa de nossa habilidade! Mas as palavras na parede foram um milagre, e Deus realizou aquele milagre para chamar a atenção do rei e avisá-lo contra o orgulho. Mais tarde, o rei foi vencido pelos inimigos. Deus quer nossa atenção. Lembre-se de voltar sempre sua atenção para Deus.**

DEUS PROTEGE DANIEL NA COVA DOS LEÕES
DANIEL 6.1-23

6 A 10 ANOS

Atividade: As crianças irão confeccionar leões.

Material: palitos de sorvete, feltro marrom, borracha EVA/papel criativo amarelo, tesouras, cola quente, tinta amarela, pincéis, jalecos/camisetas velhas, CD markers ou pincel marcador permanente marrom (ponta fina).

Preparação: Ajeite duas áreas de trabalho. Em uma mesa, coloque as tintas e os pincéis; na outra, o restante dos suprimentos de arte. Corte uma tira de feltro de 20x2,5cm para cada aluno. Prepare uns moldes em forma de círculo de 7,5cm diâmetro.

ISSO DÁ CERTO!

Um adulto deve supervisionar o uso da cola quente. Se quiser, pode usar cola para madeira. Para facilitar, pode-se comprar palitos amarelos em papelarias grandes. O rosto do leão pode também ser feito de papel criativo e a franja de fios de lã.

FAZER é FÁCIL

LEÕES, DANIEL E DEUS, Ó CÉUS!
Ensino Bíblico: Deus é real!

1. Deite seis palitos de sorvete lado a lado, de baixo pra cima, para fazer o corpo do leão. A seguir, cole um palito em cada ponta do corpo, em sentido vertical, unindo os seis palitos. Os topos dos dois palitos devem ficar nivelados com o topo do corpo; as sobras formarão as pernas. Quebre um palito no meio e cole na parte de cima da perna de trás, fazendo a cauda do leão. Enquanto a cola seca, confeccione a franja da tira de feltro marrom e deixe-a de lado.

2. Vista um jaleco. Pinte os palitos de amarelo. Enquanto secam, corte um círculo de 7,5cm de EVA amarelo para fazer a cabeça do leão. Cole a franja em volta da cabeça do leão. Guarde a sobra para a cauda.

3. Desenhe a carinha do leão com o CD marker marrom e cole a cabeça no corpo do leão. Cole a sobra de franja na cauda.

CONEXÃO GAROTADA

Chame a classe para se sentar em círculo, no chão. Apresente ou recapitule a história bíblica. Pergunte:

• **Por que Daniel foi jogado na cova dos leões?**

• **Além de ser protegido dos leões, que outra coisa boa aconteceu porque Daniel foi obediente?**

• **Como você pode, com seu comportamento, mostrar a seus amigos que Deus é real?**

Diga: **Há muito, muito tempo, os leões eram usados para acabar com os criminosos. Mas Deus foi misericordioso e não deixou que os leões machucassem Daniel. Por causa da obediência de Daniel, o rei acreditou que Deus era real e louvou ao Senhor. Do mesmo modo que aconteceu com Daniel, nosso jeito de viver e nossas palavras mostram aos outros que Deus é real e tem poder de ajudar a todos nós.**

OSÉIAS

CONHEÇAMOS E RECONHEÇAMOS O SENHOR

4 A 10 ANOS

OSÉIAS 6.3

ISSO DÁ CERTO!

Para ajudar as crianças menores a copiarem o versículo em seus projetos, escreva-o em letras grandes.

Enquanto esperam a cola secar, peça às crianças para recitarem versículos que já memorizaram. Se quiser, poderão escrevê-los nas fichas de arquivo.

Atividade: As crianças farão porta-versículos.

Material: papelão, prendedores de roupa, cola quente, tinta, pincéis, jalecos/camisetas velhas, pincel marcador permanente preto de ponta fina, contas, miçangas, botões ou qualquer outro material decorativo, fichas de arquivo.

Preparação: Recorte um quadrado de 12cm de cartolina para cada aluno. Faça uma lista de versículos que falem sobre Deus, tais como Gênesis 1.1, Salmo 18.2 e Lucas 1.37. Ajeite duas áreas de trabalho; deixe a cola, as miçangas, os botões e os prendedores em uma; na outra, a tinta, os pincéis e as canetas.

FAZER é FÁCIL

PORTA-VERSÍCULOS

Ensino Bíblico: Deus quer que o conheçamos.

1. Vista um jaleco. Pinte um lado da cartolina de uma cor só. Quando a tinta estiver completamente seca, escreva o versículo de hoje na cartolina. Capriche na letra!

2. Enfeite a cartolina com botões, miçangas, etc. Cole o prendedor nas costas da cartolina. As "pernas" do prendedor devem ficar para baixo, alinhadas com a base da cartolina para mantê-la em pé. Nas fichas de arquivo, escreva os versículos que dizem a você quem Deus é. Segure as fichas no prendedor.

CONEXÃO GAROTADA

Leia Oséias 6.3 para a classe. Diga: **Ao se encontrar com um amigo, você conversa olhando nos olhos dele, abana a mão, dá um sorriso ou diz um "oi". Quando reconhecemos a presença de Deus, nós falamos com ele em oração, cantamos louvores a ele ou contamos a alguém o que ele faz ou quem ele é.** Pergunte:

- **Como sua família ou seus amigos reconhecem sua presença?**
- **Como podemos conhecer e reconhecer a Deus mais e mais?**

Diga: **Todo mundo sabe coisas a respeito de Deus, que ele criou o mundo, separou o Mar Vermelho, que é um Deus amoroso e misericordioso. Mas será que conhecemos mesmo a Deus do jeito que conhecemos nossos pais e os colegas da escola? Deus quer que o conheçamos mais do que conhecemos nossos familiares.**

JOEL

DEUS DERRAMARÁ SEU ESPÍRITO
6 A 12 ANOS

JOEL 2.28-29

Atividade: As crianças farão móbiles giratórios como lembretes da presença do Espírito Santo.

Material: cartolina, furador de papel, arame encapado de chenile, contas/miçangas, fio de nylon/silicone, tesouras.

Preparação: Para cada aluno, corte 14 tiras de 2x28cm. Fure as pontas das tiras.

ISSO DÁ CERTO!
Passar a segunda ponta das tiras pelo arame é especialmente difícil para as crianças menores. Fique por perto, e ofereça-se para inserir as primeiras tiras no arame.

FAZER é FÁCIL

O GLOBO DO ESPÍRITO

Ensino Bíblico: Deus dá o Espírito Santo aos crentes.

1. Enfie três miçangas até o fim do arame; dobre um pedaço do arame para que as miçangas não caiam.

2. Enfie o arame pelos furos de um lado das tiras de cartolina; ajeite as tiras em cima das três miçangas. Levante a ponta livre da tira mais próxima das miçangas e enfie-a na outra ponta do arame. A tira formará um "D". Repita com as outras 13 tiras.

3. Espace as tiras um pouco, formando um globo. Enfie três miçangas na ponta do arame; dê uma laçada na ponta do arame. Amarre um pedaço de fio de nylon na laçada para pendurar seu móbile.

CONEXÃO GAROTADA

Apresente ou recapitule o versículo bíblico de hoje. Pergunte:

• **Em sua opinião, como as pessoas cheias do Espírito Santo agem?**

• **De que modo o Espírito Santo é parecido com o vento que faz o móbile girar?**

• **O que você precisa fazer para o Espírito Santo habitar em sua vida?**

Diga: **O Espírito Santo de Deus é uma dádiva que traz paz e sabedoria aos nossos corações. Se aceitarmos Jesus como Salvador, o Espírito Santo passará a viver em nós. Tudo o que você tem a fazer é pedir que Deus lhe dê esse presente maravilhoso, e você o receberá. Assim como o vento que movimenta nossos móbiles, o Espírito Santo não pode ser visto nem tocado, mas as pessoas saberão que ele está em sua vida pela maneira de você agir. Deus dá o Espírito Santo aos crentes.**

AMÓS

SÓ DEUS PODE NOS TRANSFORMAR
AMÓS 9.11-15
6 A 12 ANOS

Atividade: As crianças desenharão figuras que mostram como o pecado é perdoado.

Material: papel, giz de cera (incluindo vários de cor preta), palitos de sorvete ou chaves velhas.

Preparação: Disponha os materiais; dê a cada aluno um pedaço de papel, vários gizes de cera coloridos, um giz de cera preto e um palito de sorvete.

FAZER É FÁCIL

RETRATO DE VIDAS TRANSFORMADAS

Ensino Bíblico: Somente Deus pode raspar fora o pecado de nossas vidas.

1. Pinte sua folha inteirinha de cores diferentes. Não é preciso fazer nenhum desenho. Simplesmente cubra o papel com todas as cores, menos o preto.

2. Depois, cubra todas as cores com o giz preto. Aperte o giz para que o preto fique bem grosso.

3. Com o palito de sorvete, escreva a palavra "DEUS" na folha, em letras grandes, em cima da cor preta. Ao retirar a camada preta, quando soletrar Deus, você verá as cores brilhantes embaixo. Quanto maiores as letras, mais cores bonitas você irá ver.

CONEXÃO GAROTADA

Peça às crianças para mostrarem seus trabalhos aos colegas. Recapitule o que aconteceu no livro de Amós. Chame voluntários para ler Amós 9.11-15.

• **Segundo Amós, como foi que Deus restaurou Israel?**

• **Se Amós visitasse nossa cidade hoje, o que ele mandaria a gente parar de fazer?**

Diga: **Amós foi um profeta de Deus. Ele escreveu nove capítulos sobre as coisas ruins que Israel andava fazendo. No entanto, apesar de todas as maldades de Israel, Deus planejava curar a nação e trazê-la de volta para seus braços. Deus é o único que pode raspar fora o pecado e a sujeira e deixar à mostra a beleza que existe em nossas vidas.**

ISSO DÁ CERTO!

Amós é um livro difícil de ser ensinado às crianças porque fala de muitos símbolos e profecias. É importante oferecer às crianças símbolos que elas entendam. Depois de ensinar uma questão ou parte de Amós, compare-a a uma situação que as crianças talvez vivenciem.

OBADIAS

DEUS MANDA EDOM SER HUMILDE
6 A 8 ANOS
OBADIAS 1.1-21

Atividade: As crianças farão montanhas de areia como lembretes da força de Deus.

Material: bexigas grandes, funis, CD markers/pincéis marcadores permanentes, areia.

Preparação: Deixe os materiais ao alcance das crianças.

ISSO DÁ CERTO!

Se não conseguir funis suficientes, faça-os de garrafas de refrigerante. Basta cortar o fundo das garrafas.

Para se divertirem ainda mais, providencie adesivos de pássaros para os alunos colarem nas montanhas, do lado que pertence a Edom.

FAZER é FÁCIL

UMA MONTANHA DE ORGULHO

Ensino Bíblico: Deus quer que sejamos humildes.

1. Encha a bexiga e depois solte todo o ar. Coloque o funil na boca da bexiga e encha-a de areia. Amarre bem a boca da bexiga; se precisar, peça ajuda.

2. Num lado da bexiga, desenhe pedras, águias e um ninho de águia. No outro lado, desenhe uma coroa.

CONEXÃO GAROTADA

Abra sua Bíblia em Obadias e conte a história de como a nação de Edom ajudou os inimigos a machucarem Israel. Enfatize que os habitantes de Edom se achavam tão fortes que não precisavam dar atenção a Deus. Explique que essa atitude se chama orgulho.

Diga: **Os edomitas eram orgulhosos. Eles não gostavam de Israel e ajudaram seus inimigos. Os edomitas se achavam fortes demais e pensavam que ninguém jamais os castigariam. A Bíblia diz que eles confiavam tanto em seus exércitos e sua força que o orgulho deles era do tamanho de uma montanha.** Diga às crianças para mostrarem o lado de suas "montanhas" onde está o ninho de águia. **Deus falou que o povo de Edom escondia seu orgulho do mesmo jeito que uma águia esconde seu ninho entre as rochas de uma montanha.** Pergunte:

• **O que Deus achava do orgulho de Edom? Por quê?**

• **Devemos nos orgulhar de que tipo de coisas?**

Mande a classe rolar as montanhas e mostrar o lado oposto.

Diga: **Deus fala que deveríamos nos orgulhar de ser protegidos pela força dele. Deus afirma que a força dele é verdadeiramente igual a uma montanha firme onde as pessoas podem se esconder e ficar em segurança. Os edomitas não estavam seguros de verdade ao confiarem em si mesmos. Deus quer que sejamos humildes e que não nos orgulhemos das coisas erradas. Quando somos humildes e confiamos em Deus, ele será a nossa proteção.**

JONAS

JONAS APRENDE UMA LIÇÃO
Jonas 1-2

4 a 8 anos

ISSO DÁ CERTO!

Se possível, coloque fotos das crianças dentro do peixe, junto com o Jonas, para se lembrar de que também devem pedir perdão a Deus. Peça fotos aos pais ou tire-as na classe.

Atividade: As crianças farão peixes grandões.

Material: sacos de plástico pequenos do tipo Ziploc®, fechos de sacos de plástico, papel de seda de várias cores, tesouras, cópias de Jonas (p.87), giz de cera, CD marker/pincel marcador permanente preto.

Preparação: Faça cópias da página 87. Recorte o papel de seda em quadradinhos e misture as cores. Coloque todo o material à disposição das crianças.

FAZER é FÁCIL

Jonas na barriga do peixão

Ensino Bíblico: Deus nos perdoa.

1. Pinte o Jonas e recorte-o. Coloque um punhado de papel de seda e o Jonas no saco de plástico e feche bem.

2. Ponha o saquinho sobre a mesa para ele ficar bem quadrado. Amarre o fecho perto de uma ponta do saquinho; torça o arame e ajeite a cauda do peixe.

3. Com o pincel marcador permanente, desenhe os olhinhos do peixe.

Conexão Garotada

Use um peixe como ilustração e apresente ou recapitule a história. Pergunte:
- **O que aconteceu a Jonas quando ele desobedeceu a Deus?**
- **Como Jonas endireitou as coisas com Deus?**
- **O que você deve fazer quando desobedece a Deus?**

Diga: **Quando Jonas descobriu que Deus sabia de sua desobediência, ele orou pedindo perdão. Nós, também, temos que nos lembrar de pedir perdão a Deus quando erramos. Deus irá nos perdoar sempre.**

MOLDE DE JONAS

JONAS APRENDE UMA LIÇÃO
Jonas 1.1-3.3

4 a 12 anos

ISSO DÁ CERTO!

Algumas crianças podem ter dificuldade em escrever. Assim, escreva o versículo no quadro-negro ou em tiras de papel para as crianças copiarem em seus marcadores. Se quiser ganhar tempo, copie o versículo em etiquetas adesivas (use o computador) para as crianças colarem nos seus marcadores.

Atividade: As crianças farão marcadores de livros magnéticos.

Material: cartolina, adesivos, canetas hidrográficas/giz de cera, folhas de imãs auto-adesivos.

Preparação: Recorte a cartolina em tiras de 20x5cm. Corte o imã em pedaços de 1,5cm. Arranje o material de modo que cada aluno tenha uma tira de cartolina, dois pedaços de imã, giz de cera, canetas hidrográficas e/ou adesivos para enfeitar os marcadores.

FAZER é FÁCIL

IGUALZINHO A JONAS

Ensino Bíblico: Deus quer que sejamos obedientes a ele.

1. Dobre a tira de cartolina no meio. Em um lado, escreva o seguinte versículo (ou peça que alguém lhe ajude): "Jonas obedeceu à palavra do Senhor" (Jonas 3.3).

2. No outro lado, desenhe uma figura ou use adesivos para mostrar o que aconteceu quando Jonas desobedeceu a Deus.

3. Ponha a tira de costas para você e cole um pedaço de imã em cada ponta. O marcador será dobrado numa página de livro e os imãs ficarão unidos.

CONEXÃO GAROTADA

Use um peixe como ilustração e apresente ou recapitule a história. Pergunte:

• O que aconteceu a Jonas quando ele desobedeceu a Deus?

• Como Jonas endireitou as coisas com Deus?

• O que você deve fazer quando desobedece a Deus?

Diga: **Quando Jonas descobriu que Deus sabia de sua desobediência, ele orou pedindo perdão. Nós, também, temos que nos lembrar de pedir perdão a Deus quando erramos. Deus irá nos perdoar sempre.**

JONAS RECLAMA DA COMPAIXÃO DE DEUS

JONAS 4.5-11
6 A 10 ANOS

Atividade: As crianças farão figueiras para se lembrar que Deus se importa com elas.

Material: papel criativo/cartolina verde de 21x30cm, papel criativo/cartolina amarela, fita adesiva, tesouras, canetas hidrográficas ou lápis preto, cola.

Preparação: Com um cortador de papel, corte o papel criativo nos tamanhos necessários. Cada criança deve receber dois pedaços de papel verde e um de papel amarelo, tesoura e caneta hidrográfica preta ou lápis.

ISSO DÁ CERTO!

Desenhe vários figos em uma folha de papel. Faça cópias em papel criativo amarelo. As crianças podem simplesmente recortar os figos e colar nas árvores.

FAZER é FÁCIL

ÁRVORE DO CARINHO
Ensino Bíblico: Deus se importa conosco.

1. Com fita adesiva, junte dois pedaços de papel verde (ponta com ponta) de modo a obter uma tira comprida.

2. Enrole a tira e prenda-a com fita adesiva (o rolo deve ter um diâmetro de 2 a 3cm).

3. Numa ponta do rolo, faça um corte até o meio do rolo (aproximadamente 11cm). Faça outro corte 2cm distante do primeiro. Continue assim até cortar em toda volta do rolo.

4. Puxe as camadas internas de papel para fora e veja sua árvore crescer.

5. Recorte figos de papel amarelo. Em cada figo, anote uma maneira de Deus cuidar de você. Cole os figos nas pontas dos galhos.

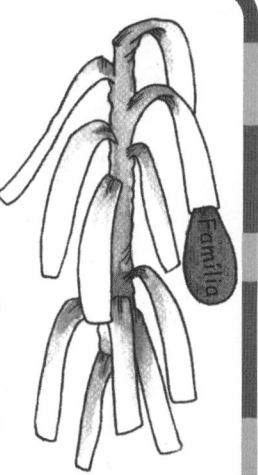

CONEXÃO GAROTADA

Reúna as crianças e suas figueiras. Recapitule a história. Pergunte:

- **Como Deus cuidou de Jonas?**
- **Você já teve vontade de reclamar como Jonas fez? O que aconteceu?**
- **Como Deus tem cuidado de você?**

Diga: **Deus preparou uma árvore para fazer sombra e refrescar Jonas, mas ele continuava zangado porque Deus havia perdoado o povo de Nínive. Jonas resmungou e a árvore murchou.** Diga aos alunos para empurrarem as árvores e observarem como elas "murcham". **Muitas vezes, quando recebemos coisas maravilhosas de Deus, em vez de ficarmos alegres, reclamamos. Desejamos algo diferente ou mais coisas. Devemos ser agradecidos pelo que Deus nos dá e usar tudo para a glória do Senhor. Em vez de reclamar, devemos nos lembrar de como Deus cuida de nós.** Diga às crianças para fazerem as árvores crescerem novamente.

MIQUÉIAS

DEUS PROMETE REMOVER NOSSOS PECADOS

6 A 10 ANOS

MIQUÉIAS 7.19

Atividade: As crianças farão miniaturas de oceanos.

Material: garrafas de plástico de 500ml com tampas, areia, CD markers/pincéis marcadores permanentes (ponta fina), funis, água, pedrinhas (que caibam na garrafa).

Preparação: Disponha o material para as crianças.

ISSO DÁ CERTO!

Para diversão extra, consiga conchinhas do mar e peixes de metal/plástico para as crianças povoarem seus oceanos. Pode colocar uma gotinha de corante azul para fazer uma cor mais intensa.

FAZER é FÁCIL

FUNDO DO MAR

Ensino Bíblico: Deus remove nossos pecados.

1. Desenhe peixes na garrafa toda.

2. Ponha o funil na boca da garrafa e despeje um pouco de areia. Acresce água até 2/3 da garrafa e feche-a bem.

CONEXÃO GAROTADA

Chame um voluntário para fazer a leitura de Miquéias 7.19.

Diga: **Miquéias tinha acabado de dizer ao povo que Deus conhecia seus pecados e não estava feliz com as pessoas. Mas Deus também estava pronto a perdoar e esquecer os pecados.** Coloque as pedras no meio da roda. **Lembre-se de uma coisa errada que você fez durante a semana e que sabe que não deveria ter feito, pois é um pecado.** Dê um tempo. **Miquéias disse que Deus nos perdoa e joga nossos pecados no fundo do mar.** Diga às crianças para destamparem cuidadosamente seus oceanos, jogarem algumas pedrinhas lá dentro e tamparem novamente. Pergunte:

• Como você se sente ao saber que Deus remove seus pecados?

• O que devemos fazer quando pecamos?

Diga: **É bom demais saber que Deus joga nossos pecados bem, bem longe de nós.**

NAUM

DEUS NOS OFERECE PAZ
4 A 5 ANOS

NAUM 1.15

Atividade: As crianças farão pegadas com tinta em auto relevo.

Material: tinta guache, pratos de plástico com a mistura de farinha e sal, colheres, papel sulfite, lápis, toalhinhas umedecidas.

Preparação: Misture partes iguais de farinha de trigo e sal. Adicione água até ter uma pasta. Coloque um pouco da mistura no prato de cada criança. Proteja o assoalho com folhas de jornal.

ISSO DÁ CERTO!

Se quiser, use esta atividade para as crianças fazerem presentes no Dia das Mães. Pode ser feito em folhas de papel criativo ou cartão colorido.

FAZER é FÁCIL

PÉS FESTIVOS

Ensino Bíblico: Deus nos manda boas notícias.

1. Pegue um prato. Escolha uma tinta de sua cor preferida e acrescente ao prato. Misture os ingredientes até conseguir a cor desejada. Espalhe no prato de forma homogênea.

2. Tire um pé de sapato e meia; enrole a barra da calça, se necessário. Escreva seu nome na folha de papel e deixe-a no chão, na sua frente. Pise na mistura que está no prato e depois no papel; pressione bem o pé.

3. Limpe o pé com a toalhinha umedecida. Deixe o papel secar. A tinta secará criando uma textura rústica em auto relevo.

CONEXÃO GAROTADA

Leia Naum 1.15.

Diga: **Olha só esse monte de pés bonitões! Deus fez os pés de vocês todos diferentes, mas todos eles podem fazer coisas espetaculares.** Pergunte:

- **Que tipo de boas notícias você correria para contar a um amigo?**
- **O que você pode fazer para Deus com seus pés?**
- **Você pode correr e contar as boas notícias de Deus para quem?**

Diga: **Na história bíblica, alguém usou os pés para dar boas notícias a pessoas que estavam tristes. O povo de Deus andava triste porque estava sendo machucado pelos inimigos. Deus mandou Naum dizer aos mensageiros que usassem seus pés para levar boas notícias. Deus iria resgatar seu povo! Deus nos manda levar boas notícias aos amigos e conhecidos.**

HABACUQUE

HABACUQUE RECLAMA DO CASTIGO DE DEUS SOBRE O POVO

8 A 12 ANOS

HABACUQUE 1.12-17

Atividade: As crianças farão óculos de sol fashion.

Material: garrafas verdes de plástico de dois litros, folhas de lixa, tesouras afiadas, fita adesiva, CD markers/pincéis marcadores permanentes de várias cores (ponta fina), moldes de óculos de sol (p. 93).

Preparação: Faça uma cópia do molde de óculos (p. 93) para cada criança; ajeite o material sobre a mesa.

FAZER é FÁCIL

CUIDADO COM OS OLHOS

Ensino Bíblico: Deus é puro demais para tolerar o pecado.

1. Corte fora o pescoço e a base da garrafa. A seguir, corte uma linha reta, no sentido vertical, do começo ao fim da garrafa.

2. Prenda o molde de óculos na mesa. A seguir, prenda o plástico verde sobre o molde. Com o pincel marcador permanente, trace o molde de óculos no plástico. Enfeite seus óculos como quiser.

3. Remova a fita adesiva e recorte os óculos. Use a lixa para aplainar as beiradas e pontas. Seus óculos estão prontos para serusados!

CONEXÃO GAROTADA

Diga às crianças para usarem os óculos e formarem um círculo, sentadas. Recapitule Habacuque 1.12-17. Pergunte:

- Qual é o significado de pecado?
- Por que Deus não tolera o pecado?
- Como o pecado afeta seu relacionamento com Deus?

Diga: **Deus é puro e santo. O pecado nos separa de Deus. Deus estava mostrando às pessoas de Israel que elas precisavam de um Salvador que lhe perdoasse os pecados. Foi por isso que Deus mandou Jesus morrer por nós e remover nossos pecados. Assim como o sol incomoda nossos olhos, Deus é puro demais para tolerar o pecado.**

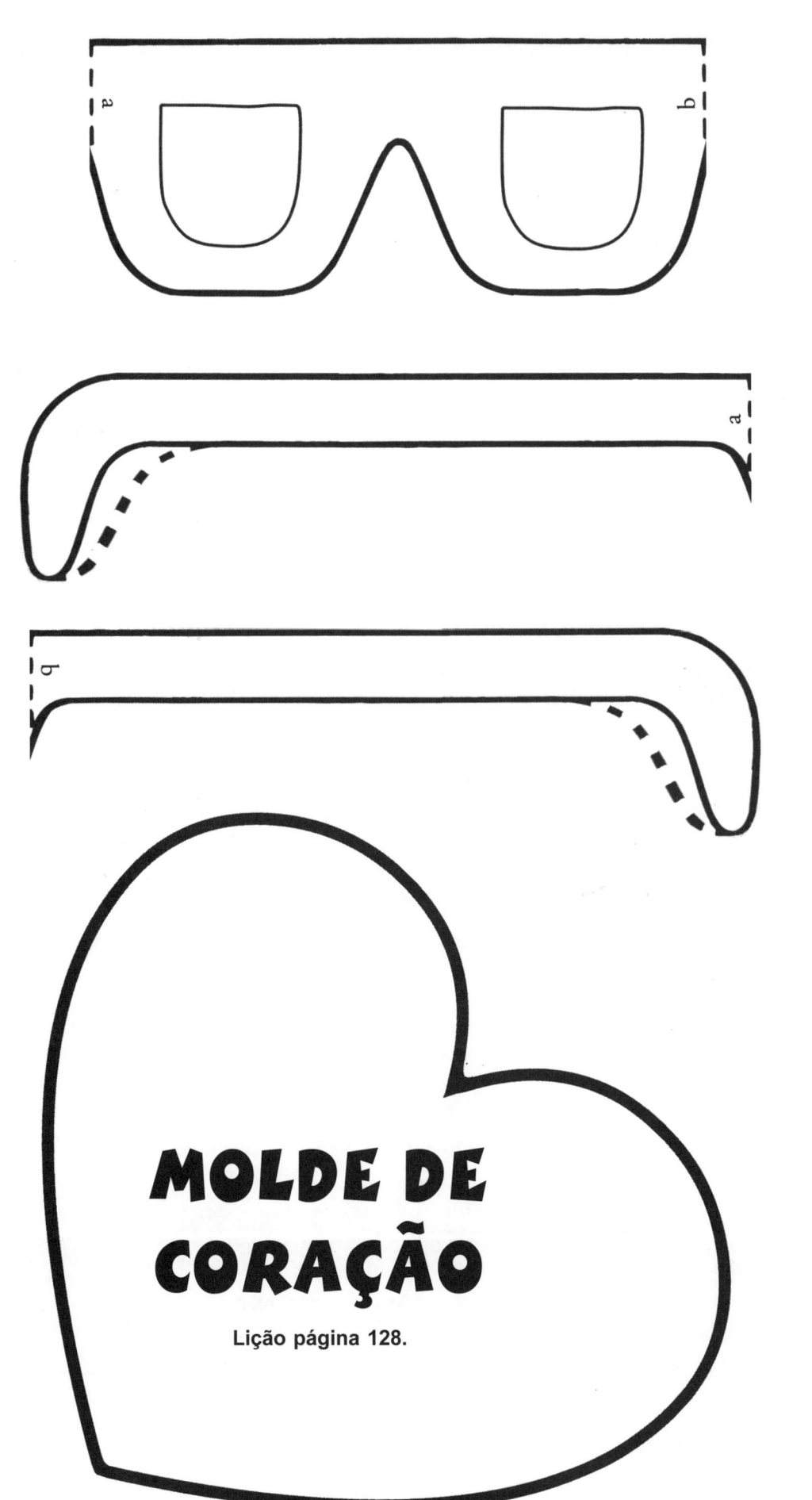

MOLDE DE ÓCULOS DE SOL

MOLDE DE CORAÇÃO

Lição página 128.

93

SOFONIAS

DEUS DÁ ESPERANÇA A SEU POVO
SOFONIAS 3
4 A 12 ANOS

Atividade: As crianças farão hidratante para os lábios.

Material: vaselina sólida*, saquinhos de plástico tipo Ziploc®, variedade de extratos, tais como menta, baunilha, limão e morango, colheres de plástico, copos descartáveis (de café), toalha de papel.

Preparação: Deixe o material à disposição das crianças.

*Você pode comprar em quantidade em lojas de material hospitalar.

FAZER é FÁCIL

LÁBIOS PUROS

Ensino Bíblico: Deus pode nos usar para curar o mundo.

1. Coloque três colheres rasas de vaselina no copo.

2. Adicione algumas gotas de seu extrato favorito no copo e mexa bem, mas com cuidado para não derramar nem espirrar. Molhe um dedo na mistura e passe nos lábios para testar o sabor. Se precisar, acrescente, aos poucos, mais extrato.

3. Quando o sabor estiver como você gosta, guarde o copo no saco de plástico, e feche bem para o protetor não secar.

CONEXÃO GAROTADA

Diga: **Para tratar os lábios rachados e mantê-los hidratados, usamos protetores ou hidratantes labiais. Pergunte:**

• **Que tipo de palavras podem ser secas e magoar as pessoas?**

• **Como você se sente quando alguém diz uma coisa gentil para você?**

Diga: **Sofonias explicou às pessoas que depois de Deus as disciplinar pelos pecados cometidos, ele iria ajudá-las a fazer o que era certo. Sofonias disse que Deus daria ao povo lábios que falariam coisas que o deixaria feliz. Diga:**

• **Citem exemplos de palavras gentis que fazem as pessoas se sentirem muito bem na alma e no coração.**

Diga: **Cada vez que seus lábios ficarem secos, lembre-se de que Deus providenciou ajuda para sermos amáveis com os outros, por meio de seu Filho, Jesus Cristo, o bálsamo que cura o mundo. Deus pode nos usar para sensibilizar o coração das pessoas e curar o mundo.**

AGEU

DEUS PROMETE USAR ZOROBABEL
8 A 12 ANOS

AGEU 1.1-2.9

Atividade: As crianças darão sugestões para remodelar a fachada do templo da sua igreja.

Material: papel de desenho, lápis preto, lápis de cor, borrachas, apontadores, réguas, papel criativo colorido, cola, pranchetas ou bandejas (opcional).

Preparação: Reúna o material (incluindo este livro) e coloque-o numa sacola ou caixa. Leve a sacola e as crianças lá para fora. Mande a classe se sentar na frente da igreja para colocar suas idéias no papel.

FAZER É FÁCIL

O TEMPLO DE DEUS FICA PRONTO
Ensino Bíblico: Deus dá forças para completar a tarefa dele.

1. Dê uma boa olhada na fachada do templo e observe o formato geral do edifício. É retangular ou quadrado? Desenhe as formas que você observa e que irão ajudá-lo a delinear a fachada do templo. Acrescente portas, janelas ou colunas existentes.

2. Observe o tipo de material que foi usado. O templo é de tijolos à vista ou parede rebocada? É de madeira, de pedra ou outro material? Pense no que você gostaria de manter e no que mudaria na fachada da igreja para deixar o templo mais bonito para a glória de Deus.

3. Desenhe as mudanças. Com lápis de cor, dê vida ao desenho. Quando terminar, escreva seu nome no pé da folha e cole-a numa folha de papel criativo, para a exposição.

CONEXÃO GAROTADA

Dê oportunidade para que as crianças mostrem seus projetos para a classe. Chame voluntários para fazer a leitura de Ageu 2.1-9. Pergunte:

- **Como você se sente quando uma tarefa leva tempo para ser terminada?**
- **O que você achou de tentar reconstruir a igreja, desenhando no papel?**
- **Você pensou em desistir? Por quê?**

Explique às crianças que o povo de Deus havia começado a reconstruir o templo uns dezesseis anos antes, mas ficou desanimado e desistiu. Deus usou Ageu para incentivar as pessoas e lembrá-las de que o Senhor continuava ao lado delas e poderia lhes dar forças.

ZACARIAS

O SENHOR VEM E REINA
ZACARIAS 14.20-21

8 A 12 ANOS

Atividade: As crianças farão buttons para mochilas como lembretes de que tudo o que temos deve ser usado para Deus.

Material: fio de lã/similar grosso ou cadarços de sapato, tampas de plástico branco transparente (como as de lata de leite em pó/achocolatados) recortadas em círculos de 7cm, círculos de papel criativo, cola quente, canetas hidrográficas, fita crepe, furador de papel.

Preparação: Para cada aluno, recorte as tampas em círculos de 7cm; faça o mesmo com o papel criativo. Cada aluno deverá receber um círculo de plástico e outro de papel.

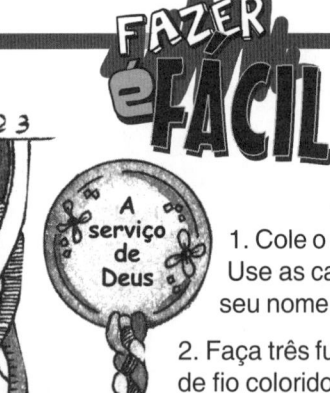

FAZER é FÁCIL

AVISO AFIXADO

Ensino Bíblico: Tudo o que temos pertence a Deus.

1. Cole o círculo de papel no círculo de plástico e escreva: "A serviço de Deus". Use as canetas hidrográficas para enfeitar o círculo. Não esqueça de escrever seu nome.

2. Faça três furos, juntos um do outro, abaixo da frase. Corte três pedaços de 50cm de fio colorido. Enfie cada um num furo e dê um nó atrás do círculo.

3. Prenda o círculo na mesa, com fita adesiva, e trance os fios (use o diagrama, se necessário). Entrelace os fios num chaveiro e dê um nó firme nas pontas, segurando bem o chaveiro. Agora você tem um enfeite para sua mochila que também será um lembrete de que tudo o que temos pertence a Deus.

CONEXÃO GAROTADA

Diga: **O livro de Zacarias fala de como será a vida quando Jesus reinar. Zacarias disse que até mesmo os potes e panelas do dia-a-dia serão separados para o uso de Deus. Nada será simples demais para ser usado por Deus.**

Mande as crianças formarem grupos de três. As crianças apresentarão sugestões de como seus pertences podem ser usados por Deus. Pergunte:

• De que maneira seus pertences podem ser usados por Deus?

• Será que temos alguma coisa que não possa ser usada por Deus? Por quê?

Diga: **Um jeito de mostrarmos que entendemos que Deus está no controle é usando tudo o que temos para deixá-lo feliz. Isso quer dizer que compartilhamos com os outros. Amarre o button em sua mochila como um lembrete para colocarmos a serviço de Deus tudo o que possuímos.**

MALAQUIAS

DEUS ESTÁ CHEGANDO
MALAQUIAS 4.1-3

8 A 12 ANOS

Atividade: As crianças farão calendários como lembretes de que Jesus irá voltar.

Material: papel sulfite, cola de blocagem (do tipo usado em lombadas de livro), cartolina, canetas hidrográficas, borrachinhas de escritório.

Preparação: Corte o papel sulfite em quadrados de 10cm. Serão necessários trinta e um quadrados para cada aluno. Corte um retângulo de 10x15cm e um quadrado de 10cm de cartolina para cada aluno.

FAZER é FÁCIL

MARCANDO O TEMPO
Ensino Bíblico: Ficar atentos ao Dia do Senhor.

1. Numere de 1 a 31 os quadrados de papel branco.

2. Empilhe os quadrados em ordem crescente (1 primeiro, 31 por último). Ponha o quadrado de cartolina embaixo da pilha. Passe várias borrachinhas em volta da pilha (aperte bem) para segurar os papéis no lugar. Ponha as borrachinhas o mais próximo possível do topo da pilha.

3. Passe cola na beirada superior da pilha; certifique-se de nenhum espaço ficou sem cola. Deixe secar.

4. No topo do retângulo de cartolina, escreva "Talvez Hoje". Quando a pilha de páginas estiver seca, cole o calendário no retângulo.

CONEXÃO GAROTADA

Chame voluntários para a leitura de Malaquias 4.1-3.

Diga: **Vocês podem usar seus calendários para saber em que dia do mês estamos. Um jeito legal de usar o calendário é marcar nele as ocasiões que achamos especiais, como o último dia de aula.**

Pergunte:

• **Como você se sente tendo de esperar um dia importante chegar, como o Natal ou seu aniversário?**

• **Como você se prepara para esse dia especial?**

• **Como podemos nos preparar para o dia especial da volta de Jesus?**

Diga: **Os amigos de Malaquias mal conseguiam esperar pelo dia em que Deus iria enviar alguém para libertá-los de seus inimigos. Eles chamavam esta ocasião de o Dia do Senhor. Deus havia prometido sarar todos os seus filhos que estavam sofrendo. Deus havia prometido que todas as pessoas que o amavam iriam pular de alegria. Jesus irá voltar numa ocasião conhecida como o Dia do Senhor. Não sabemos quando será, mas devemos ficar atentos para o Dia do Senhor, e orar para que seja logo.**

DEUS PROMETE ALEGRIA NA VINDA DO MESSIAS

MALAQUIAS 4.2

6 A 10 ANOS

Atividade: As crianças farão vaquinhas que giram de alegria.

Material: borrachinhas de escritório (espessura média), cópias do molde "Vaquinha Louca" (p. 99), grampeadores de papel, círculos de papel manteiga, tesouras, lápis, palitos de sorvete, cola, tubos de papel higiênico/papel toalha, giz de cera/lápis de cor.

Preparação: Faça uma cópia do molde da "Vaquinha Louca" para cada aluno. (Para ficar mais firme, pode colá-la em um pedaço de cartolina.) Se usar tubos de papel toalha, deixe-os com 10cm de comprimento. Recorte círculos de 8cm de papel manteiga. Deixe o material à disposição das crianças.

FAZER é FÁCIL

PULE DE ALEGRIA!

Ensino Bíblico: Deus traz alegria.

1. Grampeie uma borrachinha numa beirada interna do tubo de papelão.
2. Ajeite o círculo de papel manteiga sobre a abertura oposta e prenda-o com uma borrachinha.
3. Com o lápis, faça um furo pequeno no meio do círculo de papel manteiga. Puxe a borrachinha pelo furo e atravesse um palito de sorvete por ela. Grampeie a borracha no meio do palito.
4. Recorte a vaquinha e enfeite-a com giz de cera ou lápis de cor. Cole os cascos da vaquinha no palito.
5. Gire a vaquinha até que a borracha fique bem apertada. Solte a vaquinha, e veja como ela gira de alegria!

CONEXÃO GAROTADA

Recapitule Malaquias 4.2 com a classe.

Diga: O povo de Deus andava triste por causa das muitas coisas ruins que estavam acontecendo. Pessoas malvadas estavam machucando o povo de Deus, e todo mundo ficava imaginando se um dia a situação iria melhorar. Pergunte:

• **Como você se sente quando as coisas não vão bem? O que você faz?**

Diga às crianças para se lembrarem de uma situação difícil. A cada menção, mande a classe dar duas voltas completas nas vaquinhas, mas sem soltá-las. Continue até que as borrachinhas estejam bem apertadas e seja impossível girá-las mais uma vez. Pergunte:

• **De que modo as borrachinhas apertadas são iguais ao que vocês sentem nas ocasiões difíceis? Por quê?**

Diga: **Quando a situação fica difícil, geralmente sentimos um aperto no coração. Deus prometeu enviar um ajudante especial, o Messias, para resgatar seu povo. Deus afirmou que as pessoas ficariam tão felizes que pulariam de alegria, exatamente como a vaquinha que é liberta do curral.** Mande a classe soltar as vaquinhas.

Agora que Deus já enviou o Messias, Jesus Cristo, para nos libertar de todos os pecados, temos razão para ficar super alegres. Deus nos dá alegria por meio de seu Filho, o Senhor Jesus.

MOLDE DE VAQUINHA LOUCA

MATEUS

OS SÁBIOS ENCONTRAM JESUS
MATEUS 2.1-12; LUCAS 2.1-20
4 A 12 ANOS

ISSO DÁ CERTO!

Se quiser simplificar, pode usar a argila caseira da página 74. Adicione anilina (corante) amarela e canela para dar o cheirinho de natal.

Atividade: As crianças farão estrelas ornamentais como lembretes de quando os sábios e os pastores encontraram o menino Jesus.

Material: argila de maçã e canela (receita abaixo), papel manteiga, facas descartáveis, lápis, fitinha de seda, pratinhos descartáveis.

Preparação: Faça a argila com antecedência. Junte 1½ xícara (chá) de canela em pó, 1 xícara de purê de maçã (cozinhe 8 maçãs cortadas em pedaços com ½ xícara de água, sem sementes, até ficarem moles; bata no liquidificador; passe na peneira) e 1/3 xícara (chá) de cola branca. Misture tudo até obter uma massa firme, porém não muito seca. Guarde em saco plástico. Corte pedaços de 25cm de fita. Arranje o material de modo que cada aluno tenha um pedaço de papel manteiga, uma faca de plástico e um pedaço de fita.

FAZER é FÁCIL

ESTRELAS AROMÁTICAS

Ensino Bíblico: Mostrar o caminho para Jesus.

1. Faça uma bola com a massa; abra-a com as mãos, em cima do papel manteiga, até obter um círculo grande bem liso e achatado (1,5cm de espessura, mais ou menos).

2. Com a faca de plástico, desenhe e recorte uma estrela; deixe as sobras de lado.

3. Com o lápis, fure uma das pontas do enfeite, bem no topo e, cuidadosamente, amarre a fita de seda. Coloque a estrela no pratinho, para levá-la para casa. Deixe a estrela secar durante uns cinco dias antes de pendurá-la.

CONEXÃO GAROTADA

Reúna a classe. Recapitule a história. Pergunte:

- **Como os sábios descobriram o menino Jesus?**
- **Como você acha que eles se sentiram ao encontrar Jesus?**
- **De que maneiras vocês podem falar de Jesus ou apresentá-lo aos outros?**

Diga: **Para encontrar o menino Jesus, os sábios do Oriente seguiram uma estrela. Eles sabiam que o bebê era importante porque estudavam as Escrituras que falavam de sua vinda. Para nos ajudar a encontrar Jesus, Deus nos providenciou a Bíblia. Ele também nos deu igrejas, professores e familiares para nos falar sobre Jesus.**

JESUS É BATIZADO
MATEUS 3.13-17; MARCOS 1.9-11; LUCAS 3.21-22

8 A 12 ANOS

Atividade: As crianças farão pombinhas de sabão como lembretes de que o batismo simboliza que fomos lavados de nossos pecados.

Material: sabão de coco em pedra*, óleo de cozinha, papel manteiga, fita/fio de lã.

Preparação: Rale pedras de sabão até obter 3 xícaras aproximadamente. Acrescente ¼ xícara (chá) de água e amasse até obter a consistência de massinha de modelar. Guarde em vasilha bem fechada. Entregue a cada aluno um pedaço de papel manteiga e 20cm de fita. Depois que as crianças untarem as mãos com óleo, dê-lhe um pouco de massa de sabão.

ISSO DÁ CERTO!

Imaginar e moldar um objeto pode, muitas vezes, ser difícil para as crianças menores. Para facilitar-lhes a tarefa, desenhe e recorte moldes de pombinhas em papelão/cartolina. A criança só precisa abrir a massinha, pôr o molde em cima e recortar. Depois é só ajeitar e alisar as beiradas.

FAZER é FÁCIL

POMBINHAS CELESTIAIS
Ensino Bíblico: Jesus nos limpou dos pecados.

1. Faça uma pombinha com sua porção de massa.
2. Fure a cauda da pombinha e amarre a fita.
3. Deixe a pombinha secar um dia inteiro.

CONEXÃO GAROTADA

Depois que as crianças tiverem lavado as mãos, reúna a classe e recapitule a história. Pergunte:

• O que aconteceu logo depois que Jesus foi batizado?
• Como você acha que as pessoas reagiram ao ver o Espírito de Deus descendo em forma de pomba?
• O que significa dizer, "Fui lavado de meus pecados"?

Diga: **Jesus nos mostrou como o batismo é importante. Quando Jesus foi batizado, Deus enviou seu Espírito em forma de pomba, e falou com seu Filho Amado. Quando somos batizados, estamos dizendo a todo mundo que Jesus nos limpou dos pecados e nos perdoou.**

ISSO DÁ CERTO!

Se quiser simplificar pode fazer de argila branca. Outra opção é utilizar argila caseira (ver página 74) e, depois de assado, pintar com tinta branca.

JESUS ENSINA AS BEM-AVENTURANÇAS
MATEUS 5.1-11
8 A 12 ANOS

Atividade: As crianças farão círculos das qualidades que são belas para Deus.

Material: Molde dos círculos (p. 103), cartolina branca, tesouras, canetas hidrográficas/lápis de cor, colchetes.

Preparação: Na cartolina, faça uma cópia dos dois círculos para cada aluno. Deixe giz de cera, tesouras e colchetes à disposição das crianças.

FAZER é FÁCIL

MARAVILHAS EM CÍRCULOS

Ensino Bíblico: Deus quer que mostremos boas atitudes ao lidar com as pessoas.

1. Recorte os círculos. Recorte a janela marcada num dos círculos.

2. Escolha suas bem-aventuranças favoritas. Nos espaços do círculo, desenhe atitudes representadas pelas bem-aventuranças. Escreva a bem-aventurança ao lado do desenho.

3. Coloque o círculo com a janela em cima do outro; una-os com o colchete. Para ver as bem-aventuranças, basta girar o círculo de cima.

CONEXÃO GAROTADA

Diga às crianças para se reunirem com os círculos em mãos. Leia Mateus 5.1-11. Quando você mencionar uma bem-aventurança, as crianças giram o círculo até o desenho correspondente. A cada bem-aventurança, pergunte:

- Que atitude Deus quer que mostremos às pessoas?
- Como você pode exibir esta atitude em casa e/ou na escola?

Diga: **Quando Jesus viu todas as pessoas que foram ouvi-lo, ele sabia que deveria ensiná-las como Deus queria que agissem umas com as outras. Jesus apresentou uma lista de atitudes que Deus espera que seu povo mostre ao lidar com os outros. Quando exibimos essas coisas em nossas vidas, as pessoas vêem Deus em nós. Deus espera que mostremos boas atitudes ao tratar com as pessoas.**

ISSO DÁ CERTO!

Talvez as bem-aventuranças sejam apresentadas em palavras não muito conhecidas das crianças. Assim, faça uma lista das características principais de cada bem-aventurança. Por exemplo, "humilde ou manso significa gentil". Não se esqueça de anotar os versículos ao lado das características. Deixe a lista em lugar visível às crianças. Se a classe for de crianças mais velhas, e se houver tempo, deixe que elas façam a lista de identificação.

103

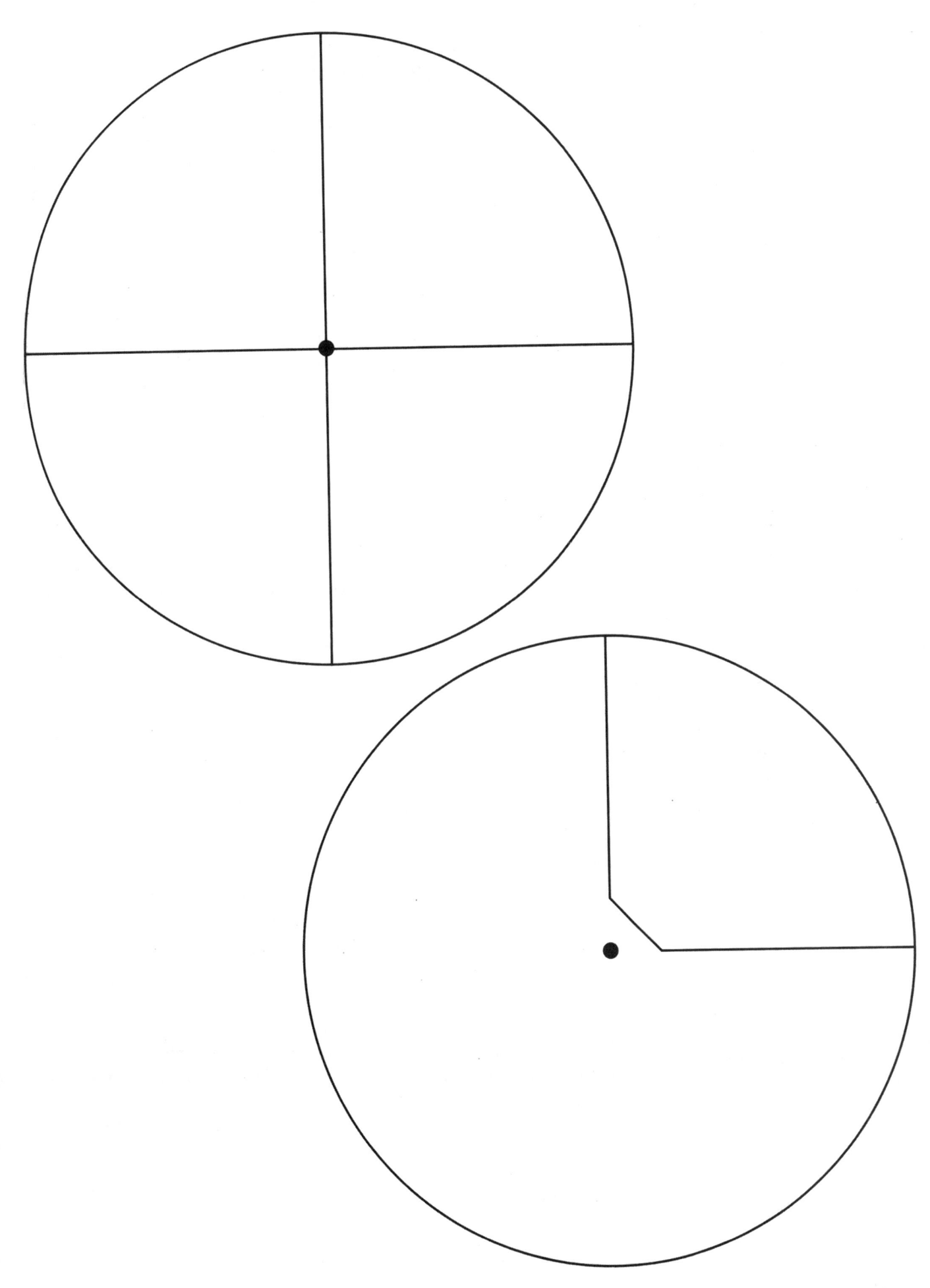

JESUS ENSINA QUE SOMOS SAL E LUZ

4 A 12 ANOS

MATEUS 5.13-16

Atividade: As crianças farão pinturas que se cristalizam e brilham.

Material: molde do globo terrestre (p.105), sal colorido, cola, pincéis, pratos de papel.

Preparação: Despeje ¼ de xícara (chá) de sal em um saquinho de plástico, acrescente algumas gotas de anilina (corante) verde e feche bem. Amasse o plástico até o sal ficar de cor uniforme. Repita o processo com anilina amarela e azul, cada cor em um saco plástico. Copie o molde do globo (p. 105) em papel cartão/papelão. (Por causa do peso da cola e do sal, este projeto funciona melhor em papel bem grosso.) Cada aluno deve receber um molde, um pincel e uma vasilha pequena com cola.

FAZER é FÁCIL

PINTURA COM SAL

Ensino Bíblico: Você é o sal da terra.

1. Passe cola nas áreas dos oceanos e espalhe sal azul por cima. Com cuidado, bata a figura em cima de um prato para que o sal extra seja usado por outra pessoa.

2. Passe cola nos continentes do globo e espalhe sal de cores diferentes sobre eles, um por vez. Cada vez que usar uma cor, bata a figura sobre um prato para que o sal colorido seja usado por um colega.

3. Faça linhas de cola ao redor do globo como se fossem raios de sol. Espalhe sal amarelo sobre as linhas. Deixe o projeto secar.

CONEXÃO GAROTADA

Enquanto os trabalhos secam, reúna a classe e recapitulem os versículos. Pergunte:

• **Quais as duas coisas que Jesus disse que nós somos?**

• **Que coisas boas o sal e a luz fazem para nós?**

• **Você já viu alguém agir como sal e luz em sua casa? E na escola? Como foi?**

• **Como nossas atitudes brilham por Jesus?**

Diga: **Jesus disse às pessoas que elas eram sal e luz. Ele estava dizendo que os outros conhecerão a Deus por meio de nosso exemplo. Se não falarmos do que cremos a respeito de Jesus e Deus, é como se o sal perdesse o sabor ou se a luz fosse escondida e ninguém a visse. As pessoas têm de ver Jesus em nós, do mesmo jeito que vemos o brilho do sal através das cores do nosso globo terrestre. Você é o sal da terra.**

MOLDE DO GLOBO TERRESTRE

JESUS NOS ENSINA A ORAR
Mateus 6.5-15; 7.7-11

6 A 12 ANOS

ISSO DÁ CERTO!

Juntos, aprendam e recitem o Pai Nosso. Para terminar, peça que Deus ajude cada aluno a se lembrar de orar todos os dias.

Atividade: As crianças farão bolsos de oração.

Material: palitos de sorvete grandes, canetas hidrográficas, metades de folhas de papel cartão, grampeadores, furadores de papel, fio de lã/fita, variedade de materiais de artesanato, tais como mini-adesivos, conchinhas, miçangas/contas.

Preparação: Em um pedaço grande de papel, escreva em letras maiúsculas Mateus 7.7: "PEÇAM, E LHES SERÁ DADO". Prenda o papel na parede, em lugar bem visível, para as crianças copiarem o versículo. Disponha o restante do material.

FAZER é FÁCIL

Bolso da Oração

Ensino Bíblico: Conversamos com Deus por meio da oração.

1. Dobre ¾ do papel cartão (beirada mais estreita para cima). Grampeie as laterais de modo a formar um bolso.

2. Copie Mateus 7.7: "PEÇAM, E LHES SERÁ DADO" no lado externo do bolso.

3. Em cada palito de sorvete, escreva um pedido de oração (use tantos palitos quantos quiser); enfeite os palitos com adesivos, miçangas, etc.

4. Guarde seus palitos no bolso de papel. Faça dois furos no topo do bolso. Corte um pedaço de 30cm de fita e passe-a pelos furos, para pendurar seu bolso de oração ao lado da cama, quando chegar em casa. Quando for orar, retire um palito e ore por aquele pedido. Devolva o palito ao bolso, pegue outro e ore novamente. Antes de dormir, você pode orar por uma ou duas coisas ou por todas elas.

Conexão Garotada

As crianças se reúnem com os palitos de sorvete em mãos. Recapitule o que Jesus disse sobre oração. Pergunte:

• **Geralmente, quais são seus motivos de oração?**

• **Por que você acha que Deus quer que oremos?**

• **Como podemos falar com Deus em oração?**

Diga: **Orar é conversar com Deus. Deus quer que conversemos com ele todos os dias. Ao orar, lembre-se de agradecer a Deus por todas as coisas boas que ele tem feito em sua vida. Você tem de pedir perdão a Deus pelas coisas erradas que faz. Converse com Deus sobre suas necessidades. Ore também por sua família e pelos amigos. Podemos falar com Deus, em oração, a respeito de tudo e sobre qualquer coisa.**

JESUS ANDA SOBRE A ÁGUA

8 A 12 ANOS

Mateus 14.25-33; Marcos 6.45-52; João 6.16-21

Atividade: As crianças irão ilustrar a história bíblica usando tinta e CD markers.

Material: borracha EVA preta, moldes de barco (ver abaixo), tinta guache marrom e azul, esponjas, prendedores de roupa, CD markers, glitter, canetas.

Preparação: Recorte as folhas de EVA em quadrados de 20x20cm. Recorte vários moldes de barco (invertidas – com o barco recortado) em cartolina branca (com 12cm de comprimento por 7,5cm de altura). Corte as esponjas em pedaços pequenos; afixe os prendedores nas esponjas como se fossem cabos para as crianças segurarem na hora de pintar. Isso diminui a sujeira nas mãozinhas! Despeje um pouco de tinta em vasilhas rasas. Estabeleça um espaço para as crianças deixarem as pinturas secando.

ISSO DÁ CERTO!

Arranje um ventilador para a secagem rápida das pinturas. Assim, as crianças não terão de tocar na tinta molhada enquanto terminam o restante do projeto.

FAZER É FÁCIL

ANDANDO SOBRE A ÁGUA

Ensino Bíblico: Confiar em Jesus nos deixa corajosos.

1. Ponha o molde de barco no quadrado de EVA, alguns centímetros acima da margem inferior. Use a esponja como pincel e pinte seu barquinho. (Se precisar, peça a um amigo que segure o barco enquanto você pinta.)

2. Retire o molde, e com tinta azul e a esponja, pinte o mar.

3. Use os CD markers e glitter para desenhar os discípulos no barco, Jesus caminhando sobre a água, e outros detalhes, como o céu estrelado e as ondas do mar. Leve o desenho para secar no local determinado.

CONEXÃO GAROTADA

Quando as crianças terminarem seus projetos, apresente ou recapitule a história bíblica. Pergunte:

• Em uma palavra, como você descreveria seu sentimento, caso fosse um dos discípulos no barco e visse alguém caminhando sobre as águas, em sua direção?

• Do que você tem medo?

• Da próxima vez que ficar com medo, como você pode mostrar que confia em Jesus?

Diga: **Quando estavam no barco, os discípulos quase morreram de medo. Não sabiam quem ou o que andava sobre a água. Quando viram que era Jesus, ficaram espantados. Jesus relembrou aos discípulos que podiam confiar nele e serem corajosos; não precisavam ter medo de nada. Se confiarmos em Jesus, nós também seremos corajosos. Quando estivermos com medo, é só pedir socorro a Jesus.**

MOLDE DE BARCO

PERDOAR SETENTA VEZES SETE
MATEUS 18.21-35

6 A 12 ANOS

Atividade: As crianças farão um brinquedo divertido.

Material: copos de isopor, gizes de cera, barbante, miçangas/contas grandes, fita adesiva, CD markers/canetas hidrográficas.

Preparação: Faça um furo pequeno no fundo dos copos. Cada aluno deve receber um copo, CD markers ou canetas hidrográficas, uma conta/miçanga e um pedaço de barbante que seja quase três vezes mais comprido que o copo.

FAZER é FÁCIL

BILBOQUÊ DO PERDÃO

Ensino Bíblico: Vicie-se em perdoar os outros.

1. No lado de fora do copo, escreva: "Quantas vezes devo perdoar?". Acrescente: "70 x 7". Enfeite o copo de um jeitinho todo seu.

2. Amarre a miçanga numa ponta do barbante. Enfie a outra ponta no copo, de fora para dentro.

3. Dê um nó na ponta e prenda-a com fita adesiva no fundo do copo.

4. Segure bem o copo, lance a miçanga para cima e tente pegá-la com o copo.

CONEXÃO GAROTADA

Peça às crianças que tragam os Bilboquês do Perdão para o círculo. Diga para marcarem quantas vezes conseguem enfiar a miçanga no copo. Recapitule a história bíblica. Pergunte:

• O que você acha que o homem sentiu quando o rei perdoou sua dívida?

• O que você acha que o amigo sentiu quando o homem não quis perdoar sua dívida?

• No lugar do rei, você também ficaria furioso? Por quê?

Diga: **Nem sempre é fácil perdoar os outros. Às vezes estamos muito magoados ou bravos para perdoar. Outras vezes, somos egoístas demais. Seja como for, Jesus disse para continuarmos perdoando. Não paramos de jogar quando pegamos a miçanga com o copo. Ficamos "viciados" e continuamos jogando—sempre tentando catar a miçanga mais uma vez. É assim que devemos perdoar. Fique "viciado" em perdoar os outros.** Mande cada aluno repetir a seguinte afirmação, preenchendo o espaço em branco com o maior número de vezes que pegou a miçanga: "Nesta semana irei perdoar não somente____vezes, mas repetidas vezes".

ISSO DÁ CERTO!

As crianças menores podem ter dificuldade em trabalhar com as miçangas. Assim, antes da aula, enfie as miçangas nos barbantes e dê um nó nas duas pontas. Desse modo, as miçangas não escaparão durante a confecção dos bilboquês, independente do que as crianças façam.

O POVO FICA ALEGRE COM JESUS EM JERUSALÉM

4 A 8 ANOS

Mateus 21.1-11; Marcos 11.1-11; Lucas 19.28-44; João 12.12-19

Atividade: As crianças farão vários instrumentos musicais num só.

Material: latas de massa de tomate com tampa ou similar, papelão enrugado, cola quente, fita adesiva, milho de pipoca, colheres de plástico, borrachinha de escritório.

Preparação: Lave e seque bem as latas. Para cada aluno, recorte um pedaço de papel enrugado da altura e circunferência dos potes.

ISSO DÁ CERTO!

Deixe as crianças tocarem seus mil-instrumentos-num-só durante os cânticos.

FAZER é FÁCIL

BANDA MUSICAL DE UM HOMEM SÓ.

Ensino Bíblico: Vamos louvar a Jesus.

1. Ponha uma quantidade suficiente de milho na lata para obter um som legal quando a chocalhar. Cole a tampa na lata e segure-a bem firme na hora de tocar o "instrumento".

2. Com fita adesiva, prenda uma ponta do papelão enrugado na lata (o lado enrugado para fora), dê a volta e cole a outra ponta sobre a primeira com cola quente. Segure firme, conte até dez—devagar—e veja se a cola secou.

3. Passe uma borrachinha em volta do pote. Com a colher, "faça um som da hora" no papel enrugado. Use a colher para "tocar bateria" no fundo do pote. Agite o instrumento como se fosse um chocalho; puxe e solte a borrachinha.

CONEXÃO GAROTADA

Quando as crianças terminarem o projeto, apresente ou recapitule a história bíblica. Pergunte:

• **Qual teria sido o momento mais fantástico de estar em Jerusalém no dia em que Jesus chegou no jumentinho?**

• **Como você teria louvado a Jesus naquele dia?**

• **Como você pode louvar o Senhor hoje?**

Diga: **Nós também podemos louvar a Jesus. A Bíblia até chega a dizer que louvar a Jesus é uma tarefa nossa. Jesus fica super feliz quando nós o louvamos.**

A ÚLTIMA CEIA

Mateus 26.26-30; Marcos 14.12-26; Lucas 22.7-38; João 13.1-38

6 A 12 ANOS

ISSO DÁ CERTO!

Convide o pastor ou outro líder para explicar às crianças o significado da Ceia em sua igreja.

Atividade: As crianças farão etiquetas para lancheiras ou mochilas.

Material: retângulos de papel cartão, canetas hidrográficas/giz de cera, retângulos de papel auto-adesivo transparente, tesoura, furador de papel, fita de seda/fio de lã.

Preparação: Para cada aluno, corte um retângulo de 5x10cm de papel cartão e dois retângulos de 8 x 13cm de papel adesivo. Disponha o material numa área ampla, onde as crianças possam trabalhar sem atropelos.

FAZER é FÁCIL

ETIQUETAS DA MEMÓRIA

Ensino Bíblico: Recordando-se de Jesus.

1. Num lado do retângulo de papel cartão, escreva: "Façam isto em memória de mim" Lucas 22.19. Do outro lado, desenhe um pedaço de pão e um cálice. Enfeite o retângulo como desejar.

2. Retire a proteção de um retângulo de papel adesivo e coloque-o sobre a mesa, com o lado grudento para cima. Ajeite o papel cartão sobre o adesivo, com o desenho para baixo. Retire a proteção do outro retângulo adesivo e cole-o no papel cartão. Deixe o adesivo bem liso, sem nenhuma ruga. Apare as beiradas, mas deixe ½ cm de papel adesivo sobrando.

3. Fure o topo do cartão. Corte um pedaço de fita de 20cm. Passe a fita pelo furo, junte as pontas em um nó. Amarre sua etiqueta na mochila ou lancheira.

CONEXÃO GAROTADA

Reúna a classe e recapitule a história bíblica. Pergunte:

- O que os discípulos deveriam fazer em memória de Jesus?
- De que maneiras podemos nos recordar de como Jesus nos salvou?

Diga: **Muitas vezes nos lembramos de Jesus somente quando estamos ocupados na igreja. Jesus quer que nos lembremos dele sempre— recordemos que ele morreu por nós e nos livrou dos pecados. Sempre que olhar para a etiqueta na lancheira, recorde-se de Jesus e que, um dia, iremos sentar à mesa com ele no Céu.**

MARCOS

DISCÍPULOS SEGUEM JESUS

6 A 10 ANOS

Marcos 1.16-20; Mateus 4.18-22; Lucas 5.27-32; João 1.35-51

Atividade: As crianças farão um jogo chamado Cardume de Peixes.

Material: cópias do molde de peixe (p. 112), lápis de cor, tesouras, clipes de papel.

Preparação: Para cada aluno, faça uma cópia da folha de peixes (p.112) em cartolina branca. Deixe o material à disposição das crianças.

ISSO DÁ CERTO!

Cantem "Pescador de Homens Farei" (APEC, Cânticos de Salvação, Vol. 1, #54.) depois da seção Conexão Garotada.

FAZER é FÁCIL

O QUE VAMOS PESCAR?

Ensino Bíblico: Vamos falar de Jesus aos outros.

1. Recorte os peixes; com os lápis de cor, pinte cada um de um modo diferente.

2. Abra dois clipes de papel, deixando um gancho grande numa das pontas. Enfie um clipe na boca e outro na cauda de um peixe. Faça o mesmo com todos os peixes.

3. Forme dupla com um amigo. Junte os peixes de vocês dois. Tentem unir o maior número de peixes que puderem (em um tempo predeterminado); revezem-se na tarefa. Cada vez que enganchar um peixe no outro, conte a seu parceiro uma coisa que você sabe sobre Jesus.

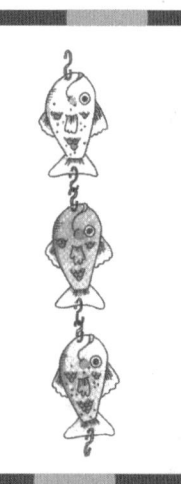

CONEXÃO GAROTADA

Quando as crianças terminarem, reúna-as perto de você, com os projetos em mãos. Apresente ou recapitule a história bíblica. Pergunte:

• **O que você acha que Jesus quis dizer quando falou aos discípulos que eles seriam pescadores de homens?**

• **O que você conta aos outros sobre Jesus?**

Diga: **Pedro, André, Tiago e João eram pescadores antes de conhecerem Jesus. Eles passavam o dia na pesca. Quando Jesus chamou os quatro homens para segui-lo, ele pediu que passassem todo o tempo a seu lado e falassem dele às pessoas. Nós também podemos falar de Jesus aos outros. Podemos ser pescadores de homens.**

MOLDE DE CARDUME DE PEIXES

JESUS ESCOLHE SEUS DISCÍPULOS
8 A 12 ANOS
Marcos 1.16-20; Mateus 4.18-22; Lucas 5.27-32; João 1.35-51

Atividade: As crianças farão cartazes de "Procura-se" para ajudar Jesus a encontrar discípulos.

Material: avisos de "Procura-se" publicados em jornais, papel criativo preto, canetas de gel.

Preparação: Recorte os avisos em tamanho de 23 x 33cm (um aviso para cada aluno). Deixe o material ao alcance das crianças.

ISSO DÁ CERTO!
Leve as crianças para expor seus cartazes de "Procura-se" fora da classe para todos verem.

FAZER é FÁCIL

PROCURA-SE DISCÍPULOS
Ensino Bíblico: Jesus quer que sejamos seus discípulos.

1. Rasgue as beiradas do papel preto para deixá-lo com a aparência de antigo e cole-o no jornal. (O jornal deve ser um pouco maior que o papel preto.)
2. Com a caneta de gel, crie um pôster de "Procura-se". Use a criatividade e descreva você mesmo como é a pessoa que Jesus está procurando para ser discípulo dele.

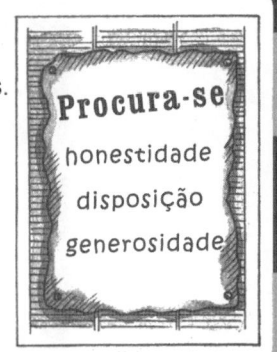

Procura-se
honestidade
disposição
generosidade

CONEXÃO GAROTADA

Quando terminarem, reúna as crianças e seus cartazes. Chame voluntários para ler os versículos da história que você escolher. Pergunte:

- **Em sua opinião, o que significa ser discípulo?**
- **Que tipo de pessoas Jesus escolheu como discípulos?**
- **Se visse e ouvisse Jesus, você gostaria de ser discípulo dele? Por quê?**

Diga: Discípulos são pessoas que querem ser iguais a seus professores. Eles ouvem, observam e aprendem tudo o que puderem com seus mestres. Jesus nos quer como discípulos também. Quando cremos que Jesus é Deus, e desejamos aprender tudo sobre ele e como ele quer que nos comportemos, nós nos tornamos seus discípulos. Jesus quer nos ensinar seus caminhos. Jesus quer que sejamos seus discípulos.

A PARÁBOLA DA SEMENTE DE MOSTARDA

Marcos 4.30-34; Mateus 13.31-32; Lucas 17.5-6

4 a 10 anos

Atividade: As crianças farão jardineiras de flores.

Material: caixas de ovos vazias, canetas hidrográficas, terra para flores, sementes que crescem rapidamente (como as de grama, por exemplo), palitos de dente, retângulos de papel sulfite branco, fita adesiva/cola.

Preparação: Antes da aula, corte as caixas de ovos de maneira que cada aluno fique com quatro taças. Recorte quatro retângulos de 2x4cm para cada aluno.

FAZER é FÁCIL

MINHA CAIXA DE OFERTAS

Ensino Bíblico: Podemos ajudar no crescimento do reino de Deus.

1. Use canetas hidrográficas para enfeitar a parte externa das taças de ovos (não enfeite dentro das taças).

2. Encha de terra as quatro taças e plante nelas algumas sementes.

3. Dobre um pedacinho dos retângulos de papel e cole-os em palitos de dentes, para fazer bandeirinhas. Em cada bandeira, escreva o nome de uma pessoa a quem você irá falar sobre Jesus. Enfie uma bandeira em cada taça. Se precisar, peça a um colega ou professor que ajude você com o projeto.

CONEXÃO GAROTADA

Quando as crianças terminarem, apresente ou recapitule a história. Pergunte:

- **Quem primeiro falou de Jesus a você?**
- **De que maneira você pode ajudar alguém a conhecer Jesus?**

Diga: **A semente de mostarda é pequenininha, mas se transforma num arbusto grande o bastante para dar descanso aos passarinhos. Quando falamos de Jesus aos outros, agimos como a semente de mostarda que é plantada e vai crescendo. Nós ouvimos sobre Jesus e, então, contamos a uma pessoa que vai contar a outra e, logo, muita gente fica sabendo a respeito dele. Quando realizamos nossa parte, falando de Jesus aos outros, ajudamos no crescimento do reino de Deus. Enquanto observam o crescimento de suas sementes, lembrem-se de que estão ajudando o reino de Deus crescer, se falarem dele a essas pessoas importantes cujos nomes você escreveu nas bandeirinhas.**

ISSO DÁ CERTO!

Durante as próximas semanas, reserve alguns minutos das aulas para as crianças relatarem o que anda acontecendo com as pessoas a quem têm procurado falar de Jesus. Alegre-se com os alunos bem-sucedidos. Para incentivar as crianças que estão tendo dificuldades, permita que os colegas lhes ofereçam sugestões de como realizar a tarefa.

JESUS CURA UM CEGO

4 A 12 ANOS

MARCOS 10.46-52; MATEUS 20.29-34; LUCAS 18.35-43

Atividade: As crianças irão enfeitar espelhos de interruptores.

Material: um espelho de interruptor para cada aluno (faça-os de papelão, se preferir), CD markers.

Preparação: Antes da aula, prenda os parafusos atrás dos espelhos, com fita adesiva. (Se confeccionar os espelhos, use papelão/papel cartão/cartolina e canetas hidrográficas para enfeitar.)

FAZER é FÁCIL

UM PRESENTE PARA VOCÊ

Ensino Bíblico: Jesus quer que enxerguemos a verdade.

1. Com o CD marker, escreva seu nome atrás do espelho; na frente, escreva a frase, "Quero enxergar!"

2. Enfeite o espelho com desenhos do que você gostaria de ver se fosse cego e, de repente, começasse a enxergar.

CONEXÃO GAROTADA

Quando as crianças terminarem, apresente ou recapitule a história bíblica. Depois, mande a classe formar grupos de dois ou três alunos para responder às seguintes perguntas:

- Se fosse cego, o que você gostaria de ver?
- Que verdade você pode enxergar a respeito de Jesus?

Diga: **Quando fica escuro, a gente não enxerga nada, mas quando acendemos a luz, enxergamos tudo—a verdade aparece. Ser cego é igual a viver no escuro. A história de hoje é sobre Bartimeu, um homem que não enxergava nada. Ele foi curado porque confiou em Jesus. Quando seus olhos foram abertos, Bartimeu enxergou a verdade. Jesus quer que vejamos todas as verdades da Bíblia. Quando chegar em casa, peça ao papai ou mamãe para ajudar você a colocar o espelho num interruptor. Cada vez que acender a luz, pense em Bartimeu, o homem que enxergou a verdade quando viu Jesus.**

ISSO DÁ CERTO!

Leve as crianças para uma sala sem janelas e apague as luzes. Pergunte o que conseguem ver. Acenda um farolete, e conversem sobre o fato de poderem ver um pouco mais. Acenda as luzes, e conversem sobre o fato de enxergarem tudo agora. Lembre às crianças que quando Jesus curou Bartimeu, ele o curou completamente. Bartimeu passou a ver tudo, tudo!

JESUS OBSERVA A OFERTA DA VIÚVA
Marcos 12.41-44; Lucas 21.1-4

4 a 12 anos

Atividade: As crianças farão seus próprios cofres de ofertas.

Material: potes de margarina/similares, CD markers, canetas hidrográficas, enfeites de borracha EVA, lantejoulas, cola, moedas, papel sulfite branco/colorido.

Preparação: Lave e seque bem os potes. Cubra a tampa com papel colorido. Faça uma abertura nas tampas que seja grande o bastante para moedas de 25 centavos serem depositadas. Em tiras de papel sulfite ou colorido, escreva com caneta hidrográfica: "Meu Cofre de Ofertas". Consiga duas moedas de cinco/dez centavos para cada aluno depositar em suas caixas de ofertas. Estabeleça um espaço onde as crianças deixarão os potes secando.

FAZER é FÁCIL

MINHA CAIXA DE OFERTAS
Ensino Bíblico: Podemos ofertar a Jesus.

1. Com o CD marker, escreva seu nome embaixo do pote; cole a frase: "Meu Cofre de Ofertas" na tampa.

2. Cole desenhos de borracha EVA e lantejoulas no pote e o enfeite com CD markers coloridos.

3. Leve seu pote para secar na área determinada pelo professor.

CONEXÃO GAROTADA

Quando as crianças terminarem a tarefa, apresente ou recapitule a história. Pergunte:

• **No que será que a viúva estava pensando quando ofertou todo o dinheiro que possuía?**

• **Se você fosse um daqueles ricos, como se sentiria ao ouvir Jesus dizer que sua oferta foi menor que a da viúva?**

• **O que você pode oferecer a Jesus?**

Diga: **Jesus e os discípulos estavam observando as pessoas darem suas ofertas. Os ricos depositavam muito dinheiro, mas Jesus disse que a viúva que depositou apenas duas moedas de cobre havia ofertado mais que todo mundo. O que Jesus estava dizendo era que, embora a quantia fosse pequena, a oferta da mulher era maior porque ela havia dado tudo o que possuía. Nós também podemos ofertar a Jesus. Podemos oferecer não apenas dinheiro, mas nosso louvor e adoração, tempo e talentos. Vou entregar duas moedas para vocês depositarem nos seus cofres de ofertas como lembretes da história de hoje. Durante a semana, depositem mais dinheiro, se puderem, e tragam as caixas de volta no próximo domingo, e entreguem suas ofertas na hora apropriada.**

ISSO DÁ CERTO!

Incentive as crianças mais velhas a descobrirem maneiras de ganhar dinheiro durante a semana. Talvez possam fazer pequenas tarefas para vizinhos e familiares. Converse com os alunos sobre ofertarem o dinheiro para Jesus.

MARIA LEVA UM PRESENTE A JESUS
MARCOS 14.3-9

4 A 12 ANOS

Atividade: As crianças irão enfeitar garrafas de óleo para dar de presente.

Material: CD markers/pincéis marcadores permanentes, garrafinhas de 600ml de plástico com tampa, óleo de cozinha, funis, toalhas de papel, lantejoulas, cola branca, pincéis.

Preparação: Antes da aula, divida as lantejoulas em pratinhos descartáveis. Deixe à disposição alguns pratos descartáveis onde vai despejar a cola pouco antes de iniciar a atividade. Estabeleça um espaço onde os projetos ficarão secando.

FAZER é FÁCIL

UM PRESENTE PARA VOCÊ
Ensino Bíblico: É bom presentear os outros.

1. Com o CD marker, escreva seu nome embaixo da garrafinha.

2. Com o funil, encha a garrafa de óleo, e feche-a bem. Com o papel toalha, limpe a garrafa, não deixando nenhum pingo de óleo por fora.

3. Com um pincel, cubra uma parte da garrafa e acrescente lantejoulas. Continue até que a garrafa esteja decorada a seu gosto.

4. Leve a garrafa para secar na área determinada pelo professor.

CONEXÃO GAROTADA

Quando as crianças terminarem o projeto, apresente ou recapitule a história. Pergunte:

- Como você teria reagido se recebesse o presente de Maria?
- Como você se sente quando recebe um presente especial?
- Jesus sentiu a mesma coisa? Por quê?

Diga: **Maria ofereceu a Jesus um presente especial quando despejou um óleo muito cheiroso em sua cabeça. Alguns discípulos não ficaram nada alegres quando viram o que Maria fez. Jesus mandou que eles deixassem Maria em paz porque ela lhe havia oferecido um presente muito especial. Nós também podemos presentear as pessoas. Gostaria que você desse sua garrafa de óleo a alguém e contasse-lhe a história do maravilhoso presente de Maria. A garrafa poderá ser usada como peso de papel ou como objeto de decoração. Cada vez que a pessoa olhar para a garrafa, irá se lembrar da história de Maria.**

ISSO DÁ CERTO!

Após despejar o óleo na garrafa, acrescente algumas gotas de anilina (corante). Feche bem a garrafa e agite-a para misturar o óleo e a anilina. O presente será ainda mais especial!

ISSO DÁ CERTO!

Quando as crianças estiverem mexendo com alimentos, certifique-se de que cada uma toque somente em seu próprio projeto. Corte um pedaço de papel manteiga do tamanho da assadeira. Ao colocar um "túmulo" na assadeira de verdade, escreva o nome da criança no lugar correspondente na assadeira de papel. Assim, quando servir os pãezinhos, cada criança receberá seu próprio túmulo.

A RESSURREIÇÃO DE JESUS

4 A 12 ANOS

Marcos 16.1-20; Mateus 28.1-7; Lucas 24.1-12; João 20.1-31

Atividade: As crianças farão um artesanato comestível que ilustrará o milagre da ressurreição.

Material: forno, massa de pãezinhos (p. 5), açúcar com canela, quadrados de 2-3cm de maria-mole, geléia de mocotó ou marshmallow, manteiga derretida, assadeira, espátula, papel manteiga, pratinhos, guardanapos.

Preparação: Despeje a manteiga derretida numa vasilha; coloque o açúcar com canela em outra vasilha. Aqueça o forno a 180º. Para cada aluno, forre uma área de trabalho com papel manteiga; em cima do papel, coloque uma bola da massa de pão e um pedaço de maria-mole.

FAZER é FÁCIL

PÃEZINHOS DA RESSURREIÇÃO

Ensino Bíblico: Jesus está vivo!

1. Exatamente como as mulheres foram envolver o corpo de Jesus em especiarias, mergulhe seu pedaço de maria-mole na manteiga e depois o role na mistura de açúcar e canela, para acrescentar especiarias.

2. Ponha a maria-mole no meio da massa de pão. Feche bem a massa em volta da maria-mole. (Não deixe nenhum espaço aberto.) Lembra-se de como os guardas selaram o túmulo de Jesus?

3. Coloque seu pão na assadeira. O professor irá deixar o pãozinho assar a 200º por 15-20 minutos (até ficar levemente dourado).

TESTE DE ALERGIA

Esteja ciente de que algumas crianças podem ser alérgicas a algum alimento. Conheça bem seus alunos; converse com os pais. Leia cuidadosamente os rótulos dos produtos usados; ingredientes "acima de qualquer suspeita" podem causar alergias gravíssimas, ou outros problemas.

CONEXÃO GAROTADA

Depois de as crianças lavarem as mãos, reúna a classe para a revisão da história. Coloque os pães em pratinhos e sirva-os às crianças; peça que alguém ore antes do lanche. (Os pãezinhos estarão estufados, exatamente como estavam antes de irem ao forno, porém quando as crianças morderem, descobrirão que estão vazios por dentro.) Dê tempo para o lanche. Pergunte:

• O que aconteceu a "Jesus" dentro do túmulo que você fez com a massa?

• O que será que as mulheres da história bíblica pensaram quando viram o túmulo vazio?

• O que você pensaria se fosse visitar o túmulo e descobrisse que Jesus não estava lá?

Diga: **Vocês ficaram espantados ao morder os pãezinhos e descobrir que estavam vazios. Vocês tinham certeza de terem posto alguma coisa dentro deles. Os pães continuavam fechadinhos quando saíram do forno, mas estavam vazios. Imaginem como vocês ficariam surpresos e alvoroçados se fossem visitar o túmulo e descobrissem que ele estava vazio. Que maravilha descobrir que tudo o que Jesus falou e fez eram mesmo verdade. Somente o Filho de Deus poderia vencer a morte. Ele morreu para nos libertar de nossos pecados. Ele ressuscitou e foi para o Céu preparar um lugar para todos nós. Jesus está vivo!**

ANUNCIANDO O EVANGELHO EM TODOS OS LUGARES

8 A 12 ANOS

Marcos 16.15-17; Mateus 28.18-20; Lucas 24.44-49

Atividade: As crianças farão globos magnéticos.

Material: cartolina, tesouras, canetas esferográficas, folhas de EVA azul e verde, folhas de imãs auto-adesivos, cola branca, um globo terrestre ou mapa-múndi (figura na p. 105), cópias de Marcos 16.15.

Preparação: Antes da aula, recorte, em cartolina, vários círculos de 15cm para as crianças usarem como moldes. Cada aluno deve receber um pedaço de 2,5cm de imã e uma cópia do versículo de Marcos 16.15.

FAZER É FÁCIL

ANUNCIAREI AO MUNDO

Ensino Bíblico: Fale de Jesus a todas as pessoas.

1. Com a caneta esferográfica, trace o círculo na EVA azul e recorte-o. Cole o imã atrás do círculo azul.

2. Recorte a folha de EVA verde em pedaços da Terra de qualquer formato. Use o globo/mapa como guia.

3. Arranje os pedaços da Terra e o versículo bíblico sobre o círculo azul. (Opcional: copiar Marcos 16.15 com CD markers sobre o EVA verde)

4. Passe um pouquinho de cola nos pedaços de borracha e no versículo e fixe-os no lugar.

CONEXÃO GAROTADA

Quando as crianças terminarem o projeto, apresente ou recapitule a história. Pergunte:

- **Qual é a importância de falarmos sobre Jesus aos outros?**
- **Como você se sente quando fala de Jesus a alguém?**
- **A quem você poderá falar de Jesus nesta semana?**

Diga: **A Bíblia deixa bem claro que devemos falar de Jesus aos outros. A tarefa não foi dada apenas aos discípulos ou às pessoas do tempo de Jesus. A tarefa também é nossa!**

LUCAS

O NASCIMENTO DE JESUS
Lucas 2.8-20
6 A 10 ANOS

Atividade: As crianças farão cartões em dobradura para compartilharem da alegria pelo nascimento de Jesus.

Material: Papel criativo, tesouras, giz de cera/canetas hidrográficas/lápis de cor, cola.

Preparação: Dobre uma folha de papel criativo no meio. No centro da folha, risque duas linhas verticais de 5cm a partir da dobra e distantes 2,5cm uma da outra. Prepare uma folha para cada aluno.

FAZER é FÁCIL

DOBRADURA DE PASTORZINHO

Ensino Bíblico: Vamos nos alegrar com o nascimento de Jesus.

1. Com a tesoura, corte as linhas marcadas na folha dobrada. Abra a folha e puxe o pedaço cortado (na sua direção) de modo que ele fique para fora; fecha o cartão e faça o vinco nas dobras. Este pedaço é a dobradura do cartão.

2. Dobre outra folha de papel criativo no meio e marque o vinco. Abra esta folha e cole a primeira dentro dela. Atenção: não cole a dobradura na folha.

3. Desenhe uma manjedoura (conforme o desenho ao lado) na parte externa do cartão.

4. Em um pedaço de papel, trace um pastorzinho (molde acima) e recorte-o. Abra o cartão e cole as costas do pastorzinho na dobradura.

5. Escreva uma notícia fantástica para seu pastorzinho anunciar.

CONEXÃO GAROTADA

Reúna a classe num círculo.

Diga: **Vocês acabaram de fazer cartões para compartilhar com os outros a alegria do nascimento de Jesus. Quando Jesus nasceu, os pastores de ovelhas foram as primeiras pessoas a anunciar as boas novas.** Diga às crianças para encenarem as emoções e atitudes dos pastores, enquanto você lê, em voz alta, Lucas 2.8-20. Pergunte:

• Como você acha que os pastores se sentiram ao ver o menino Jesus?

• Por que você acha que os pastores contaram a todo mundo o que viram?

• Como você compartilha boas notícias com outras pessoas?

Diga: **Depois de ver e ouvir o anúncio do anjo, os pastores tiveram certeza que Jesus era o Messias prometido—o Filho de Deus por quem eles esperavam há muito tempo. Assim como os pastores fizeram, nós também podemos participar da enorme alegria pelo nascimento de Jesus.**

ISSO DÁ CERTO!

Providencie envelopes para os cartões. Programe levar sua classe para entregar os cartões a outra classe ou a um grupo da comunidade.

SIMEÃO E ANA SAÚDAM JESUS

6 A 10 ANOS

Lucas 2.22-40

Atividade: As crianças farão lanternas.

Material: papel criativo/similar colorido, tesouras, grampeadores, adesivos brilhantes, potinhos de vidro (como os de papinha), velas curtas arredondadas, caixas de fósforos.

Preparação: Para todas as crianças, prepare uma folha dobrada ao meio no sentido vertical (será o vinco no meio da lanterna). Para as crianças menores dobre novamente a folha, agora no sentido horizontal, e risque as tiras no papel para elas seguirem (conforme passos 1 e 2 abaixo). Disponha o material na área estabelecida. Deixe a caixa de fósforos longe das crianças.

FAZER é FÁCIL

LUZ PARA AS NAÇÕES
Ensino Bíblico: Jesus é a luz para todas as pessoas.

1. Dobre a folha ao meio, em sentido horizontal; a dobra fica voltada para você.

2. Corte o papel em tiras, começando na dobra e parando a 2,5cm das beiradas. As tiras devem ficar uns 3cm (dois dedos) umas das outras

3. Desdobre o papel e enrole-o em sentido vertical, formando um tubo. Grampeie as margens de fora a fora. Enfeite a lanterna com adesivos aqui e ali.

4. Coloque a vela dentro do potinho de vidro e coloque a lanterna ao redor do potinho.

CONEXÃO GAROTADA

Acenda uma lanterna para as crianças verem o que acontece. Apague as luzes para que o brilho da lanterna se destaque. Pergunte:

- **Qual o efeito da luz sobre a escuridão?**
- **O que aconteceria se eu apagasse a vela?**

Conte a história da apresentação de Jesus no templo, e leia Lucas 2.29-32 numa tradução fácil de as crianças entenderem. Pergunte:

- **De que maneira Jesus é parecido com a luz?**
- **Como Jesus é luz para todas as pessoas do mundo?**

Diga: **Simeão previu que Jesus seria a luz das nações. Esta foi uma notícia importante porque os judeus acreditavam que somente eles—e mais ninguém—receberiam ajuda do Salvador. Mas quando Jesus veio, ele mostrou a todas as pessoas—a todas as nações—que ele as amava e queria que todo mundo o conhecesse. Jesus é a luz para todas as pessoas.**

JESUS CRESCE
LUCAS 2.41-52

8 A 12 ANOS

ISSO DÁ CERTO!

Dê alguns minutos para as crianças explicarem que tipos de fotos gostariam de expor no porta-retrato. Conversem sobre as fotos que combinariam com os títulos das molduras.

Atividade: As crianças farão molduras para expor fotos indicando que elas crescem como Jesus cresceu.

Material: papel cartão, folhas de borracha EVA, réguas, tesouras, lápis, cola, CD markers pretos, fitas de 5cm de largura, artigos de artesanato, como fita métrica, carimbos/adesivos de letras, adesivos de sorrisos, glitter dourado.

Preparação: Recorte as folhas de papel cartão e EVA em retângulos de 13x18cm. Cada aluno precisará de quatro retângulos de cada material. Corte a fita em pedaços de 80cm.

FAZER é FÁCIL

PORTA-RETRATO DO CRESCIMENTO

Ensino Bíblico: Crescemos como Jesus cresceu.

1. Com lápis e régua, marque 2,5cm, de fora para dentro, em toda a margem de um retângulo de EVA. Você terá um retângulo dentro do outro. Corte o retângulo interno. Use esta moldura como exemplo para fazer as outras três.

2. Cole apenas a base e os lados de cada moldura em um retângulo de papel cartão; as fotos serão deslizadas pela abertura superior.

3. Escreva uma frase em cada moldura: "Crescendo em Altura"; "Crescendo em Sabedoria", "Amado por Deus"; "Amado pelos Outros". Enfeite cada moldura com os materiais disponíveis.

4. Dê uma laçada em uma ponta da fita. Espace igualmente as molduras pelo comprimento da fita, e cole-as no lugar.

CONEXÃO GAROTADA

Conte a história de Lucas 2.41-51, e leia o versículo 52 numa tradução fácil de as crianças entenderem. Pergunte:

- **Em que Jesus era diferente das outras crianças?**
- **Por que é importante saber que Jesus obedecia aos pais?**
- **O que vem a sua mente ao saber que Jesus cresceu exatamente como você está crescendo?**

Diga: **A Bíblia diz que Jesus cresceu fisicamente, mentalmente, espiritualmente e socialmente, de todas as maneiras que vocês estão crescendo. Embora Jesus fosse totalmente Deus, ele também era totalmente humano. Jesus nunca pecou, mas ele cresceu da mesma maneira que nós crescemos.**

SATANÁS TENTA JESUS

LUCAS 4.1-13; MATEUS 4.1-11; MARCOS 1.12-13

8 A 12 ANOS

Atividade: As crianças farão figuras de vitrais.

Material: folhas de lixa fina, giz de cera, ferro de passar roupa, papel sulfite branco.

Preparação: Ligue o ferro em temperatura média-alta. Certifique-se da segurança do local e de que haja supervisão de um adulto, para que nenhuma criança se queime.

FAZER É FÁCIL

PINTURAS DE DESERTO

Ensino Bíblico: Deus nos ajuda quando somos tentados.

1. Com o giz de cera, desenhe na folha de lixa uma ocasião em que você foi tentado. Use bastante giz, e aperte-o contra o papel.

2. Leve o desenho para o lugar onde está o ferro. Ponha a lixa na tábua com o desenho para cima e cubra-a com papel sulfite. Passe o ferro até que o desenho de giz apareça no papel.

3. Segure o papel contra uma janela para que a luz brilhe através do desenho. O efeito será o de um vitral.

CONEXÃO GAROTADA

Quando as crianças terminarem os vitrais, apresente ou recapitule a história. Pergunte:

• Quando Jesus estava no deserto sendo tentado por Satanás, qual tentação deve ter sido a mais difícil para Jesus vencer?

• Como Deus ajudou Jesus a vencer a tentação?

• Como Deus ajuda você quando uma tentação aparece?

Diga: **Hoje nós desenhamos na lixa. A lixa nos lembra da ocasião que Jesus foi tentado por Satanás no deserto. Quando as tentações de Satanás aparecerem, vamos nos lembrar de que Deus tem poder para nos ajudar. A melhor maneira de fazermos isso é seguindo o exemplo de Jesus, e usando versículos bíblicos para combater as tentações de Satanás. Quando foi tentado por Satanás, Jesus citou versículos da Bíblia. Cada vez que você for tentado, pare e peça que Deus o ajude a se lembrar dos versículos que leu na Bíblia. Deus nos socorre quando somos tentados.**

ISSO DÁ CERTO!

O mercado oferece várias Bíblias com concordâncias no final. Leve uma ou mais para a classe e ensine os alunos a procurar uma área em que, talvez, estejam batalhando, e a encontrar versículos que os ajudem. Ensine as crianças a usar a Palavra de Deus como defesa, exatamente como Jesus fez.

O CONSTRUTOR SÁBIO E O TOLO

6 A 10 ANOS

Lucas 6.47-49; Mateus 7.24-29

Atividade: As crianças farão textura de fricção para desenhar uma figura original.

Material: papel de rascunho/manilha, giz de cera, tijolos/pedras grandes, blocos de madeira, tesouras, cola, papel criativo.

Preparação: Sobre uma mesa, arranje o papel de rascunho, as pedras ou tijolos e alguns blocos de madeira, e em outra, as tesouras, a cola e o papel criativo. Deixe um punhado de giz de cera nas duas mesas.

FAZER é FÁCIL

FIGURAS TEXTURIZADAS DE ROCHA

Ensino Bíblico: Jesus é a nossa rocha.

1. Se necessário, remova o rótulo dos gizes de cera. Cubra a pedra ou tijolo com o papel de rascunho. Esfregue o lado de um giz de cera no papel e observe a textura aparecer.

2. Agora, cubra o bloco de madeira e esfregue o giz de cera nele. Faça isso em todo o papel, para obter uma área grande com a textura da madeira. Vá para a outra mesa.

3. Desenhe o contorno de uma casa sobre a textura da madeira e recorte-a. Recorte uma seção da textura de pedra para usar como chão.

4. Cole a textura da pedra na base de uma folha de papel criativo; depois, cole a casa de modo que dê a impressão de ter sido construída na rocha.

5. Desenhe você mesmo perto da casa. Acrescente detalhes como árvores, animais de estimação e outras pessoas.

ISSO DÁ CERTO!

Antes de os alunos friccionarem a pedra, apresente uma assadeira com areia (coberta com papel) e mande que esfreguem o giz na areia. Depois, diga para compararem a fricção da areia com a da rocha. As crianças irão perceber que a areia se move, dificultando a fricção. Use o contraste que fizeram para enfatizar o ensino de que a rocha é forte e fica firme no lugar— uma boa ilustração da força de Jesus.

CONEXÃO GAROTADA

Coloque uma panela com pedras e outra com areia em frente das crianças. Faça um morro de areia e outro de pedras. Coloque um bloco de plástico no topo de cada morro.

Diga: **Vamos fazer de conta que estes bloquinhos são casas. Pergunte:**

• **O que vocês acham que vai acontecer se o vento soprar sobre estas casas?**

Deixe que alguns voluntários soprem nas casas. É possível que um pouco de areia se espalhe na panela, mas as duas casas devem permanecer em pé. Pergunte:

• **O que acontecerá se chover sobre estas casas?**

Despeje água sobre as casas. A casa na areia deve balançar um pouco.

Diga: **A Bíblia fala sobre duas casas iguais a estas. Leia a história em Lucas 6.47-49. Pergunte:**

• **Qual a diferença entre a areia e as pedras usadas no seu projeto?**

• **Por que Jesus se comparou a uma rocha sólida?**

Diga: **Jesus explicou que crer nele e o obedecer é como construir uma casa na rocha firme. Embora as coisas sejam instáveis como a areia, sabemos que Jesus é nossa rocha sólida, firme.**

O SEMEADOR E AS SEMENTES

4 A 8 ANOS

LUCAS 8.4-15; MATEUS 13.1-23; MARCOS 4.1-20

Atividade: As crianças farão quadros tangíveis que contam a história bíblica.

Material: Cópias de "O Semeador" (p. 126), sóis de feltro amarelo, giz de cera/lápis de cor, cola, sementes, pedrinhas, pompons cintilantes (para fazer, ver p. 5).

Preparação: Faça uma cópia de "O Semeador" (p. 126) em papel cartão branco para cada aluno. Recorte círculos de feltro amarelo para representarem os sóis. Faça pompons cintilantes de lã branca cintilante.

FAZER é FÁCIL

O SOLO BOM E FÉRTIL

Ensino Bíblico: Deus quer que cresçamos.

1. Pinte seu desenho.

2. Cole as sementes na mão do semeador, e também no caminho, para os pássaros comerem.

3. Cole as pedrinhas e o sol de feltro amarelo (no quadrado "O caminho rochoso").

4. Cole os pompons nas ervas daninhas; com giz de cera, desenhe os talos descendo pela terra boa.

CONEXÃO GAROTADA

Depois que as crianças terminarem, peça para indicarem o quadrado certo enquanto você apresenta ou recapitula a lição. Pergunte:

• Se você fosse uma semente, onde você gostaria de ser jogado? Por quê?

• De que maneira podemos crescer em Deus?

Diga: Quando Jesus contou essa história, ele estava dizendo que os solos diferentes eram como as diferentes pessoas. Quando estudamos ou ouvimos a Bíblia, oramos e vamos à igreja, crescemos fortes e saudáveis. Quando fazemos todas essas coisas, somos como a terra boa.

ISSO DÁ CERTO!

Ao trabalhar com crianças pequenas em projetos de muitos passos, é sempre bom estar organizado. Para manter tudo certinho para os quadrados da figura, ajeite todos os objetos de um quadrado em um saco de plástico e ponha uma etiqueta. Entregue às crianças apenas os objetos referentes ao quadrado da vez. Quando todas as crianças terminarem um quadrado, escolha outro saquinho e reinicie o processo. O projeto pode ser realizado enquanto você conta a história; as crianças completam cada quadrado quando você terminar aquela parte da história.

O SEMEADOR

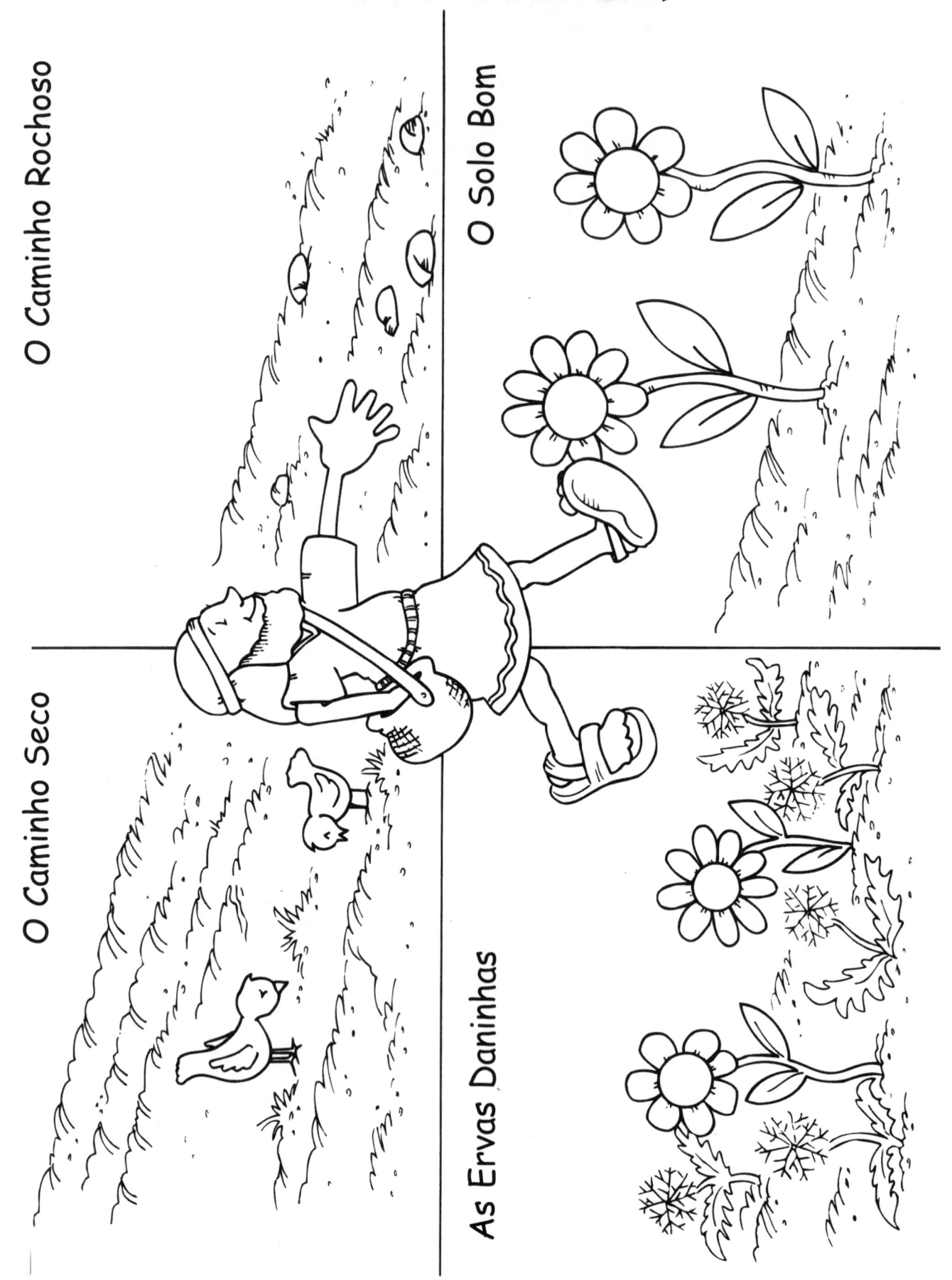

O Caminho Rochoso

O Solo Bom

O Caminho Seco

As Ervas Daninhas

126

JESUS CONTA SOBRE O BOM SAMARITANO
Lucas 10.30-37

8 A 10 ANOS

Atividade: As crianças farão chaveiros em forma de "kits de primeiros socorros".

Material: moldes de cartolina (ver abaixo), folhas de borracha EVA, lápis, tesouras, furador de papel, fio de plástico/lã grossa, argolas de chaveiro, Band-aids, Opcional: tubos de 10ml de soro. (Explique às crianças que o soro é para lavarem as mãos, e nada mais!)

Preparação: Corte vários retângulos de cartolina de 6,5 x 10cm (fig.1) e etiquetas de 6,5 x 12,5cm (fig.2). As crianças usarão estes retângulos como moldes.

ISSO DÁ CERTO!

Se quiser modificar o projeto, em vez de um kit de primeiros socorros, transforme-o num colar. Use outro retângulo no lugar da etiqueta. Depois de costurar os três lados dos triângulos, amarre uma fita comprida nos dois últimos furos laterais (no topo) para servir de corrente.

Pode fazer o projeto com papel cartão e costurar com lã, se preferir.

FAZER é FÁCIL

KIT DE PRIMEIROS SOCORROS PARA VIAGEM

Ensino Bíblico: Vamos ajudar os necessitados.

1. Use os moldes para traçar um retângulo e uma etiqueta na borracha EVA. Recorte ambos.

2. Faça vários furos nas laterais e na base da etiqueta e um furo no topo. No retângulo, faça furos nos mesmos lugares dos furos da etiqueta (menos no topo).

3. Com o fio de plástico, costure o retângulo na etiqueta.

4. Coloque alguns Band-aids e um tubo de soro dentro do "chaveiro".

5. Amarre um pedaço de fita no furo superior da etiqueta; amarre a fita numa argola e dê um nó.

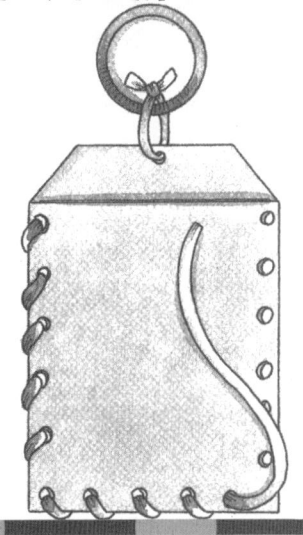

CONEXÃO GAROTADA

Reúna a classe em círculo. Pergunte:

• **Quando você acha que seu kit de primeiros socorros será útil?**

Conte a história do bom samaritano em Lucas 10.30-37. Pergunte:

• **Qual a diferença entre o samaritano e os dois primeiros homens que passaram pelo viajante caído na estrada?**

• **Você já recebeu ajuda de um desconhecido? O que aconteceu?**

Diga: **Nos tempos bíblicos, os judeus e os samaritanos não eram amigos. Os ouvintes de Jesus ficaram espantados ao saber que, na história, o homem que mostrou compaixão foi um samaritano e não o sacerdote nem o levita. Jesus contou essa história para ensinar que nós também devemos ajudar qualquer pessoa necessitada. Prenda seu kit de primeiros socorros em sua mochila, e você estará pronto a socorrer quem precisar de sua ajuda.**

FIGURA 1

FIGURA 2

JESUS VISITA MARIA E MARTA

8 A 12 ANOS

Lucas 10.38-42

Atividade: As crianças farão faixas que representam a amizade de Maria, Marta e Jesus.

Material: fio de lã/similar, papel criativo/cartolina, lápis, tesouras, furadores de papel, moldes de coração, contas de madeira/plástico, tiras de pano barato, canetas hidrográficas pretas.

Preparação: Corte o fio de lã em pedaços de um metro. Em uma mesa, deixe o papel criativo/cartolina, lápis, tesouras, moldes de coração (p. 93) e furadores de papel. Em outra mesa, deixe os pedaços de lã, contas, tiras de tecido e canetas hidrográficas.

FAZER É FÁCIL

FAIXA DE MÃOS E CORAÇÕES

Ensino Bíblico: Jesus quer nosso coração mais que o nosso serviço.

1. Trace suas duas mãos no papel criativo, e recorte-as. (Peça a ajuda de um amigo para traçar a mão "que escreve", se precisar.)

2. Trace o molde de coração três vezes; recorte os corações.

3. Faça dois furos, lado a lado, próximo ao topo dos corações e mãos (dois furos de cada lado).

4. Enfileire os corações e as mãos no fio de lã, alternadamente. Separe os desenhos com algumas contas ou tirinhas de tecido.

5. No coração do meio, escreva: "Mãos para trabalhar, corações para Deus".

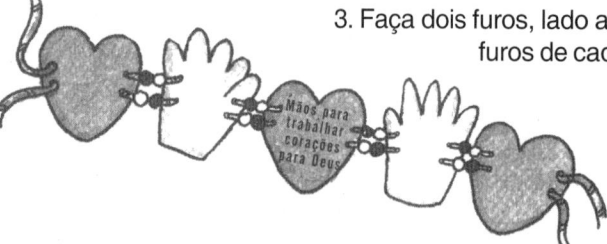

CONEXÃO GAROTADA

Recapitule a história de Maria e Marta em Lucas 10.38-42. Pergunte:

• Como foi que Maria e Marta quiseram mostrar que amavam Jesus?

• Por que você acha que Jesus disse que Maria havia escolhido "a boa parte"?

• Você se acha mais um fazedor (igual a Marta) ou um ouvinte (igual a Maria)? Por quê?

Diga: Às vezes nós temos que trabalhar—como Marta fez—porém nosso amor, nosso tempo e nossa atenção mais importantes têm de ser dados a Jesus. Ele adora quando passamos tempo com ele—lendo a Bíblia, orando e ouvindo sua voz. Jesus quer nossos corações mais do que nosso serviço.

ISSO DÁ CERTO!

Se as crianças não forem levar as faixas para casa, de imediato, junte todas, forme um desenho (uma guirlanda, por exemplo) e enfeite a classe.

JESUS CURA A MULHER CORCUNDA
LUCAS 13.10-17

6 A 10 ANOS

Atividade: As crianças farão "Bombinhas da Libertação".

Material: papel de seda de várias cores, tubos de papelão (papel higiênico), fita encaracolada, fita adesiva transparente, doces ou brinquedinhos (apitos, argolas de plásticos, enfeites), adesivos, cesta grande.

Preparação: Corte os tubos em pedaços de 5cm. Corte os papéis de seda em retângulos de 15 x 23cm. Deixe o restante do material à disposição dos alunos.

FAZER é FÁCIL

BOMBINHAS DA LIBERTAÇÃO
Ensino Bíblico: Celebrar nossa liberdade em Jesus.

1. Coloque dois retângulos de papel de seda (um em cima do outro) com a margem mais larga para você. Ponha um tubo de papelão no meio da ponta voltada para você. Enrole o papel no tubo, e prenda com fita adesiva. Vai sobrar uns 5cm de cada lado do papel.

2. Amarre um pedaço de fitinha encaracolada numa das pontas do papel. Coloque um objeto-surpresa dentro do tubo. Amarre um pedaço de fita na outra ponta da bombinha.

3. Decore a bombinha com pedaços de papel de seda e/ou adesivos. Deixe a bombinha guardada na cesta.

CONEXÃO GAROTADA

Diga: **Enquanto lemos a história bíblica de hoje, vamos descobrir quem precisava ser liberto por Jesus.**

Chame voluntários para fazer a leitura de Lucas 13.10-17 numa tradução fácil às crianças. Pergunte:
- **O que vocês acham que Jesus pensou logo que viu a mulher corcunda?**
- **Como Jesus libertou a mulher?**
- **O líder da sinagoga precisava ser liberto do quê?**

Diga: **Nos tempos de Jesus, alguns professores da sinagoga gostavam de dar uma de importantes e obrigavam as pessoas a seguirem um monte de regras. Jesus sabia que o coração desses professores estava cheio de pecado, mesmo que eles praticassem boas ações e parecessem certinhos. Jesus libertou a mulher de sua doença, e também queria livrar o líder da sinagoga de seu orgulho. Jesus pode nos libertar de uma porção de coisas que nos impedem de ficar cada vez mais próximos dele.** Pergunte:
- **Do que você gostaria que Jesus o libertasse?**

Diga: **As bombinhas que fizemos são um símbolo de libertação. Quando forem abertas—libertadas—receberemos uma surpresa. Vamos celebrar a liberdade que vem de Jesus.** Deixe cada aluno pegar uma bombinha—que não seja a própria—da cesta. Quando você der o sinal, todos abrem as bombinhas e recebem a surpresa.

ISSO DÁ CERTO!

Para uma celebração ainda mais da hora, entregue uma porção de confetes ou serpentinas para os alunos colocarem dentro das bombinhas.

JESUS PROCURA A OVELHA PERDIDA
6 A 10 ANOS
Lucas 15.3-7; Mateus 18.10-14

Atividades: As crianças farão ovelhas que se escondem.

Material: pompons brancos de três tamanhos diferentes (para fazer, ver p. 5), cola, olhinhos móveis, arame encapado de chenile preto, tesouras, barbante, copos descartáveis de isopor, canetas, contas de madeira/plástico.

Preparação: Para cada aluno, corte três pedaços do mesmo tamanho de arame (8cm) e um pedaço de barbante de 30cm. Deixe todo o material à disposição dos alunos.

FAZER é FÁCIL

A OVELHA PERDIDA E ACHADA
Ensino Bíblico: Jesus sempre nos encontra.

1. Cole um pompom médio em um grande, formando a cabeça e o corpo da ovelha. Cole um pompom pequeno como a cauda da ovelha.

2. Cole os olhinhos na ovelha. Corte um pedaço de arame em dois. Dobre os dois pedaços ao meio para fazer as orelhas, e cole-as no lugar.

3. Dobre mais dois pedaços de arame em forma de U e cole-os na ovelha como se fossem pernas.

4. Amarre um pedaço de barbante no pescoço da ovelha.

5. Com um lápis, fure o fundo do copo. Passe a ponta livre do barbante por dentro do copo e pelo furo. Amarre uma conta de madeira na ponta do barbante, para ele não escorregar pelo furo.

CONEXÃO GAROTADA

Deixe que as crianças puxem as ovelhas para dentro dos copos. Explique que os copos são como os apriscos que abrigam um rebanho grande de ovelhas, mas a ovelha está sempre fugindo. Leia a história em Lucas 15.3-7. Pergunte:

• Você já ficou perdido? O que você sentiu?
• O que o pastor fez ao notar que uma ovelha estava perdida?
• O que teria acontecido se a ovelha fosse abandonada onde estava?
• O que você acha que a ovelha sentiu ao ser encontrada e levada para casa?

Diga: **Jesus contou essa história para que o povo entendesse que ele é igual a um pastor que procura as ovelhas perdidas. Jesus procura as pessoas que estão perdidas em seus pecados. Igual à ovelha perdida, essas pessoas estão bem distantes de Deus e são incapazes de encontrá-lo. Jesus se alegra muito ao encontrar os perdidos e levá-los de volta para casa—para juntinho dele. Jesus sempre nos encontra.**

ZAQUEU SOBE NUMA ÁRVORE PARA VER JESUS

6 A 8 ANOS

Lucas 19.1-10

Atividade: As crianças farão quadros que mudarão com o acréscimo de adesivos artesanais.

Material: Papel criativo branco, giz de cera, tesouras, mistura de cola, pincéis, papel manteiga, esponja/toalha molhada.

Preparação: Misture ½ xícara (chá) de cola branca com 2 colheres (sopa) de vinagre. Despeje a mistura em várias tigelas de plástico. Em uma mesa, deixe o papel criativo, tesouras e giz de cera. Cubra outra mesa com folhas de jornal e deixe ali a mistura de cola e os pincéis.

FAZER é FÁCIL

ZAQUEU É UM GRUDE

Ensino Bíblico: Jesus nos faz diferentes.

1. Numa folha inteira de papel criativo, desenhe uma paisagem que inclua uma árvore grande; deixe espaço para acrescentar outros detalhes mais tarde.

2. Em outra folha de papel, desenhe a figura de um homem baixinho—Zaqueu— e a figura de Jesus. Se quiser, acrescente outros detalhes, como pássaros, raios de sol, pessoas. Pinte as figuras e recorte-as.

3. Vá para a outra mesa, e passe cola nas costas das figuras recortadas. Capriche no pincel e cola. Ponha as figuras sobre o papel manteiga, para secar (com o lado com cola para cima).

4. Quando os adesivos (figuras) tiverem secado, umedeça-os com a esponja e cole-os no cenário do papel criativo.

CONEXÃO GAROTADA

Diga: **Suas figuras mudam quando vocês acrescentam mais detalhes. Elas ficam mais coloridas e interessantes. Jesus pode mudar nossas vidas, também. Ouçam com atenção a história de como Jesus mudou a vida de um homem.**

Revezem-se lendo a história de Zaqueu em Lucas 19.1-10. Pergunte:

- **No começo da história, o que era mais importante na vida de Zaqueu?**
- **O que você acha que Zaqueu pensou quando, finalmente, viu Jesus?**
- **No fim da história, o que mudou em Zaqueu?**

Diga: **Nos tempos bíblicos, os coletores de impostos eram famosos por roubarem pessoas inocentes na hora do pagamento. Zaqueu era um desses riquíssimos coletores de impostos. Mas depois de conhecer Jesus, Zaqueu decidiu mudar. Ele prometeu ajudar os pobres e a devolver mais dinheiro do que havia roubado das pessoas.**

Quando passamos a amar Jesus, temos vontade de lhe obedecer e ser cada vez mais parecidos com ele. Jesus pode nos ajudar a mudar, também.

ISSO DÁ CERTO!

Depois que todos os adesivos estiverem secos, sugira aos alunos que troquem seus adesivos e figuras com um amigo. Isso lhes dará a "surpresa" de completar um cenário diferente.

JOÃO

DEUS HABITA ENTRE NÓS
João 1.4-5

6 A 10 ANOS

Atividade: As crianças construirão faróis como lembretes de que Jesus é a luz que brilha nas trevas.

Material: rolos de papel higiênico, cartolina, papel sulfite branco, fita adesiva preta, adesivos pequenos amarelos (ou fita adesiva amarela cortada em quadradinhos), canetas hidrográficas vermelhas/gizes de cera vermelhos, cola, tampas de garrafa de dois litros.

Preparação: Na cartolina, desenhe círculos 4,5cm. Se quiser, use um tubo como molde; desenhe um círculo para cada aluno. Corte um retângulo de 11x15cm de papel sulfite para cada criança. Reúna um tubo, um retângulo de cartolina e duas tampas para cada aluno. Deixe o restante do material à disposição da turma.

FAZER é FÁCIL

BEM-VINDO, JESUS!

Ensino Bíblico: Jesus iluminará nosso caminho.

1. Cole o círculo de cartolina numa ponta do tubo de papelão.
2. Faça faixas vermelhas no retângulo de papel e cole-o ao redor do tubo.
3. Com fita adesiva preta, junte uma tampa sobre a outra. Cole as tampas no tubo de papelão. Corte quadradinhos de adesivos e cole-os nas tampas, imitando janelas.

CONEXÃO GAROTADA

Quando as crianças terminarem seus faróis, reúna a classe. Chame voluntários para fazerem a leitura de João 1.4-5. Pergunte:

- **Como os faróis ajudam quem está no mar?**
- **Como a luz de Jesus Cristo nos ajuda?**
- **Para quem a luz de Jesus brilha?**

Diga: Quando alguém se perde no mar, os faróis ajudam a pessoa a encontrar o caminho de casa. Jesus é parecido com um farol porque ele nos dá a luz da esperança que nos ajuda em tempos difíceis, quando estamos perdidos, confusos, sozinhos. Basta ler a Bíblia e pedir ao Senhor que nos mostre o que fazer.

JESUS REALIZA SEU PRIMEIRO MILAGRE
João 2.1-10

6 A 10 ANOS

Atividade: As crianças farão potes de água de "argila" como lembres do milagre de Jesus em Caná.

Material: potes de iogurte/similares (estilo Itambé, copo liso, sem ser enrugado), papel sulfite branco, cola, pincéis, esponjas cortadas em tiras, tinta guache marrom, tinta acrílica roxa, jalecos/camisetas velhas.

Preparação: Corte retângulos de papel branco no tamanho da circunferência dos potes de iogurte. Para cada criança, junte um pote, um pincel, um retângulo de papel e uma tira de esponja. Deixe o restante do material à disposição da classe. Abra todas janelas para melhorar a ventilação, por causa da tinta acrílica.

FAZER é FÁCIL

ÁGUA OU VINHO?
Ensino Bíblico: Jesus tem poder para realizar milagres.

1. Vista o jaleco/camiseta para proteger a roupa. Cole o retângulo de papel em volta do pote de iogurte.

2. Pinte o interior do pote de roxo, deixando um espaço branco de 0,5cm no topo. Pinte o exterior do pote de guache marrom da seguinte maneira: molhe a ponta da esponja na tinta e pressione-a com cuidado no pote todo para obter o efeito rústico da argila.

3. Quando o pote secar, chame um amigo e revezem-se em contar a história bíblica.

CONEXÃO GAROTADA

Quando as crianças terminarem o projeto, reúna a classe em círculo. Apresente ou recapitule a história. Pergunte:

- **Quem deu poder para Jesus realizar milagres?**
- **Por que você acha que Jesus realizou o milagre de Caná?**
- **O que aconteceria de despejássemos água nos potes que acabamos de fazer?**

Diga: **Se despejarmos água nos potes que fizemos, ela vai parecer vinho por causa da tinta roxa. Isso nos ajudará a lembrar do milagre de Jesus em Caná. Através de um milagre, Jesus transformou a água dos potes em vinho. Se pedirmos, Jesus Cristo nos ajuda com todos os problemas, não importa se são imensos ou pequeninhos.**

ISSO DÁ CERTO!

Se tiver tempo, construa seu "pote de água" em casa e use-o para demonstrar a água clara caindo no pote e sendo "transformada em vinho".

Sugira às crianças que usem os potes em casa como vasos de planta ou para guardar chaves, moedas, clipes, etc. Lembre-as de que não devem usar seus potes para beberem água, por causa da tinta acrílica.

JESUS EXPLICA A VIDA ETERNA PARA NICODEMOS

8 A 10 ANOS

João 3.16

ISSO DÁ CERTO!

Para ajudar as crianças menores com o projeto, desenhe o esboço da borboleta para elas.

Seria bom explicar a "vida eterna" usando a estrela formada pelas sementes da maçã. Quando as sementes caem ao chão, são "enterradas", porém, mais tarde, produzem uma nova vida.

Atividade: As crianças pintarão borboletas como lembretes de que Jesus prometeu vida eterna para quem crer nele.

Material: papel sulfite branco, maçãs cortadas ao meio, guache de cores vivas e também preta; pincéis, lápis, canetas hidrográficas marrons ou pretas (opcional), jalecos/camisetas velhas.

Preparação: Corte as maçãs ao meio, em sentido horizontal, de modo que a estrela do centro fique à vista. Cubra a área de trabalho com folhas de jornal. Despeje as tintas em vasilhas rasas. Disponha o material de maneira a deixar bastante espaço para as crianças pintarem e carimbarem.

FAZER é FÁCIL

AS BORBOLETAS SÃO LINDAS!

Ensino Bíblico: Jesus oferece liberdade por meio da vida eterna.

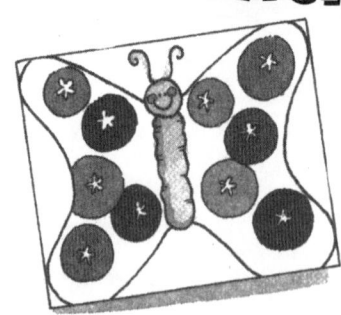

1. Desenhe o esboço de uma borboleta (corpo, cabeça, rosto e asas) com o lápis, usando quase todo o papel. Reforce o esboço com tinta ou caneta hidrográfica.

2. Use a metade da maçã como carimbo e enfeite as asas da borboleta. Pegue outra cor, e continue até que borboleta esteja bem colorida.

CONEXÃO GAROTADA

Quando as crianças terminarem, chame-as para junto de você. Escolha alguém para ler João 3.16. Pergunte:

• Como Deus mostrou que amava o mundo?

• Por que Deus enviou Jesus ao mundo?

• Como podermos obter a liberdade que a vida eterna oferece?

Diga: **Deus amou tanto o mundo que ele nos enviou seu Filho, Jesus Cristo. Para conseguir a vida eterna, basta crermos em Jesus! As lagartas constroem um casulo em volta de si mesmas e, mais tarde, rompem para a liberdade como borboletas lindíssimas. É isso que acontece com a maravilhosa promessa que Jesus nos fez: quando morrermos, teremos uma vida nova e maravilhosa no Céu, com Jesus, para todo o sempre!**

JESUS CONVERSA COM A MULHER SAMARITANA
João 4.1-26

4 a 8 anos

ISSO DÁ CERTO!

Sugira aos alunos que deixem suas gotas de água junto ao filtro, em casa. Cada vez que forem beber água, serão lembrados de que a água nos sustenta e refresca, mas Jesus nos dá vida eterna!

Atividade: As crianças farão pessoas de gotas d'água como lembretes da "água viva" que Jesus nos dá.

Material: bexigas azuis pequenas, CD markers/pincéis marcadores permanentes, tesouras, fita adesiva, fita azul encaracolada.

Preparação: Encha uma bexiga para cada aluno. Tenha bexigas extras, caso apareçam visitantes ou seja necessário repor as que estouraram. Deixe o material à disposição das crianças.

FAZER é FÁCIL

CHOVE DE MONTÃO!

Ensino Bíblico: Jesus nos dá água viva.

1. Com os CD markers, desenhe um rostinho em sua "gota de água".
2. Corte e prenda fitas encaracoladas na gota para dar o efeito de água jorrando.

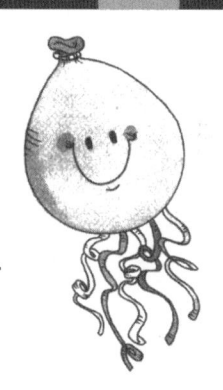

CONEXÃO GAROTADA

Quando as crianças terminarem de fazer as pessoas-gota, chame-as para junto de você. Toque um cântico animado (sugestão: "Toda vez que olho para o meu Senhor" - *Água Viva*), conhecido da classe, e diga às crianças para jogarem suas gotas para cima e observarem a água viva descendo. No fim da canção, leve a classe a recitar o Ensino Bíblico: Jesus nos dá água viva. Apresente ou recapitule a história. Pergunte:

- Você já ficou triste? O que aconteceu?
- Que promessa especial Jesus fez à mulher junto ao poço?
- O que você acha que Jesus quis dizer com água viva?

Diga: **A mulher à beira do poço vivia triste até conhecer Jesus. A água viva jorra e é refrescante. Jesus nos dá água viva.**

CINCO MIL PESSOAS SÃO ALIMENTADAS

João 6.1-15; Mateus 14.15-21; Marcos 6.34-44; Lucas 9.10-17

8 A 10 ANOS

Atividade: As crianças farão lancheiras como lembretes do milagre.

Material: Molde de lancheira (p.137) em papel cartão, canetas hidrográficas, adesivos, glitter, tesouras, fita de seda.

Preparação: Faça cópias do molde de lancheira (p. 137) em papel cartão. Reúna adesivos, glitter, canetas hidrográficas e quaisquer outras coisas legais que servirão para enfeitar as lancheiras. Corte dois pedaços de fita de 20cm para cada aluno.

FAZER é FÁCIL

LANCHEIRAS DO CARINHO

Ensino Bíblico: Divida com os outros.

1. Recorte o molde de lancheira e enfeite de maneira que possa lembrá-lo do amor de Jesus.
2. Dobre nas linhas pontilhadas e cole no lugar indicado.
3. Dobre a aba 1; enfie as abas 2 e o 3 na abertura. Enfie a aba 4 na abertura.
4. Fure os círculos marcados em cada lado.
5. Amarre as fitas de modo a formar duas alças.

CONEXÃO GAROTADA

Reúna a classe e recapitule a história. Pergunte:

- Qual foi o milagre que as pessoas viram acontecer?
- O que você acha que elas pensaram quando viram tanta comida sobrando?
- Como você acha que o menino se sentiu ao ver o que Jesus fez com o lanche dele?
- De que maneira você pode compartilhar com os outros, como o menino da história fez?

Diga: **O menino da história entregou tudo para Jesus usar. Às vezes é muito difícil dar aos outros algo que queremos muito para nós mesmos. Jesus entregou sua vida por nós. Jesus quer que compartilhemos com os outros.** Peça às crianças para sugerir maneiras de compartilharem durante a semana.

ISSO DÁ CERTO!

Para as crianças, compartilhar geralmente se refere a coisas materiais, como alimento ou brinquedos. Leve-as a pensar em maneiras de as pessoas compartilharem de si mesmas, como ajudar o próximo ou deixar alguém passar à frente na fila do super-mercado.

Faça sugestões do que as crianças podem fazer em casa e na escola. Durante a aula, elogie os alunos por compartilharem com os colegas.

LANCHEIRA

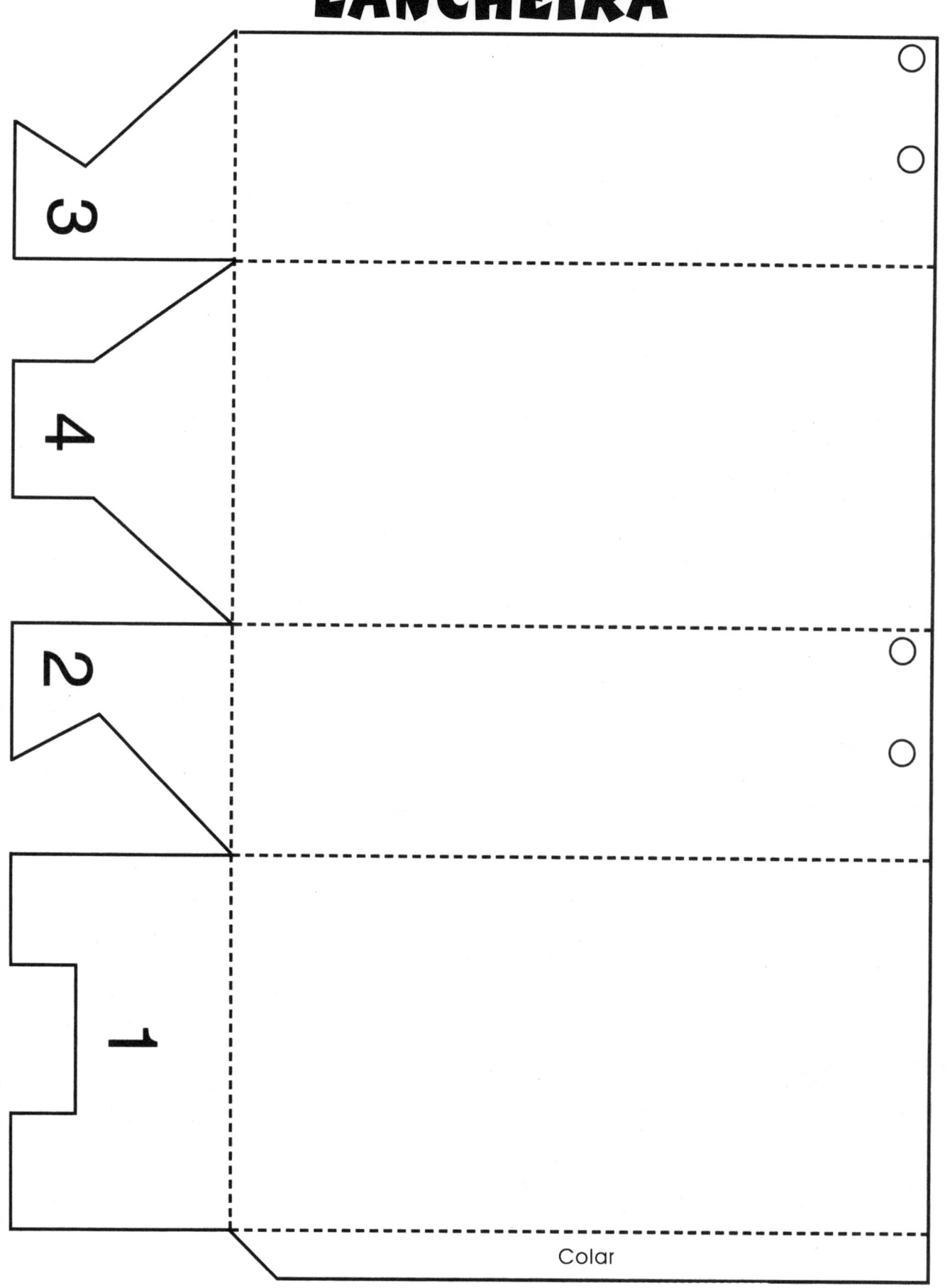

3

4

2

1

Colar

137

JESUS É O PÃO DA VIDA

4 A 8 ANOS

João 6.35

Atividade: As crianças farão figuras de pão como lembretes de que Jesus é o pão da vida.

Material: cartolina bege ou marrom, giz de cera/canetas hidrográficas, cola, talos de trigo artificiais (encontrados em loja de artesanato/floricultura).

Preparação: Corte os talos em pedaços de 7,5cm; cada criança precisa de oito pedaços. Arranje uma folha de 21x21cm de cartolina para cada aluno. Deixe o restante do material numa área central, para ser compartilhado pela turma.

FAZER é FÁCIL

FATIAS DE VIDA!

Ensino Bíblico: Jesus é o pão da vida.

1. Desenhe uma fatia grande de pão de forma; use quase todo o papel.

2. Na metade superior da fatia, escreva: "Jesus é o Pão da..."; peça ajuda, se precisar.

3. Arranje os talos de trigo na base da fatia de modo a soletrar "VIDA" e cole-os no lugar.

CONEXÃO GAROTADA

ISSO DÁ CERTO!

Leve para a classe vários tipos de pães para os alunos provarem. Também pode levar para a classe revistas que tenham figuras de diferentes tipos de pães para as crianças recortarem e colarem em seus projetos.

Incentive as crianças a enfeitarem a cozinha ou sala de jantar com as figuras de pão e, assim, ajudar suas famílias a se lembrarem de que Jesus nos prometeu a vida eterna.

Quando as crianças terminarem a figura, reúna a classe junto de você. Chame um voluntário para ler João 6.35. Pergunte:

- Do que é feito o pão?
- Por que ele é bom para a saúde?

Diga: **Nesse versículo, Jesus está falando sobre um novo tipo de pão— o pão da vida. Para ficarmos fortes e saudáveis, precisamos nos alimentar todos os dias, e precisamos de Jesus todos os dias, também. Jesus é o "pão da vida". Convidamos Jesus para estar conosco todos os dias quando oramos, lemos a Bíblia e pensamos nele o tempo todo.**

JESUS É O BOM PASTOR

12 ANOS

JOÃO 10.11-16

Atividade: As crianças farão fantoches de pastor como lembretes de que Jesus é o bom pastor e nós somos suas ovelhas.

Material: retalhos de tecido, garrafas pet de dois litros, cola, tesouras, bolinhas de isopor de 6-8cm, olhinhos móveis, papel alumínio, fita isolante/similar, CD marker vermelho, fio de lã marrom/preto e vermelho.

Preparação: Deixe o material à disposição das crianças.

FAZER FÁCIL

JESUS, O BOM PASTOR

Ensino Bíblico: Jesus é o bom pastor.

1. Remova o rótulo da garrafa. Enfie uma bolinha de isopor na boca da garrafa, apertando firme, para fazer a cabeça do pastorzinho. Corte pedaços de lã marrom ou preto e cole-os na cabeça do pastorzinho como se fossem cabelos. Cole os olhinhos. Faça a boca de fio de lã ou com o CD marker vermelho.

2. Modele o papel alumínio em forma de braços. Prenda os braços na garrafa com fita isolante.

3. Corte um retângulo de tecido grande o bastante para cobrir o pastorzinho da cabeça aos pés, frente e costas. Dobre o retângulo no meio e corte um decote que dê para a cabeça passar. Vista a túnica no pastor. Corte um retângulo menor para cobrir a cabeça do pastorzinho.

4. Corte duas tiras de tecido: uma longa para a cintura e outra mais curta para a cabeça do pastorzinho.

5. Faça um cajado de papel alumínio e prenda-o na mão do pastorzinho.

CONEXÃO GAROTADA

Quando as crianças terminarem, diga-lhes para trazer os pastorzinhos para junto de você. Chame voluntários para ler João 10.11-16. Pergunte:

- **Que tipo de tarefas um pastor de ovelhas faz?**
- **O que você acha que o pastor sentia por suas ovelhas?**
- **Por que Jesus disse que ele é o nosso bom pastor?**

Diga: **O pastor cuida de suas ovelhas, arranja comida para elas, faz de tudo para terem boa saúde e leva-as onde há grama verdinha e gostosa. Ele também as protege contra os lobos e outros animais que podem machucá-las. As ovelhas confiam no seu pastor. Elas amam o pastor e vão atrás dele. Jesus é nosso pastor porque ele nos ama e protege.** Diga aos alunos para usar seus pastorzinhos e contar uns aos outros como Jesus cuida deles e de suas famílias.

ATOS

JESUS SOBE AO CÉU

Atos 1.9-11; Marcos 16.19-20; Lucas 24.50-53

4 A 8 ANOS

Atividade: As crianças farão pinturas salpicadas para representar a Ascensão.

Material: cartolina branca, papel sulfite branco, lápis, tesouras, tinta azul, roxa e amarela em vasilhas rasas, escovas de dente, palito de sorvete, bacias ou caixas baixas.

Preparação: Recorte a cartolina em folhas de 20x30cm. Em uma mesa, deixe folhas de papel sulfite, lápis e tesouras. Cubra outra mesa com folhas de jornal e deixe ali as bacias/caixas, as folhas recortadas de cartolina, as tintas em vasilhas separadas, palitos de sorvete e escovas de dente.

FAZER é FÁCIL

FIGURAS SALPICADAS DO CÉU

Ensino Bíblico: Jesus promete vir nos buscar.

1. Desenhe e recorte duas ou três nuvens no papel sulfite. As nuvens devem ser do tamanho de sua mão ou um pouco menor.

2. Leve as nuvens para a outra mesa. Coloque uma folha recortada de cartolina dentro da bacia ou caixa e ajeite as nuvens sobre ele, da maneira que desejar. Deixe espaço entre as nuvens.

3. Molhe a escova em uma cor de tinta. Aponte a escova para um espaço no papel; corra o palito de sorvete pelas cerdas da escova, em sua direção. Encha o papel com o céu "salpicado".

4. Retire as nuvens e jogue-as no lixo. Admire o céu que você criou no papel!

CONEXÃO GAROTADA

Conte a história da ascensão de Jesus em Atos 1.9-11. Pergunte:

• **Como você acha que os discípulos se sentiram ao ver Jesus subindo para o céu? O que eles fizeram?**

• **Se você estivesse lá, o que teria feito? O que teria dito? Como teria se sentido?**

Diga: **Jesus foi para o céu de um jeito que ninguém mais poderia ir! Além de criar uma lembrança incrível no coração dos discípulos, Jesus queria lhes mostrar, mais uma vez, que ele era Deus de verdade. Jesus prometeu vir nos buscar desse mesmo jeito maravilhoso! Quando ele vier, o mundo inteiro vai saber que ele é Deus!**

JESUS ENVIA PODER DE DEUS
Atos 2.1-4

4 A 10 ANOS

Atividade: As crianças pintarão labaredas de fogo como lembretes do Pentecostes.

Material: cartolina branca, canetas, borrifadores com tinta das labaredas, papel filme, jalecos/camisetas velhas, toalhas de papel.

Preparação: Recorte folhas de 20x30cm de cartolina. *Receita da tinta para as labaredas.* Em um borrifador pequeno, junte três pacotes de pó vermelho para suco e seis colheres (sopa) de gel para cabelo; agite bem até a mistura ficar homogênea. Em outro borrifador, faça o mesmo com suco amarelo. Repita o processo com suco de laranja. Use suco dietético. O gel deve ser do tipo mais líquido. Haverá tinta para cerca de quarenta alunos. Forre uma mesa e deixe ali todo o material, e também uma bacia com água e sabão para a limpeza posterior.

FAZER é FÁCIL

LÍNGUAS DE FOGO

Ensino Bíblico: Deus nos dá o poder do Espírito Santo para falarmos dele aos outros.

1. Vista o jaleco; escreva seu nome nas costas da folha de cartolina.

2. Borrife um pouco de tinta das três cores no papel e cubra com um pedaço grande de papel filme. Aperte bem sobre o papel filme para misturar as cores e manchar o papel criativo, fazendo diferentes desenhos de labaredas.

3. Quando terminar sua criação, retire o papel filme e jogue-o no lixo. Ponha as Línguas de Fogo para secar.

4. Use a água com sabão para lavar as mãos e limpar possíveis respingos de tinta.

CONEXÃO GAROTADA

Depois que as crianças terminarem suas obras de arte, reúna a classe. Apresente ou recapitule a história. Pergunte:

• **Se você fosse um repórter de TV ou jornal naquele dia, o que teria relatado a seu público?**

• **Por que você acha que Deus nos enviou o Espírito Santo?**

Diga: **A Bíblia explica que Deus mandou o Espírito Santo nos encher com seu poder para que corajosamente, falemos de Jesus aos outros. Quando o Espírito Santo veio, línguas de fogo apareceram sobre os discípulos. Assim como vocês borrifaram tinta para fazer as pinturas, Deus nos dá o poder do Espírito Santo para espalharmos as boas notícias de Jesus às pessoas.**

ISSO DÁ CERTO!

A tinta gel pode manchar. Assim, certifique-se para que as crianças usem jalecos/camisetas velhas enquanto trabalham. Se a tinta respingar em tapetes, toalhas e afins, encharque o local com água e sabão, deixe por alguns minutos e limpe com pano úmido.

OS CRISTÃOS CUIDAM UNS DOS OUTROS
Atos 2.42-47

8 A 12 ANOS

Atividade: As crianças trocarão miçangas e farão pulseiras da amizade.
Material: Variedade de miçangas/contas grandes, cadarços de sapato.
Preparação: Para cada aluno, ponha numa vasilha dez miçangas/contas sortidas e um cadarço de sapato.

FAZER é FÁCIL

Amigos leais!

Ensino Bíblico: Compartilhe suas coisas com os outros.

1. Troque pelo menos cinco miçangas com colegas diferentes.
2. Enfie as miçangas no cadarço. Peça a um amigo que amarre a pulseira no seu braço ou tornozelo.

Conexão Garotada

Depois que as crianças terminarem as pulseiras da amizade, mande a classe se sentar no chão, em círculo. Apresente ou recapitule a história. Pergunte:

• **De que maneira a troca de miçangas com os amigos mudou sua pulseira da amizade?**

• **Como você acha que os crentes daquela primeira igreja se sentiram ao compartilhar tudo o que possuíam?**

• **O que você acha que eles compartilharam?**

Diga: **A Bíblia diz que os crentes da primeira igreja que existiu eram bons amigos. Eles oravam juntos, faziam refeições juntos e adoravam a Deus juntos. Chegaram a vender suas coisas e deram o dinheiro aos necessitados. Deus quer que compartilhemos nossas coisas uns com os outros, exatamente como dividimos e trocamos as miçangas e contas para criar as pulseiras da amizade.**

ISSO DÁ CERTO!

Antes de os alunos começarem a criar as pulseiras, faça um jogo de troca muito divertido. Explique-lhes que quando você gritar "compartilhe", eles terão dez segundos para trocar uma conta com um amigo. Quando gritar "parem", eles congelam no lugar. Brinquem de cinco a dez rodadas, e depois as crianças se sentam para a confecção das pulseiras.

PEDRO CURA UM ALEIJADO
Atos 3.1-11

4 a 8 anos

Atividade: As crianças farão varetas de sininhos para louvar a Deus como o aleijado fez.

Material: varetas de madeira (de algodão doce), arames encapados de chenile/lã de cores vivas, sininhos.

Preparação: Estabeleça um espaço para as crianças se sentarem. Entregue a cada aluno uma vareta (de uns 20 a 30cm de comprimento) e um pedaço de arame. Cada aluno precisará de pelo menos três sininhos.

ISSO DÁ CERTO!
Avise aos alunos para chocalharem as varetas gentilmente, ou o arame poder escapar.

FAZER é FÁCIL

VARETAS DO LOUVOR!
Ensino Bíblico: Deus quer nosso louvor.

1. Enfie os sininhos no arame, deixando espaço entre eles.
2. Dobre as pontas do arame para os sininhos não caírem.
3. Enrole o arame colorido em volta da vareta.
4. Chocalhe a vareta do louvor e ouça os sininhos tocarem.

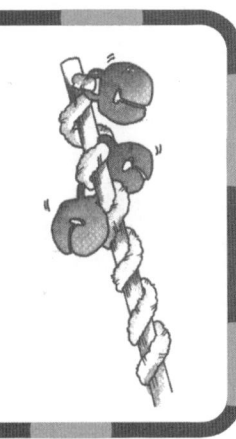

CONEXÃO GAROTADA

Quando as crianças terminarem, mande-as trazer as varetas do louvor para junto de você. Apresente ou recapitule a história. Pergunte:

- **Caso fosse o homem da história bíblica, como você acha que se sentiria?**
- **O que o homem pediu a Pedro e João?**
- **Se você acabasse de ser curado, o que diria aos outros? Como se comportaria?**

Diga: A Bíblia diz que Pedro e João encontraram um homem aleijado. O aleijado pediu uma esmola. Pedro mandou o homem se levantar e andar em nome de Jesus. O aleijado foi curado na hora, e entrou no templo com as próprias pernas, pulando e glorificando a Deus. Fizemos as varetas do louvor para nos lembrarmos de ser igual ao aleijado e louvarmos a Deus por todas as coisas que ele tem feito por nós.

ISSO DÁ CERTO!
Mande as crianças marchar em roda enquanto entoam um cântico favorito e chocalham as varetas do louvor. Para terminar, faça uma oração de adoração a Deus.

ENQUANTO É APEDREJADO, ESTÊVÃO PERDOA SEUS INIMIGOS
Atos 6.9-7.60
4 a 8 anos

Atividade: As crianças farão fantoches de dedos como lembretes para compartilhar a Palavra de Deus como Estêvão fez.

Material: tubos de papel higiênico, tesouras, cola, canetas hidrográficas, papel criativo, fio de lã, lápis.

Preparação: Divida os tubos em duas partes, uma de 7cm e uma de 3cm (esta deve ficar em uma das pontas; será a cabeça do fantoche), mas não corte; marque a divisão com lápis em volta do tubo. Estabeleça um lugar espaçoso para as crianças trabalharem. Cada aluno precisará de um tubo de papelão, e fácil acesso ao papel criativo, cola, fio de lã, lápis e canetas hidrográficas.

Fazer é Fácil

Fantoches pregadores!

Ensino Bíblico: Deus quer que falemos dele aos outros.

1. Corte uma tira de 3x15cm de papel criativo marrom/bege.

2. Cole a tira na parte de cima do tubo para ser o rosto do fantoche.

3. Com canetas hidrográficas, desenhe o rosto do fantoche. Corte pedaços de lã e cole-os como se fossem cabelos.

4. Recorte um papel (7x15cm) de outra cor para o corpo. Cole-o em volta do tubo. Recorte dois retângulos para os braços e cole-os nos lugares apropriados. Desenhe e recorte mãos e cole-as nos braços.

Conexão Garotada

Depois que as crianças terminarem seus fantoches, chame-as para junto de você. Apresente ou reveja a história. Pergunte:

- **Por que Estêvão estava falando de Deus às pessoas?**
- **Por que algumas pessoas não querem saber de Deus?**
- **O que você pode falar sobre Deus?**

Instrua os alunos a usarem os fantoches para contarem a dois amigos o que sabem a respeito de Deus.

Diga: **A Bíblia conta que Estêvão pregava a Palavra de Deus aos outros. Estêvão não ligava se as pessoas discordavam dele, pois sabia que estava dizendo a verdade. Ele não tinha medo de morrer por causa de sua crença. Vamos imitar Estêvão e anunciar a Palavra de Deus aos outros. O fantoche será um lembrete para você falar de Deus às pessoas.** Termine orando e pedindo que Deus lhes dê coragem para fazer o que é certo e falar dele aos outros.

FILIPE TESTEMUNHA DE JESUS AO ETÍOPE

6 A 12 ANOS

Atos 8.26-40

Atividade: As crianças farão Círculos de Amigos para se lembrar de anunciar o amor de Deus no mundo todo.

Material: revistas, papel criativo, cola, canetas hidrográficas, tesouras.

Preparação: Determine uma área de trabalho e deixe ali o papel criativo, as revistas, a cola, as canetas hidrográficas e as tesouras.

FAZER é FÁCIL

CÍRCULOS DE AMIGOS!

Ensino Bíblico: Fale do amor de Deus a todo mundo.

1. Escreva seu nome nas costas do papel criativo. Recorte figuras de pessoas das revistas. Inclua gente de tamanhos e idades diferentes, para variedade; cole as figuras no papel criativo, no estilo de colagem.

2. Pegue outra folha de papel criativo e dobre-a ao meio duas vezes, como se fosse um cartão pequeno.

3. Desenhe uma pessoa com a cabeça num dos cantos (veja o desenho ao lado). É importante que os braços cheguem até as margens dobradas do papel. Recorte a pessoa, mas cuidado para não cortar as dobras. Desdobre o cartão, e descubra seu círculo de amigos.

4. Cole seu Círculo de Amigos no topo da colagem. Escreva, "Fale do amor de Deus a todo mundo", em volta do Círculo de Amigos.

CONEXÃO GAROTADA

Quando as crianças terminarem o projeto, chame-as para junto de você. Apresente ou recapitule a história. Pergunte:

• Como Filipe compartilhou o amor de Deus com o etíope?

• Como você reagiria se Deus lhe pedisse para falar dele a um desconhecido?

• Quais são algumas maneiras de você falar do amor de Deus na escola ou vizinhança?

Diga: **A Bíblia conta que Deus mandou Filipe ir para outra cidade. Filipe obedeceu a Deus, e encontrou um estrangeiro que queria saber mais sobre Deus. Filipe contou-lhe tudo o que sabia a respeito de Deus. Deus espera que imitemos Filipe e falemos de seu amor ao mundo todo. O Círculo de Amigos será um lembrete para você compartilhar o amor de Deus com todas as pessoas.**

ISSO DÁ CERTO!

Para que o projeto seja mais interessante às crianças maiores, deixa-as contornar o círculo de amigos com cola colorida e, assim, enfatizarem o foco do projeto. Quando a cola secar, ela se destacará e dará um efeito tridimensional ao trabalho. Faça uma "galeria de artes" num corredor da igreja/departamento infantil para todos apreciarem as obras primas de seus alunos.

SAULO ENCONTRA JESUS PERTO DE DAMASCO
Atos 9.1-31
4 a 12 anos

Atividade: As crianças farão refletores de luz.

Material: copos descartáveis (de plástico grosso) transparentes, CD markers/ pincéis marcadores permanentes, furadores, clipes de papel, papel alumínio, forninho elétrico.

Preparação: Separe duas áreas de trabalho. Deixe os copos, CD markers, furadores e clipes em uma área. Deixe o papel alumínio e um forninho na outra área, que deverá ser bem supervisionada.

*OBS. Usar somente forninho elétrico ou convencional e NÃO microondas.

FAZER é FÁCIL

ELE É A LUZ!

Ensino Bíblico: A luz de Deus transforma nossas vidas.

1. Enfeite o copo com os CD markers. Faça um furo no topo do copo e enganche um clipe aberto.

2. Coloque o copo num pedaço de papel alumínio e, cuidadosamente, ponha-o no forninho, pré-aquecido a 180º, por um minuto ou até o copo derreter no formato desejado.

3. Observe como o copo se transforma enquanto derrete. Deixe o professor ajudar você a retirar o papel alumínio do forninho. Deixe o copo derretido esfriar.

CONEXÃO GAROTADA

Quando as crianças terminarem os refletores de luz, chame-as para junto de você. Apresente ou recapitule a história. Pergunte:

- Quem era Saulo?
- O que aconteceu a Saulo na estrada de Damasco?
- O que aconteceu com seu copo lá dentro do forno?
- Como Deus mudou sua vida?

Diga: **A Bíblia conta a história de um homem chamado Saulo que perseguia os cristãos. Mas depois de que a luz de Deus o cegou, Saulo mudou de vida e se tornou cristão. Os refletores de luz são lembretes de que a luz de Deus transforma nossa vida. Depois que foi posto no forno, o copo mudou. Assim como o calor mudou o copo de plástico, Deus tem poder de transformar com seu amor o coração mais duro que existe. Quando pedimos que Deus nos ajude a dizer coisas agradáveis aos outros, ele nos dará forças para resistirmos à tentação de dizer grosserias.**

UM ANJO LIBERTA PEDRO DA CADEIA

8 A 12 ANOS

Atos 12.3-19

Atividade: As crianças farão figuras de papel rasgado para lembrá-las de que Deus opera poderosamente através da oração.

Material: papel criativo, clipes de papel, cola.

Preparação: Deixe folhas de papel criativo colorido, cola e clipes de papel à disposição dos alunos.

FAZER é FÁCIL

DEUS OPERA ATRAVÉS DA ORAÇÃO!

Ensino Bíblico: Deus usa a oração para operar.

1. Lembre-se de uma ocasião em que Deus respondeu uma de suas orações.

2. Rasgue o papel criativo em vários pedaços de modo a ilustrar como Deus respondeu essa oração. Pegue outra folha de papel e cole nela os pedaços rasgados, criando um efeito tridimensional.

3. Forme uma corrente com alguns clipes de papel. Prenda a corrente na base da folha para se lembrar de que Deus arrebentou as correntes que seguravam Pedro, pois havia muita gente orando por ele.

CONEXÃO GAROTADA

Quando as crianças terminarem o projeto, chame-as para junto de você. Apresente ou recapitule a história. Pergunte:

- **Como você se sentiria se estivesse preso, como Pedro estava?**
- **Você acha que Pedro sentiu medo? Por quê?**
- **Como você oraria em favor de Pedro, se fosse um dos amigos dele?**

Diga: A Bíblia diz que enquanto Pedro estava acorrentado na prisão, seus amigos estavam orando muito para que o poder de Deus estivesse com ele. Enquanto os guardas dormiam, um anjo apareceu, acordou Pedro, e as correntes escorregaram de seus pulsos. Pedro estava livre. Deus resolveu libertar Pedro por causa da oração de seus amigos. Não nos esqueçamos de orar pelos outros, porque Deus opera através da oração!

ISSO DÁ CERTO!

Encontre livros, principalmente infantis, que tenham figuras feitas de papel rasgado. Leve-os para as crianças observarem alguns detalhes complexos que podem ser acrescentados e tornar as figuras mais realistas.

A CONVERSÃO DE LÍDIA
Atos 16.11-15

4 A 10 ANOS

Atividade: As crianças farão uma tira de história em quadrinhos para se lembrar da conversão de Lídia.

Material: cartolina de cor clara, copo de vidro, lápis, tesouras, fita/ráfia, cola, arame encapado de chenile/argolas de chaveiro, canetas hidrográficas.

Preparação: Use o copo para traçar vários moldes de círculos no papel cartão, para as crianças compartilharem. Corte a fita em pedaços de 45cm. Determine um espaço para as crianças traçarem e recortarem os círculos. Deixe outro espaço para pintarem e colarem.

FAZER é FÁCIL

HISTÓRIA SENSACIONAL EM QUADRINHOS!

Ensino Bíblico: Deus deseja que creiamos em Jesus.

1. Trace quatro círculos em cartolina; recorte-os.

2. Desenhe a figura de Lídia em um círculo. Pinte o segundo círculo de púrpura. Desenhe um coração no terceiro círculo. Desenhe uma casa no quarto círculo.

3. Ajeite a fita sobre a mesa, em sentido vertical. Cole os círculos na fita na ordem da história, de cima para baixo.

4. Se não tiver argolas de chaveiro, faça uma argola com um pedaço de arame.

5. Passe o topo da fita pela argola, dobre e cole.

CONEXÃO GAROTADA

Depois que as crianças terminarem, diga para se reunirem, com os projetos em mão, junto de você. Use a tira de quadrinhos para apresentar ou recapitular a história. Pergunte:

- Por que Lídia foi importante na história?
- Por que você acha que Lídia decidiu crer em Jesus?
- Como você pode mostrar aos outros que crê em Jesus?

Diga: A Bíblia conta que Lídia vendia tecido de púrpura e tinha muito dinheiro. Ela acreditava em Deus, mas não conhecia Jesus. Quando Lídia ouviu Paulo falar sobre Jesus, ela abriu seu coração e creu. Use sua tira de quadrinhos para contar a história de Lídia. Deus quer que sejamos iguais a Lídia, e que abramos nossos corações e creiamos em seu Filho, Jesus Cristo.

ISSO DÁ CERTO!

Deixe que as crianças façam os círculos enquanto você conta a história bíblica.

O CARCEREIRO DE PAULO CRÊ EM JESUS
Atos 16.25-34

8 A 12 ANOS

Atividade: As crianças farão cruzes com peças de quebra-cabeças.

Material: papel cartão/papelão, tesouras, canetas, peças de quebra-cabeças, papel adesivo transparente, cola.

Preparação: Corte quadrados de 15cm de papel cartão e quadrados de 17cm de papel adesivo. Disponha os quadrados de papel cartão ao redor da mesa. Deixe as peças dos quebra-cabeças e a cola na mão das crianças.

FAZER é FÁCIL

OLHE PARA A CRUZ!

Ensino Bíblico: Creia em Jesus.

1. Remova a proteção do papel adesivo e ajeite-o sobre a mesa, deixando o lado grudento para cima. Ajeite o quadrado de papel cartão sobre o adesivo e aperte bem. Corte fora as pontas do papel adesivo e dobre o restante sobre o papel cartão.

2. Escreva seu nome nas costas do papel cartão. A base de sua cruz está pronta.

3. Cole peças de quebra-cabeça no papel cartão (o lado plastificado para cima), formando uma cruz. Antes de colar, no entanto, certifique-se de que o desenho está do seu agrado.

CONEXÃO GAROTADA

Quando as crianças terminarem as cruzes, chame-as para junto de você. Apresente ou recapitule a história. Diga:

• **Como será que Paulo e Silas se sentiram na prisão, impossibilitados de sair de lá?**

• **Quando o carcereiro viu que Paulo e Silas não tinham fugido, o que ele fez?**

• **O que o carcereiro teve de fazer para ser salvo?**

Diga: **Com uma única peça em mãos, não podemos saber como é o quebra-cabeça todo. Paulo e Silas não tinham idéia de como Deus iria usá-los na prisão, mas Deus conhecia o cenário todo. Se olharmos para a cruz, saberemos que tudo o que precisamos fazer para ser salvos é crer em Jesus, exatamente como aconteceu ao carcereiro. Cada vez que olhar para sua cruz, lembre-se dessa verdade.**

ISSO DÁ CERTO!

Para um efeito extra especial, borrife as cruzes com tinta dourada ou prateada, e diga às crianças para adornarem os braços da cruz com retalhos de tecidos.

Se não tiver acesso a peças de quebra-cabeças, pode-se usar pedaços rasgados de cartolina de cores diferentes.

ÁQUILA E PRISCILA
Atos 18.1-3
6 A 12 ANOS

Atividade: As crianças farão um banner/enfeite de parede.

Material: várias cores de tecido liso (sem estampa), canetas marcadores para tecido/CD markers/pincéis marcadores permanentes, vareta de cortina de 80-85cm.

Preparação: Corte o tecido em quadrados de cores diferentes de 25cm (um para cada aluno). Corte um retângulo de 75 x 15cm; mais tarde, os quadrados de tecido serão costurados neste retângulo. Disponha os quadrados de tecido e as canetas para tecido na área de trabalho.

FAZER É FÁCIL

CUIDANDO DO SEU PASTOR
Ensino Bíblico: Deus quer que cuidemos de nossos pastores.

1. Com canetas para tecido, desenhe no quadrado de tecido um modo do seu pastor cuidar de você, de sua família ou das pessoas da igreja.

2. Em letra legível, escreva seu nome e idade no tecido.

3. Entregue seu quadrado de tecido à professora (ou professor), que irá juntá-lo aos de seus colegas e fazer um enfeite para a casa/escritório do pastor.

CONEXÃO GAROTADA

Depois que as crianças terminarem de desenhar, chame-as para junto de você. Apresente ou recapitule a história. Pergunte:

- **Como Áquila e Priscila ajudaram Paulo?**
- **De que maneiras nosso pastor cuida das pessoas da igreja?**
- **Como podemos mostrar ao pastor que nos importamos com ele?**

Diga: **A Bíblia conta que Áquila e Priscila faziam tendas. Eles cuidaram de Paulo ao deixar que o apóstolo morasse com eles e ajudasse na fabricação de tendas. Deus quer que cuidemos de nosso pastor, e também de outras pessoas, exatamente como Áquila e Priscila cuidaram de Paulo.**

ISSO DÁ CERTO!

Transforme os desenhos das crianças em um banner/enfeite de parede. Com o retângulo de 75x15cm, faça uma barra bonita, dobrando o tecido em um tamanho em que a vareta poderá ser enfiada. Costure os desenhos das crianças uns nos outros, formando um quadro de 75cm de largura (três desenhos lado a lado). O comprimento vai depender do número de alunos/quadrados. Costure os desenhos das crianças abaixo da barra. Peça ao pastor para fazer uma visita rápida à sala das crianças para receber o presente e vocês orarem por ele. Sugestão: faça a entrega no culto, durante o período de louvor ou de avisos, e toda a congregação terá oportunidade de apreciar a obra de arte que sua classe fez para presentear o pastor.

ROMANOS

A GRAÇA DE DEUS É UM PRESENTE
Romanos 6.23

8 a 12 anos

Atividade: As crianças farão cartões que, ao serem abertos, revelam uma cruz, e serão lembretes da graça de Deus.

Material: papel criativo de cor escura (azul, vinho, preto ou verde), canetas hidrográficas, tesouras, lápis.

Preparação: Deixe todo o material à disposição das crianças.

FAZER é FÁCIL

O PRESENTE QUE SE MULTIPLICA

Ensino Bíblico: A vida eterna é um presente de Deus.

1. Dobre uma folha de papel criativo no meio. Deixe a dobra do cartão para cima. Com as canetas hidrográficas, desenhe um embrulho de presente, com um laço grande, na frente do cartão. Enfeite o embrulho de presente, mas não o laço.

2. Recorte o laço de presente. Tome cuidado para não cortar a dobra do papel. Com o lápis, trace de leve o laço dentro do cartão, no mesmo espaço onde estava por fora.

3. Desenhe uma cruz grande e colorida dentro do cartão; é importante pintar o desenho de modo que cubra todo o traçado do laço (por dentro do cartão). Quando o cartão estiver fechado, o laço colorido aparecerá por fora, mas a cruz não será vista até o cartão ser aberto.

4. Na frente do cartão, escreva: "Deus me deu um presente!" Escreva dentro do cartão: "Deus oferece vida eterna em Jesus".

CONEXÃO GAROTADA

Mande a classe deixar os cartões de lado e formar um círculo. Pergunte.

- Por que damos presentes aos outros?
- Por que Deus nos deu a vida eterna de presente?
- O que temos de fazer para receber o presente da vida eterna?

Diga: Assim como enxergamos somente uma parte da cruz quando o cartão está fechado, só entendemos um pouquinho do grande valor do maravilhoso presente de Deus que é a vida eterna. Por causa dos nossos pecados, merecemos ser punidos, mas Deus nos oferece um presente que jamais poderemos merecer. Por causa de Jesus, Deus oferece vida eterna a quem se arrepende e quer receber o presente dele. O presente que Deus oferece é a vida eterna por meio de Jesus Cristo.

ISSO DÁ CERTO!

Se alguma criança quiser dar o cartão de presente a um amigo, diga-lhe para desenhar uma etiqueta e escrever o nome da pessoa.

PAULO DESCREVE A VIDA NO ESPÍRITO SANTO
Romanos 8.15-16
8 a 12 anos

Atividade: As crianças farão cartazes coloridos proclamando a herança delas no céu.

Material: papel sulfite branco, giz de cera, palitos de dente, vasilhas para água, jalecos/camisetas velhas, aquarelas e pincéis.

Preparação: Cubra a área de trabalho com folhas de jornal e disponha as vasilhas com água, as aquarelas e os pincéis. Deixe giz de cera e as folhas de sulfite em outra área.

FAZER É FÁCIL

CARTAZES DA PROCLAMAÇÃO

Ensino Bíblico: Somos filhos e filhas de Deus.

1. Com giz de cera, use a criatividade e faça um cartaz bem colorido anunciando sua herança celestial. Por exemplo, escreva em letras floridas: "Sou filho de Deus" (ou filha). Capriche na cor ao desenhar letras ou figuras abstratas.

2. Desenhe uma moldura larga e grossa ao redor do cartaz, com o giz de cera. Com o palito de dente, faça textura de madeira, listras ou desenhos na moldura.

3. Pinte o cartaz inteiro com uma das aquarelas, preenchendo bem os espaços em branco. Ponha seu cartaz para secar.

CONEXÃO GAROTADA

Abra a Bíblia em Romanos 8.15-16 e chame um voluntário para ler os versículos. Pergunte:

- Quando você passou a tinta no cartaz, o que aconteceu com a frase?
- Como nos tornamos filhos de Deus?
- O que você acha de ser filho de Deus?

Diga: Mesmo depois de você ter coberto as palavras com tinta, a frase continuou a mesma. Não importa o que aconteça, sabemos que somos filhos de Deus. Louvamos a Deus porque ele nos ama sempre e cuida de nós. Vocês (aponte para as crianças) **se tornam especiais quando crêem em Jesus e aceitam seu perdão. Nós nos tornamos filhos de Deus quando aceitamos Jesus como Salvador.** Pergunte se Jesus é o Senhor e Salvador delas. Se disserem que não, conduza-as a Cristo. Se disserem que sim, peça às crianças para dizer a um amigo: "Eu sou filho (ou filha) de Deus e você?".

ISSO DÁ CERTO!
Disponha os cartazes na sala para as crianças se lembrarem de sua herança celestial.

O AMOR DE DEUS NUNCA DESAPARECE

6 A 10 ANOS

ROMANOS 8.38-39

Atividade: As crianças produzirão ilusão de óptica com um lápis.

Material: lápis sem ponta, pedaços de cartolina de 7x12cm, canetas hidrográficas, fita adesiva, cola.

Preparação: Deixe o material à disposição das crianças.

FAZER é FÁCIL

AMOR EM AÇÃO

Ensino Bíblico: Nada consegue nos separar do amor de Deus.

1. Dobre a cartolina no meio. Deixe o cartão com a dobra para cima.

2. Desenhe sua foto em um dos lados do cartão. Do outro lado, desenhe um coração que ocupe quase todo o espaço do papel.

3. Abra o cartão. Com um pedaço de fita adesiva, prenda o lápis no meio do cartão. Feche o cartão e cole toda a margem, para o lápis ficar bem seguro lá dentro.

4. Segure o lápis entre as mãos, role-o para frente e para trás rapidamente e veja o que acontece.

CONEXÃO GAROTADA

Pergunte:

- **O que você vê quando rola o lápis nas mãos?**

Chame um ou dois voluntários para a leitura dos versículos. Pergunte:

- **O que estes versículos significam para você?**
- **De que maneiras Deus mostra que ama você?**

Diga: **Mesmo que não enxerguemos o amor de Deus, ele está sempre nos rodeando. Embora o lápis separe os dois desenhos que você fez no cartão, nada nos separa do amor de Deus. A cobertura do lápis é um lembrete para fixarmos os olhos no amor de Deus, porque não importa o que aconteça, este amor está sempre ao nosso lado. Mais uma vez, prestem atenção nesta mensagem maravilhosa: nada consegue nos separar do amor de Deus!**

ISSO DÁ CERTO!

Deixe que às crianças façam outro projeto para dar a um amigo e mostrar-lhe que o amor de Deus nunca se acaba.

DEUS NOS FAZ DIFERENTES
ROMANOS 9.20-21

4 A 6 ANOS

Atividade: As crianças criarão figuras de argila.

Material: argila, pratos de papel, lápis.

Preparação: Entregue a cada aluno um prato com um pedaço de argila; deixe os lápis à disposição das crianças.

FAZER é FÁCIL

CELEBRANDO A CRIAÇÃO

Ensino Bíblico: Nossas diferenças podem glorificar a Deus.

1. Divida a argila ao meio. Com um pedaço, faça uma figura de você mesmo.

2. Com o outro pedaço, faça a figura de um amigo. Com o lápis, desenhe os rostos e outros detalhes, como roupas, por exemplo.

3. Ajeite as figuras em posturas diferentes, ou acrescente—com argila—uma coisa que a pessoa goste (bola de futebol, corda de pular).

4. Quando terminar, escreva seu nome e o do/a amigo/a no prato, abaixo das respectivas figuras. Em casa, quando as figuras estiverem bem sequinhas, pinte-as com tinta.

CONEXÃO GAROTADA

Mande a classe se sentar em círculo, junto de você. Peça a um voluntário que leia os versículos. Pergunte:

- Quais são algumas diferenças entre você e seu amigo?
- Por que você acha que Deus nos fez diferentes uns dos outros?
- O que você e seu amigo podem fazer juntos para agradar a Deus?

Diga: **Assim como decidimos o que seria diferente entre nossas figuras, Deus também decidiu nos fazer diferentes para seus propósitos. Vamos celebrar nossas diferenças, pois sabemos que Deus nos criou com amor e que somos diferentes por uma razão específica. Nossas diferenças podem trazer honra e glória a Deus.**

ISSO DÁ CERTO!

Promova uma exposição de artes e, depois da aula, incentive as crianças a presentearem o amigo com a figura que fez dele.

ANUNCIEMOS AS BOAS NOTÍCIAS
Romanos 10.15; Isaías 52.7

8 a 12 anos

Atividade: As crianças farão chaveiros de pés de borracha.

Material: borracha EVA, canetas, tesouras, CD markers/pincéis marcadores permanentes, furador de papel, argolas/ganchos de chaveiro.

Preparação: Junte as cadeiras em pares; deixe o material ao alcance das crianças.

FAZER é FÁCIL

PÉS DAS BOAS NOTÍCIAS
Ensino Bíblico: Fale de Jesus por onde você for.

1. Feche as mãos e coloque-as em cima da borracha EVA com os polegares para cima. Peça ao seu amigo para traçar o contorno de suas mãos na borracha. Recorte as duas figuras ovais.

2. Bem de leve, desenhe dedos nas figuras; recorte os pés que você acabou de criar.

3. Nos pés de borracha, escreva: "Boas Notícias". Use os CD markers para enfeitar os pés. Perfure os dois pés e prenda-os na argola.

CONEXÃO GAROTADA

Reúna a classe em círculo; chame um voluntário para ler o versículo. Pergunte:

• Como você se sente quando tem uma boa notícia para anunciar?

• Quais as boas novas que temos para espalhar sobre Jesus?

• Como você pode contar as boas notícias sobre Jesus?

Diga: **É muito legal contar uma notícia boa. Deus pede que anunciemos as boas notícias sobre Jesus onde estivermos. As boas notícias nos deixam alegres—e esta é a melhor razão para falarmos de Jesus aos outros. Devemos falar de Jesus por todos os lugares que andarmos.**

AMOR NÃO SE COMPRA
ROMANOS 13.8-10

8 A 12 ANOS

Atividade: As crianças farão colares que guardam dinheiro.
Material: borracha EVA, canetas, cordinha/fita de seda/plástico, tesoura.
Preparação: Deixe o material ao alcance das crianças.

FAZER é FÁCIL

COLAR DA GENEROSIDADE
Ensino Bíblico: Só devam o amor.

1. Desenhe dois corações do mesmo tamanho na borracha EVA (molde abaixo). Recorte os corações, ponha um sobre o outro e acerte as pontas.

2. Dobre um coração ao meio de modo que a parte de cima toque na de baixo; corte uma pequena abertura do tamanho de uma moeda de 25 centavos no meio do coração, ao longo da dobra.

3. Corte um pedaço de 50cm de fita. Junte os corações e, com a caneta, faça nove furos bem espaçados de cada lado. Começando pelo topo, costure um coração no outro. Com muito cuidado, iguale o comprimento da fita e amarre-a em seu pescoço.

CONEXÃO GAROTADA

Peça às crianças para usar os colares enquanto ouvem os versículos. Pergunte:

- Segundo a Bíblia, o que devemos aos outros?
- Você já ficou devendo alguma coisa a alguém? O quê?
- Você pagou o que devia? Como?
- Você teria como pagar o amor de alguém? Por quê?

Diga: Embora nunca consigamos pagar o amor de Deus por nós, podemos amar as pessoas de modo que vejam o amor de Deus em nossas vidas. É muito bom poder quitar uma dívida, porém nunca conseguiremos merecer nem pagar o amor de Deus. Deus já nos entregou seu amor, e ele é muito maior do que podemos imaginar. Obedecemos a Deus quando amamos as pessoas como ele nos amou. Devemos amar todo mundo.

ISSO DÁ CERTO!

Peça às crianças para fecharem os olhos e imaginarem que cada gesto bondoso que alguém lhes fez é igual a uma moeda depositada no banco do amor que já está repleto do amor de Deus. Enfatize aos alunos que não importa quanto amor dediquem aos outros, esse banco nunca entrará em falência. Ore agradecendo a Deus por seu precioso amor. Dê às crianças uma oportunidade de adorar a Deus pelas riquezas que têm em suas vidas.

DESPERTE PARA A MENSAGEM DE DEUS

ROMANOS 13.11-12

4 A 10 ANOS

Atividade: As crianças farão rostos com pálpebras que se movem.
Material: cartolina, giz de cera, tesouras, fita adesiva, borrachinhas de escritório.
Preparação: Espalhe o material em um mesmo lugar e ao alcance das crianças.

FAZER É FÁCIL

ESTOU SEMPRE ALERTA

Ensino Bíblico: Deus avisa para ficarmos atentos a ele.

1. Recorte uma figura oval de cartolina para ser o rosto. Com giz de cera, desenhe olhos, sobrancelhas, nariz e boca. Usando pedaços de cartolina, recorte duas abas parecidas com uma taça baixinha; as abas devem ser maiores que os olhos desenhados no rosto.

2. Faça um corte pequeno nas sobrancelhas. Enfie as bases das abas nos cortes de modo que cubram os olhos. Desenhe cílios na parte inferior das pálpebras.

3. Vire o rosto de costas, com cuidado, e dobre as bases das pálpebras sobre a borrachinha. Prenda as bases na borracha com um pedaço pequeno de fita adesiva.

CONEXÃO GAROTADA

Dê tempo para as crianças pegarem o jeito de segurar os rostos, puxar a borrachinha e mexer as pálpebras. Leia os versículos enquanto as crianças abrem os olhos. Pergunte:

• **Por que você acha que Deus quer que fiquemos atentos a ele?**
• **Por que é difícil para você esperar a volta de Jesus?**

Diga: **Jesus espera que fiquemos entusiasmados com sua volta. Jesus quer que vivamos para ele e, assim, estejamos prontos para recebê-lo.**

Se houver tempo, deixe a classe fazer a seguinte brincadeira com o desenho de rosto.

Mande duas crianças para uma ponta da sala. A criança 1 fica de costas para a classe e finge estar dormindo, mas pode ficar de olho na criança 2. A criança 2 segura um rosto dormindo e fica de frente para a classe e para a criança 1. A classe toda deve chegar de fininho atrás da criança 1. Assim que a criança 2 "acordar" o rosto, a criança 1 se vira e tenta pegar um colega antes de ele/ela voltar para onde começou (ao pique). Quem for pego se tornará o "dorminhoco". Faça várias rodadas e dê oportunidade para que outras crianças dêem o sinal de acordar.

EDIFIQUE O PRÓXIMO
ROMANOS 15.2

8 A 12 ANOS

Atividade: As crianças confeccionarão troféus.

Material: papel alumínio grosso (dobre os pedaços para reforçar, se necessário), pratos de papel, copos de papel de 100ml e de 250ml (mais ou menos), colchetes, CD markers/canetas de gel, cola, canetas esferográficas.

Preparação: Para cada aluno, corte dez tiras de 2,5 x 20cm de papel alumínio. Coloque as tiras de cada criança num prato. Deixe o resto do material à disposição da classe.

FAZER É FÁCIL

TROFÉU DO CARÁTER DIVINO

Ensino Bíblico: Deus quer que valorizemos as pessoas.

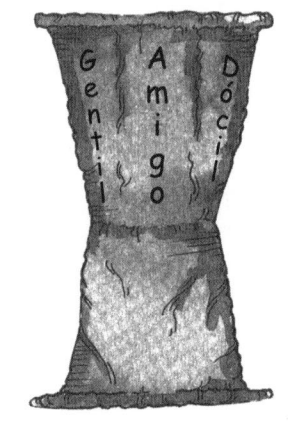

1. Com a ponta da caneta, fure a base de um copo pequeno e de um grande. Una os copos pelas bases e prenda-os com um colchete.

2. Escreva seu nome no prato; não deixe que as tiras de alumínio cubram seu nome. Deixe seu prato no lugar, vá até o prato de um colega e, com um CD marker, escreva um elogio num pedaço de alumínio que está no prato dele. Escreva, em sentido vertical, deixando uma pequena margem na parte de cima da tira. Devolva o papel ao prato do amigo. Dirija-se ao prato do próximo amigo e escreva um elogio apropriado a ele. Quando terminar todos os pratos, volte para seu lugar. Certifique-se de haver dez tiras de papel alumínio em seu prato. Se sobrar tiras sem escrita no seu prato, peça ao líder para lhe escrever um elogio num dos pedaços.

3. Com a cola, cubra os copos com as tiras de papel alumínio, expondo os elogios; o copo maior deve ficar no topo. Uma tira deve ficar ligeiramente em cima de outro. Dobre o excesso de papel alumínio dentro do topo e da base dos copos. Com as pontas dos dedos, alise as rugas do papel; com as unhas, trace a boca do copo de cima e a base do copo de baixo, destacando o formato do troféu. Escreva seu nome ao longo da base do troféu.

CONEXÃO GAROTADA

Instrua as crianças a alinharem os troféus e juntarem-se a você para ouvir o versículo bíblico. Pergunte:

• **Como você se sente ao ouvir um elogio?**
• **Como você se sente ao elogiar alguém?**
• **Por que Deus quer que mostremos aos outros que eles têm valor aos nossos olhos?**
• **Como podemos mostrar nossa apreciação às pessoas?**

Diga: **Deus fez todo mundo especial e deseja que apreciemos o que há de especial nas pessoas. Quando edificamos nossos semelhantes por meio de elogios, também estamos edificando a nós mesmos com bondade e amor. Deus fica orgulhoso quando mostramos às pessoas as coisas positivas que vemos nelas. Deus quer que valorizemos nossos semelhantes.**

ISSO DÁ CERTO!

Quando as crianças terminarem o projeto, realize uma cerimônia simples de entrega dos troféus; leia em voz alta alguns dos elogios.

1 CORÍNTIOS

DEUS PRODUZ A COLHEITA

6 A 10 ANOS

1Coríntios 3.6-9

Atividade: As crianças farão vasos suspensos.

Material: garrafas pet de 2 litros, papel criativo, papel adesivo transparente, fio de lã, furador de papel, tesouras, terra de plantas, semente de grama, colheres, água.

Preparação: Determine duas áreas de trabalho. Deixe o material para decorar os vasos em uma mesa. Cubra a outra área com folhas de jornal para o plantio das sementes.

FAZER é FÁCIL

Vasos suspensos

Ensino Bíblico: Nós plantamos, mas é Deus quem dá o crescimento.

1. Corte 12cm do fundo da garrafa para cima. Este fundo será usado como vaso; descarte o resto. Faça três furos, igualmente espaçados, em toda beirada do vaso.

2. Recorte nariz, boca e olhos de papel criativo. Corte pedaços de papel adesivo um pouco maiores que as partes do rosto. Use o papel adesivo para prender olhos, nariz e boca no vaso, formando um rosto.

3. Corte três pedaços de lã de 60cm. Enfie cada pedaço num furo do vaso. Junte as seis pontas e dê um nó. O suspensório do vaso está pronto.

4. Coloque terra até a metade do vaso. Espalhe um punhado de sementes e cubra-as com mais 2,5cm de terra. Adicione água o suficiente para só umedecer a terra.

Conexão Garotada

Reúna a classe e apresente ou recapitule os versículos. Pergunte:

- O que dará crescimento às sementes?
- Como você saberá que as sementes já cresceram?
- Em sua opinião, como plantamos as boas notícias sobre Jesus?
- Como podemos ajudar o evangelho a crescer?

Diga: **Plantamos as sementes na terra e depois as regamos. Podemos pendurar nossos vasos numa janela para que tomem sol, mas não podemos fazer a grama crescer. Isso é algo que só Deus faz. Podemos falar sobre Deus às pessoas, mas elas terão de dar sua própria resposta ao Senhor para que ele lhes dê o crescimento.**

ISSO DÁ CERTO!

Mantenha os vasos na sala de aula. Permita que as crianças "cortem os cabelos" dos vasos semanalmente. Certifique-se de que as plantas sejam molhadas durante a semana.

JESUS, O CONSTRUTOR-CHEFE
ICoríntios 3.9-15

6 A 10 ANOS

Atividade: As crianças farão tijolos para se lembrar de que Jesus é o único alicerce de nossa construção.

Material: saquinhos de papel com base quadrada, canetas hidrográfias, giz de cera, folhas de jornal, fita adesiva.

Preparação: Limpe um espaço grande no chão para as crianças fabricarem os tijolos.

FAZER é FÁCIL

TIJOLOS FALSOS

Ensino Bíblico: O alicerce de nossa construção será testado.

1. Encha um saquinho com folhas de jornal bem amassadas. Coloque um saquinho vazio sobre o que está cheio e prenda-o na base, com fita adesiva. Achate os lados do saquinho de modo que pareça um bloco. Repita o processo até "fabricar" vários blocos.

2. Use giz de cera e canetas hidrográficas para deixar os blocos com cara de tijolos ou pedras.

3. Junte-se a um colega e usem seus tijolos na construção de um espaço murado onde vocês possam se sentar.

CONEXÃO GAROTADA

Depois que as crianças terminarem suas construções, sente-se com elas atrás dos muros e apresente ou recapitule os versículos. Pergunte:

• **Foi possível construir um muro forte com o material que vocês usaram para fazer os tijolos? Por quê?**

• **Que coisas dão um bom alicerce em nossas vidas?**

• **Como construímos nossas vidas em Jesus?**

Diga: **Esses blocos parecem tijolos e pedras. Mas se empurrássemos os muros, eles desmoronariam. Todo mundo veria que os tijolos são falsos. A Bíblia diz que Jesus é nosso alicerce firme e forte. Quando estudamos a Bíblia e oramos, estamos construindo nossas vidas sobre a verdade e pureza. Se utilizarmos qualquer outro tipo de material na construção, vamos ser descobertos no Juízo Final.**

ISSO DÁ CERTO!

Instrua os alunos a escrever "Jesus, o Construtor-Chefe" em um tijolo que levarão para casa como lembrete do ensino bíblico. Guarde o restante dos tijolos num saco de plástico para serem usados no futuro.

NOSSO CORPO É O TEMPLO DE DEUS
ICoríntios 6.20

6 a 10 anos

Atividade: As crianças farão instrumentos de tigelas de plástico para louvar a Deus.

Material: tigelas de plástico descartáveis (coloridos), fio de lã, grãos de feijão/milho, CD markers/pincéis marcadores permanentes, adesivos, fita adesiva, agulhas grandes de bordar.

Preparação: Cada criança precisará de duas tigelas. Fure ao redor das tigelas. É importante que os furos de cada duas tigelas estejam alinhados por causa da costura. Deixe o material disponível às crianças.

FAZER é FÁCIL

AGITAR E LOUVAR

Ensino Bíblico: Podemos louvar a Deus com nossos corpos.

1. Passe um fio de lã de 20cm pelo fundo da agulha, e dê um nó na ponta. No meio de uma tigela, faça uma alça forte que caiba sua mão; dê um nó firme nas pontas.

2. Corte um pedaço de lã de 1,20m. Enrole uma ponta da lã num pedaço de fita adesiva para facilitar a costura. Junte as beiradas da tigela e costure-as uma na outra. Puxe bem o fio. Quando tiver costurado um pouco mais da metade, despeje ½ xícara (chá) de feijão nas tigelas e costure o resto. Ao terminar, dê um nó firme.

3. Escreva "Louve a Deus" no fundo do chocalho e enfeite-o com CD markers e adesivos.

CONEXÃO GAROTADA

Diga aos alunos para trazerem seus chocalhos para o círculo; apresente ou recapitule os versículos. Pergunte:

• Por que a Bíblia diz que pertencemos a Jesus?

• De que maneiras louvamos a Deus com nossos corpos?

Diga: **Hoje criamos um instrumento que nos ajudará a usar as mãos e vozes para louvar a Deus. Deus fica contente quando nós o louvamos porque foi ele quem nos fez, e o nosso corpo é templo dele.**

ISSO DÁ CERTO!

Diga às crianças para tocarem seus instrumentos, e ensine-lhes a canção "Já não sou meu" (Apec, *Cânticos de Salvação*, Vol. 2, #24).

CORRIDA PELO PRÊMIO
1Coríntios 9.24-27

6 a 10 anos

Atividade: As crianças farão medalhas como lembretes para correrem em busca do prêmio que Deus oferece.

Material: papel cartão amarelo, fita dourada, glitter dourado, cola, alfinetes de segurança, fita adesiva, canetas hidrográficas, prendedores de roupa.

Preparação: Cubra um espaço com folhas de jornal para as crianças trabalharem com o glitter. Deixe todo o material sobre a mesa, à disposição das crianças. Para cada aluno, corte dois círculos de 10cm de papel cartão amarelo; se possível, recorte-os com tesoura de picotar.

FAZER É FÁCIL

MEDALHA DE OURO

Ensino Bíblico: Corra com todo o pique.

1. Com a cola, escreva o número 1 na parte superior de um dos círculos, e espalhe glitter por cima.

2. Com uma caneta hidrográfica, escreva abaixo do número 1: "Corram de modo que alcancem o prêmio" 1Coríntios 9.24. (Isto será a frente da medalha).

3. Prenda, com fita adesiva, o alfinete no meio do segundo círculo amarelo. (Isto será o verso da medalha).

4. Corte um pedaço de fita de 35cm (comprimento do seu cotovelo ao dedo do meio). Dobre a fita no meio e picote um triângulo nas pontas. Cruze a fita como um laço.

5. Cole o círculo com o versículo por cima da fita (onde cruzou) e o outro círculo atrás da fita (a fita deve estar entre os dois) com o alfinete atrás. Prenda tudo com dois prendedores, para ajudar na secagem.

ISSO DÁ CERTO!

Realize uma cerimônia de entrega de prêmios. Chame as crianças, uma de cada vez, e prenda a medalha no peito delas. Enfatize que, mais cedo ou mais tarde, esta medalha irá se desfazer, mas que o prêmio oferecido por servirem a Deus irá durar para sempre.

CONEXÃO GAROTADA

Enquanto a medalha seca, reúna as crianças para a recapitulação da lição. Pergunte:

• **Você já participou de alguma corrida? Onde? Como? Quando?**
• **Como os corredores se prepararam para a competição?**
• **Como vencemos a corrida para a vida eterna?**

Diga: **Fizemos uma medalha mais ou menos parecida com a que você receberia se ganhasse uma corrida aqui na cidade. Paulo ensina que é importante corrermos com todo o pique para conhecer a Deus e seu amor, exatamente como o corredor se esforça para vencer uma competição. Deus quer que corramos com toda a nossa força para conhecê-lo e amá-lo mais a cada dia.**

PAULO ENSINA SOBRE OS DONS ESPIRITUAIS
ICoríntios 12.12-26

8 A 12 ANOS

Atividade: As crianças farão quebra-cabeças como lembretes de que todas os membros são importantes para que um corpo seja completo.

Material: folha de borracha EVA ou bandeja grande de isopor, lápis, tesoura, CD markers/pincéis marcadores permanentes, moldes de cartolina.

Preparação: Coloque todo material à disposição das crianças. Faça moldes simples de um corpo humano para as crianças reproduzirem. Recorte retângulos de EVA de no mínimo 13x15cm.

FAZER é FÁCIL

QUEBRA-CABEÇAS DE CORPO
Ensino Bíblico: Todo mundo é importante no corpo de Cristo.

1. Trace um corpo no pedaço de EVA.
2. Com os CD markers, desenhe seu rosto. Desenhe e pinte suas roupas.
3. Nas costas, escreva: "Somos um só corpo".
4. Recorte o corpo como peças de quebra-cabeça. (Para facilitar a tarefa, pegue um lápis e desenhe as peças nas costas do corpo antes de recortá-las.)

CONEXÃO GAROTADA

Mande a classe se reunir, com as peças do quebra-cabeça em mãos. Apresente ou recapitule a passagem bíblica. Pergunte:

- **Quem ou o quê é o corpo de Cristo?**
- **Por que você acha que as partes do corpo são diferentes?**
- **Quais partes são mais importantes que as outras?**

Diga: **Vocês precisam de todas as peças para montar seus quebra-cabeças. Se perderem uma peça, a figura não ficará completa. Paulo ensinou que todos os crentes formam o corpo de Cristo. Nenhuma pessoa é mais importante que a outra, e não conseguimos nos desenvolver sozinhos. Cada pessoa é importante no corpo de Cristo.**

ISSO DÁ CERTO!

Escreva uma oração simples agradecendo a Deus por nos tornar parte de sua família. Passe a oração de mão em mão, e cada criança lê um pedaço. Enfatize aos alunos que cada um deles é importante para que a oração seja lida na íntegra.

PAULO DESCREVE O AMOR VERDADEIRO
1Coríntios 13

8 A 12 ANOS

Atividade: As crianças farão cartões gigantes para alguém amado.

Material: pastas de arquivo/folhas de cartolina, carimbos de coração, adesivos, toalhinhas de papel rendado, canetas hidrográficas, cola em bastão.

Preparação: Use uma tesoura de picote para recortar as margens das pastas. Deixe todo o material à disposição das crianças.

FAZER é FÁCIL

CARTÕES DE AMOR GIGANTES

Ensino Bíblico: Não somos nada sem amor.

1. Enfeite a pasta com os carimbos de coração, canetas hidrográficas, adesivos e as toalhinhas de papel rendado.

2. Abra a pasta e escreva uma mensagem que manifeste seu amor por alguém especial.

CONEXÃO GAROTADA

Reúna as crianças, com os cartões em mãos, e apresente ou recapitule a passagem bíblica. Pergunte:

- Quais as palavras que usamos para descrever o amor?
- Para quem você diria: "Eu te amo"?
- De que jeitos você pode mostrar que ama alguém?

Diga: **Vocês fizeram um cartão para expressar seu amor. Paulo ensina que a capacidade de mostrar amor é o dom mais importante que alguém pode ter. Podemos ser inteligentes, talentosos, ajudadores e generosos, porém, mesmo com tudo isso, temos de mostrar o amor de Deus aos outros. A Bíblia diz que sem amor não somos nada. As pessoas nunca saberão que são amadas se você não lhes disser ou demonstrar com suas atitudes. Seu cartão gigante é um modo de você mostrar o amor de Deus aos outros.**

ISSO DÁ CERTO!

Ensaie com as crianças um cântico sobre o amor de Deus. Depois, leve-as para cantar em outra classe.

2 CORÍNTIOS

ESTAMOS SELADOS
2Coríntios 1.21-22

8 A 10 ANOS

ISSO DÁ CERTO!
Almofadas de carimbo coloridas funcionam bem e fazem menos sujeira que a tinta guache.

Atividade: As crianças farão carimbos de letras em carretéis para marcar seus pertences, exatamente como Deus põe em nós o seu selo de proprietário.

Material: moldes de 4cm de letras, esponja fina (encontradas em lojas onde se vende espuma), CD markers, carretéis vazios, tesouras, cola quente, papel criativo/folhas recortadas de cartolina, tinta guache, pratinhos descartáveis, papel sulfite, cola em bastão, glitter, adesivos, papel toalha, etc.

Preparação: Deixe todos os materiais sobre a mesa, menos os de pintura. Cubra outra mesa com folhas de jornal e deixe ali os pratos descartáveis e a tinta.

FAZER é FÁCIL

CARIMBOS DE CARRETEL
Ensino Bíblico: Pertencemos a Deus.

1. Com um molde, trace a inicial de seu nome num pedaço de esponja. Recorte a letra (se precisar, peça ajuda ao professor). Use a cola quente para colar a letra (de trás para frente) no topo do carretel.

2. Numa tira de papel criativo, escreva: "Nós pertencemos a Deus". Recorte-a no tamanho da circunferência do carretel e prenda-a no lugar com a cola em bastão. Segure o papel e conte até 25 para a cola secar. Enfeite o carretel com adesivos, CD markers, cola de glitter e afins.

3. Despeje um pouquinho de tinta numa ponta do prato descartável. Molhe o carimbo na tinta. Serão precisos alguns segundos para a espuma expandir. Tire o excesso numa beirada do prato, e carimbe sua inicial no papel sulfite. Quando terminar de carimbar, lave a esponja e seque-a bem com o papel toalha, e leve-a para casa.

CONEXÃO GAROTADA

Reúna a classe para ouvir ou recapitular os versículos. Pergunte:
- **Como Deus pode ser nosso dono?**
- **O que Deus fez para mostrar que pertencemos a ele?**
- **De que maneira nossas atitudes mostram que pertencemos a Deus?**

Diga: **Gostamos de mostrar que alguns objetos nos pertencem. Agora que você fez um carimbo com sua inicial, poderá marcar as coisas que você criar. Deus nos criou e é nosso dono. Ele pôs seu selo de proprietário em nós. Deus colocou seu Espírito Santo em nossos corações como garantia de que pertencemos a ele.** Deixe tempo para as crianças louvarem a Deus por tê-las criado, e termine com uma oração agradecendo ao Senhor porque pertencemos a ele.

ISSO DÁ CERTO!
Depois que as crianças terminarem de carimbar, molhe os carimbos em água morna e bata-os levemente em camadas de toalhas de papel para deixá-los limpinhos. Ponha os carimbos para secar.

SOMOS PERFUME PARA OS OUTROS
6 A 10 ANOS
2Coríntios 2.14-17

Atividade: As crianças farão ursinhos cheirosos contendo pot-pourri* em forma de ursinho.

Material: copinhos de café, pompons pretos pequenos (para fazer, ver p. 5), bolas de isopor de 4cm, pompons marrons minúsculos, pedaços de papel vermelho, olhinhos móveis, agulhas grossas, pot-pourri* de flores, cola, tesouras, fita crepe.

Preparação: Deixe todo o material à disposição das crianças.

Pot-pourri é pó de serragem colorido perfumado com essência (encontrado em lojas de flores artificiais e lojas de essências).

ISSO DÁ CERTO!

Para um visual mais bonito, utilize copinhos transparentes.

Não encontrando pot-pourri, pode-se usar sabonetinhos de sachê.

FAZER é FÁCIL

Ursinhos Cheirosos

Ensino Bíblico: Espalhe o evangelho como cheiro agradável.

1. Com a agulha, fure bem os copinhos. Encha um copo com o pot-pourri. Passe cola na borda do outro copo e cole-o sobre o primeiro. Passe fita adesiva na junção para os copos ficarem bem firmes.

2. Cole a bola de isopor no copo de cima, para fazer a cabeça do urso. Cole dois pompons pretos na bolinha, como se fossem orelhas.

3. Cole os olhinhos; use um pompom marrom como nariz. Faça uma boquinha de papel vermelho e cole-a no lugar certo.

4. Cole dois pompons pretos no copo de cima e dois no copo de baixo, como se fossem as patinhas do urso.

Conexão Garotada

Deixe os ursinhos secando; reúna a classe e apresente ou recapitule os versículos. Pergunte:

• O que vai acontecer se você guardar o ursinho no guarda-roupa ou armário?

• Como espalhamos as boas novas sobre Jesus?

• O que há de semelhante entre espalhar o evangelho e o cheiro de perfume?

Diga: Todo mundo é atraído por coisas que cheiram gostoso, como o ursinho que vocês fizeram. Ajudar um vizinho, confortar um amigo doente ou ser gentil com os outros são coisas que nos deixam atraentes. Quando temos Jesus em nossa vida, as pessoas verão a bondade e a doçura dele em nós. Espalhem o evangelho como um cheiro agradável.

ISSO DÁ CERTO!

Sugira às crianças que dêem seus ursinhos para alguém que gostaria de falar do amor de Deus. Sempre que a pessoa cheirar o ursinho, ela será lembrada da agradável mensagem de que é amada por Deus.

LUZ NA ESCURIDÃO

2Coríntios 4.4-6

8 A 12 ANOS

Atividade: As crianças farão desenhos de furinhos para deixar a luz brilhar.

Material: papel construtivo preto, tiras de papel criativo vermelho, papel sulfite, lápis, toalhas, clipes de papel pequenos e também grandes, cola, caneca com base de sucção (opcional).

Preparação: Arranje duas áreas de trabalho. Em uma mesa, deixe todo o material, menos as toalhas. A segunda área será no chão, onde ficarão as toalhas dobradas. Para cada aluno, corte duas tiras de 30 x 2,5cm e duas de 23 x 2,5cm de papel construtivo vermelho.

FAZER é FÁCIL

FIGURAS FURADAS

Ensino Bíblico: Deixe Jesus brilhar por meio de você.

1. Escreva no papel sulfite, "Jesus brilha por meio de nós", deixando uma margem de pelo menos 2,5cm em toda a volta. Ao pé da folha, desenhe alguma coisa que simbolize a luz. Pode ser raios de sol, lâmpadas ou qualquer coisa que mostre luz.

2. Deite o papel sulfite sobre o papel construtivo preto e prenda-os com clipes de papel. Coloque os papéis sobre uma toalha dobrada.

3. Estique bem um clipe grande. Use a ponta afiada para furar os dois papéis, esboçando a frase e o desenho. Quando terminar, descarte o papel sulfite.

4. Cole as tiras vermelhas no papel preto, fazendo a moldura do desenho. Faça um furo no topo do papel para segurá-lo na parede com a caneca de sucção.

CONEXÃO GAROTADA

Mande a classe se reunir, com os desenhos em mãos, para a apresentação ou recapitulação dos versículos. Pergunte:

• Como fica mais fácil enxergar o desenho que você fez?

• Por que é difícil para algumas pessoas seguirem a Jesus?

• Como podemos ser uma luz que mostra aos outros o caminho para Deus?

Diga: **Quando olha para seu papel, você só vê escuridão. Mas se o puser contra uma janela aberta, a luz brilha através dele. Paulo afirma que Deus nos deu uma luz em meio à escuridão; esta luz é Jesus. Quando somos gentis, amáveis e perdoadores, essa luz irá brilhar por meio de nós. Deixe Jesus brilhar através de você. Cante "Minha pequena luz"** (APEC, *Cânticos da Salvação*, Vol 2, #109), com a classe. Termine orando para que Deus ajude vocês a ser uma luz que brilha por ele.

ISSO DÁ CERTO!

Escureça a sala o mais que puder, e as crianças se revezam em segurar um farolete atrás dos desenhos para ver a luz brilhando através dos furinhos.

NOVA CRIAÇÃO
2Coríntios 5.17

4 A 10 ANOS

Atividade: As crianças farão ímãs de borboletas como lembretes de que podem se tornar uma nova criação em Jesus.

Material: toalhinhas de papel rendado dourado (de 10-12cm), arame encapado de chenile preto, contas de plástico/vidro brancas, folha de ímã, CD markers/pincéis marcadores permanentes pretos, cola.

Obs. Se não tiver acesso a toalhas de renda dourado, pode pintar os brancos com giz de cera ou passar cola e glitter.

Preparação: Deixe o material à disposição das crianças.

FAZER é FÁCIL

ÍMÃS DE BORBOLETA

Ensino Bíblico: Com Jesus, somos novas pessoas.

1. Coloque uma toalhinha de renda sobre a outra. Vá dobrando em formato de sanfona. Aperta no meio e abra os dois lados para dar o efeito de asas abertas.

2. Dobre o chenile no meio e depois mais uma vez, deixando a ponta aberta um pouco mais comprido.

3. Posicione as asas de toalhinha de renda entre o arame.

4. Coloque uma conta em cada ponta do arame e dobre o arame para formar as antenas. Use o CD marker para desenhar olhos nas contas.

5. Cole o ímã nas costas da borboleta.

CONEXÃO GAROTADA

Reúna as crianças—e borboletas—para a apresentação ou recapitulação do versículo. Pergunte:

- Como a lagarta se transforma em borboleta?
- Segunda a Bíblia, o que acontece quando nos entregamos a Jesus?
- Como Deus nos ajuda a mudar de comportamento?

Diga: **Nascemos num mundo sem graça e sujo de pecado, mas quando nos entregamos a Jesus, nossa vida se transforma em algo muito bonito. Com o amor de Deus, cada um de nós se torna uma nova pessoa. A lagarta é feia e sem graça antes de se transformar numa lindíssima borboleta.** Termine com uma oração de agradecimento a Deus pela oportunidade de, nele, sermos transformados numa pessoa bonita.

ISSO DÁ CERTO!

Sugira aos alunos que, assim que chegarem em casa, prendam as borboletas na porta da geladeira como um lembrete diário de que eles são uma nova criação em Jesus.

SOMOS EMBAIXADORES DE CRISTO

6 A 10 ANOS

2Coríntios 5.20

Atividade: As crianças farão fantoches como lembretes para falar de Jesus com toda coragem.

Material: Caixinhas (de cereais, maisena, etc.), papel de seda colorido, papel criativo, tesouras, fio de lã, caneta hidrográficas, olhinhos móveis, cola.

Preparação: Deixe o material sobre a mesa.

FAZER é FÁCIL

FANTOCHE FALADOR

Ensino Bíblico: Embaixadores falam em nome de Jesus.

1. Encape a caixinha com papel de seda, colando bem as margens.

2. Deixe a boca da caixinha para baixo, e cole os olhinhos nos lugares adequados.

3. Use as canetas hidrográficas e o papel criativo para fazer a boca e o nariz do fantoche. Faça uma blusa ou gravata de papel e cole no fantoche, ou desenhe com caneta hidrográfica.

4. Para um fantoche-menina, corte fios compridos de lã para os cabelos. Cole os fios no topo da cabeça e faça uma maria-chiquinha. Para um fantoche-menino, corte fios mais curtos e cole-os em sentido vertical.

5. Enfie a mão pela abertura do saquinho; mexa a mão para fazer o fantoche conversar e se movimentar.

CONEXÃO GAROTADA

Reúna as crianças e fantoches. Apresente ou recapitule o versículo. Explique à classe que um embaixador é alguém que representa o país dele em outro país. Pergunte:

- **Por que temos a impressão que os fantoches estão falando?**
- **Sobre o que você acha que os embaixadores falam?**
- **Como nos tornamos embaixadores de Cristo?**

Diga: **Assim como você usa seu fantoche para falar em seu lugar, Deus usa embaixadores para falar em nome dele. Os embaixadores falam sobre o amor de Jesus. Também seremos embaixadores de Cristo se falarmos corajosamente a respeito dele.**

ISSO DÁ CERTO!

Leve os alunos e seus fantoches para uma classe de crianças menores e apresentem um esquete sobre o amor de Cristo.

OFERTE COM ALEGRIA
2Coríntios 9.7-8

8 a 12 anos

Atividade: As crianças farão jogos com moedas para lembrá-las de que "Deus ama quem dá com alegria".

Material: copos de plástico transparentes, adesivos de carinha alegre, papel cartão/cartolina amarela e vermelha, canetas hidrográficas, tesouras, lápis.

Preparação: Recorte vários círculos de 4cm de cartolina para serem usados como moldes. Deixe todo material na mesa, ao alcance das crianças.

FAZER é FÁCIL

Jogo das Moedas Sorridentes

Ensino Bíblico: "Deus ama quem dá com alegria".

1. Use um molde para traçar dez círculos no papel cartão amarelo e dez no papel cartão vermelho. Recorte os círculos.

2. Desenhe um sorriso em um lado de cada círculo; do outro lado, escreva 5, 10, 15, 20 ou 25. (Os números se referem ao valor de pontos. É importante que os dois jogos de moeda—vermelhas e amarelas—tenham o mesmo número de pontos.)

3. No copo de plástico, escreva: "Deus ama quem dá com alegria". Enfeite o copo com adesivos alegres.

Regra do Jogo: Ponha o copo no chão entre dois jogadores; cada um deve receber um jogo de moedas. Os jogadores se revezarão em atirar moedas dentro do copo. Quando terminarem, some os pontos de cada jogador. Quem conseguir colocar mais moedas dentro do copo é o vencedor.

ISSO DÁ CERTO!

Encontre um projeto da igreja no qual as crianças possam se envolver. Enfatize às crianças que Deus quer que elas doem alegremente seus talentos e tempo, assim como o dinheiro.

Conexão Garotada

Reúna a classe e apresente ou recapitule os versículos. Pergunte:

- Como você se sente quando dá alguma coisa a alguém?
- Qual deve ser nossa atitude ao oferecermos alguma coisa?
- Além de dinheiro, o que podemos ofertar com alegria?

Diga: **Três coisas acontecem quando ofertamos: os necessitados recebem ajuda, quem oferta é abençoado e Deus é louvado por meio de nossa oferta. A Bíblia afirma que quando damos alguma coisa, Deus providencia para que nada nos falte. Lembrem-se de ofertar de coração alegre, porque "Deus ama quem dá com alegria".**

GÁLATAS

FILHOS E FILHAS DE DEUS
GÁLATAS 3.26-29

8 A 12 ANOS

Atividade: As crianças farão molduras dobradas para fotos.

Material: cartolina, plástico transparente, fita crepe, cola, canetas hidrográficas, tesouras de picotar, moldes de molduras, réguas.

Preparação: Recorte retângulos de aproximadamente 7x10cm, com uma abertura (no meio do retângulo) de 5x7cm, em cartolina, para servir de moldes. Deixe o material à disposição das crianças.

ISSO DÁ CERTO!
Peça às crianças que levem três ou quatro fotos de si mesmas para a aula. Elas colocam uma em suas molduras e trocam as outras com amigos.

FAZER é FÁCIL

PORTA-RETRATOS DA AMIZADE

Ensino Bíblico: Crianças que pertencem a Deus são seus filhos e filhas.

1. Meça e recorte um pedaço de cartolina de 52x15cm. Dobre-o em quatro partes iguais, em forma de acordeão.

2. Use o molde para traçar e recortar quatro molduras de fotos. Faça a abertura no meio, e recorte as beiradas com a tesoura de picotar.

3. Corte quatro pedaços de plástico transparente de 6 x 8cm. Com fita crepe, prenda um pedaço atrás de cada moldura, cobrindo as quatro aberturas.

4. Passe cola na base e laterais das molduras, e cole uma em cada dobra da cartolina (a parte de cima fica aberta). Com uma caneta hidrográfica, escreva na primeira página: "Somos todos filhos Deus".

5. Enfeite com adesivos e canetas hidrográficas.

CONEXÃO GAROTADA

Reúna as crianças e suas molduras. Apresente ou recapitule os versículos. Pergunte:

- **Como nos tornamos filhos de Deus?**
- **Como nosso comportamento mostra que somos filhos e filhas de Deus?**

Diga: **Todo mundo é igual aos olhos de Deus. Quando colocar as fotos nas molduras, você notará que as pessoas são diferentes. Mas as crianças que pertencem a Deus são todos filhos e filhas dele.** Termine com o cântico "Pra Ser Filho de Deus" (APEC, *Cânticos da Salvação*, Vol. 2, #100).

ISSO DÁ CERTO!
Para fotos de 10x15cm, as molduras devem ser de 12x17cm, as aberturas de 9x14cm e a medida da cartolina de 64cm de largura e 25cm de altura.

AME O SEU PRÓXIMO
GÁLATAS 5.13-15

8 A 12 ANOS

Atividade: As crianças farão miçangas de papel e canudinhos e criarão colares para os amigos.

Material: tiras de papel de presente, canudinhos de plástico, cola, cadarços de sapato de uns 70cm, miçangas de plástico/vidro, tesouras.

Preparação: Recorte triângulos de papel de presente de 3,5cm de base. Deixe todo o material à disposição das crianças.

FAZER é FÁCIL

COLARES DA AMIZADE

Ensino Bíblico: Devemos amar os outros do jeito que amamos a nós mesmos.

1. Deite um triângulo com o desenho para baixo. Passe cola na base do triângulo. Ponha o canudo sobre a base do triângulo e enrole o mais apertado e reto que puder. Aplique mais cola à medida que vai enrolando.

2. Corte as sobras do canudo. Repita os passos 1 e 2 até conseguir nove miçangas. (Dá para fazer três miçangas com um canudinho.)

3. Enfie duas miçangas de plástico no cadarço e acrescente uma de papel. Continue até o colar ficar pronto.

4. Amarre as pontas do cadarço, e enfeite-se com o colar.

CONEXÃO GAROTADA

Diga às crianças para continuarem enfeitadas com os colares e juntarem-se a você. Apresente ou recapitule os versículos. Pergunte:

• Quem é o seu próximo, ou semelhante?
• De que maneira podemos servir uns aos outros em amor?
• Segundo a Bíblia, o que acontecerá se machucarmos uns aos outros?

Diga: **Temos liberdade para servir uns aos outros ou machucarmos uns aos outros sendo egoístas e malvados. Vocês trabalharam bastante para fazer as miçangas e criar um colar muito bonito. Se seguirmos as leis de Deus, estaremos dispostos a dar nosso colar de presente a alguém para mostrar que amamos a pessoa mais do que a nós mesmos. Devemos amar os outros do mesmo modo que amamos a nós mesmos.** Deixe que as crianças escolham a quem dar o colar e, assim, expressar amor pela pessoa. Elogie a atitude das crianças e afirme que Deus também está feliz com elas.

ISSO DÁ CERTO!

Use páginas coloridas de revistas e jornais em vez de papel de presente. Qualquer papel colorido serve.

O FRUTO DO ESPÍRITO
GÁLATAS 5.22-26

8 A 12 ANOS

Atividade: As crianças farão enfeites em forma de frutas, para lápis, como lembretes para deixar bons frutos crescerem em suas vidas.

Material: folhas de borracha EVA (vermelho, amarelo, roxo, verde, rosa), moldes de frutas, olhinhos móveis, tesouras, cola, CD markers, prendedores de roupa, lápis.

Preparação: Faça moldes de maçã, pêra, ameixa, folha e talo. Deixe todo o material à disposição das crianças.

FAZER É FÁCIL

LÁPIS FRUTÍFEROS

Ensino Bíblico: Permita que Deus produza bons frutos em você.

1. Trace e corte duas maçãs de EVA vermelha, duas peras da amarela e duas ameixas da roxa. Corte dois talos de EVA marrom e duas folhas de EVA verde.

2. Passe cola em toda a volta de uma maçã, menos na base. Arranje um talo no topo da maçã; cole a outra maçã por cima da primeira. Segure as maçãs com prendedores de roupa para secarem. Ponha em prática o fruto da paciência enquanto as maçãs secam.

3. Cole uma folha do lado esquerdo da maçã, no topo. Corte e cole um narizinho de EVA cor-de-rosa e cole na maçã; cole também os olhinhos de boneca. Desenhe a boca com um CD marker.

4. Repita os passos 2 e 3 com a pêra e a ameixa. (A ameixa não tem folha nem talo.)

5. Coloque o lápis na fruta.

CONEXÃO GAROTADA

Mande a classe deixar os enfeites secando sobre a mesa. Apresente ou recapitule os versículos. Pergunte:

- **Quanto tempo demora para as frutas crescerem?**
- **Quanto tempo demora para aprendermos a obedecer a Deus?**
- **Que tipo de coisas boas vocês poderiam plantar em suas vidas?**
- **Por que Deus quer que sejamos pacientes, alegres e bondosos?**

Diga: Paulo comparou as coisas boas que crescem em nossas vidas às frutas. Sempre que pegarem seus lápis enfeitados com as frutas que criaram, lembrem-se de deixar o amor, alegria, paz, paciência, amabilidade, bondade, fidelidade, mansidão e domínio próprio fazer parte da vida de vocês. Deixe que Deus produza bons frutos em vocês.

ISSO DÁ CERTO!

Para diminuir o custo e o tempo de secagem, use papel cartão em vez de borracha EVA. Com papel, no entanto, o enfeite durará bem menos. As crianças mais velhas podem usar o projeto para arrecadar fundos para algum trabalho da classe ou igreja.

FAÇA O BEM A TODOS
GÁLATAS 6.7-10

6 A 10 ANOS

Atividade: As crianças farão refletores de sol como lembretes de que podem abrilhantar o dia de alguém com uma boa ação.

Material: papel criativo/cartolina, moldes, lápis, plástico para retroprojetor, CD markers/pincéis marcadores permanentes, furador de papel, tesouras, cola.

Preparação: Faça um molde de 16x10cm de cartolina para o uso das crianças. Deixe o material sobre a mesa.

FAZER É FÁCIL

REFLETORES DAS BOAS AÇÕES.

Ensino Bíblico: Façamos o bem a todos.

1. Dobre uma folha de papel criativo no meio, centralize e risque o molde de retângulo e recorte-o todo pegando as duas metades da folha.

2. Corte um retângulo de 13x19cm de plástico transparente. Abra a moldura e passe cola na margem toda. Ajeite o plástico sobre a abertura, dentro da folha. Passe um pouco mais de cola em volta da moldura e feche. Aperte bem.

3. Com a tesoura, arredonde as beiradas da moldura, e faça um furo no topo.

4. Use os marcadores permanentes para escrever "Façamos o bem a todos" (Gálatas 6.10) no plástico e desenhar flores e folhas no refletor do sol.

CONEXÃO GAROTADA

Reúna as crianças, com os refletores em mãos, e apresente ou recapitule os versículos. Pergunte:

• **Por que devemos ajudar alguém que está encrencado ou com problemas?**

• **Por que não devemos nos cansar de fazer o bem?**

• **Por que devemos ser especialmente ligeiros em ajudar o próximo?**

Diga: **Você está fazendo o bem quando realiza qualquer coisa para ajudar ou melhorar o dia da pessoa. Sempre que observarmos esses refletores de sol iluminando uma janela, vamos nos lembrar de fazer o bem.** Leve as crianças a pensar em maneiras de ajudar ou fazer o bem a um amigo ou conhecido. Faça uma lista das sugestões, e termine orando para que Deus ajude vocês a fazer o bem.

ISSO DÁ CERTO!

Consiga copos com base de sucção para as crianças enfeitarem a sala de aula com seus refletores de sol, ou levarem para casa como lembretes.

EFÉSIOS

ESCOLHIDOS POR DEUS
Efésios 1.3-6

6 A 10 ANOS

Atividade: As crianças farão enfeites de planta.

Material: borracha EVA cor-de-rosa, púrpura, amarela e verde, palitos de churrasco, canetas hidrográficas verdes, cola quente, CD markers/pincéis marcadores permanentes pretos, tesouras, lápis.

Preparação: Deixe a cola quente em um local separado do restante do material.

FAZER é FÁCIL

DEUS ME ESCOLHEU!

Ensino Bíblico: Deus nos adotou.

1. Pinte o palito com a caneta hidrográfica verde. Com o lápis, desenhe levemente, num pedaço de EVA, o contorno de uma flor do tamanho da metade da sua mão. Recorte a flor. Desenhe a mesma flor, porém um pouco maior, em uma cor diferente de EVA e recorte.

2. Cole a ponta cega do palito na flor maior. Ajeite a flor menor em cima do palito, que ficará preso entre as duas flores. Cole bem uma flor na outra, reforçando também a segurança do palito.

3. Recorte um círculo de cor diferente de EVA para ser o miolo da flor. Com um CD marker, desenhe uma carinha alegre no círculo e escreva a frase: "Deus me escolheu!" Cole o círculo na flor menor. Recorte folhas de EVA verde e cole-as no palito.

CONEXÃO GAROTADA

Reúna a classe perto de você e apresente ou recapitule os versículos de hoje. Pergunte:

• Se sua família fosse adotar alguém, quem você escolheria? Por quê?

• Se você não tivesse pai nem mãe, o que acharia de ser adotado por uma família amorosa?

• Por que você acha que Deus quis nos adotar como filhos?

Diga: **Deus não nos "apanhou" como apanhamos uma flor no jardim ou um brinquedo no armário. Não. Foi por causa do amor de Jesus que Deus nos escolheu e adotou como parte de sua família celestial. Deus nos escolheu porque cremos em seu Filho, o Senhor Jesus. Se Jesus vive em seu coração, você já se tornou automaticamente parte da família dele. É bom demais ser membro da família de Deus, não é?**

ISSO DÁ CERTO!

Para evitar que as crianças se machuquem com as pontas dos palitos de churrasco, entregue-lhes pedaços de fita adesiva para que as cubram. Diga para removerem a fita antes de colocarem a flor no vaso de plantas, em casa.

SELADOS COM O ESPÍRITO
8 A 12 ANOS
Efésios 1.13-14

Atividade: As crianças farão ímãs de pombinhas.

Material: borracha EVA de cor forte e preto, glitter, cartolina branca, cola, caneta hidrográfica preta, tesouras, lápis, folha de ímãs, cola, papel adesivo transparente, cola quente.

Preparação: Faça um molde da pombinha ao lado para as crianças traçarem. Recorte a borracha EVA colorida em retângulos de 3,5x5cm. Apare os cantos para parecer uma jóia. Recorte a borracha EVA preta em círculos de 6cm.

FAZER é FÁCIL

ÍMÃ DE POMBINHA

Ensino Bíblico: Estamos selados em Cristo Jesus.

1. Passe cola no retângulo de EVA e espalhe glitter por cima.

2. Na cartolina branca, desenhe uma pomba pequena o bastante para caber no centro do retângulo de EVA. Recorte a pomba e, com a caneta hidrográfica preta, faça um pingo para ser o olhinho dela. Cole a pomba no meio do retângulo.

3. Cole o retângulo no círculo preto com cola quente.

4. Também com a cola quente, prenda o ímã nas costas do círculo preto.

CONEXÃO GAROTADA

Quando as crianças terminarem o projeto, chame-as para junto de você e diga para trazer os ímãs. Apresente ou recapitule os versículos. Pergunte:

• **O que você iria pensar se um grande amigo lhe desse cem reais, mas voltasse no dia seguinte e tomasse o dinheiro de volta?**

• **Como você se sente ao saber que você está selado em Deus, e que ninguém pode roubar a herança que lhe pertence?**

Diga: **As pombinhas nos lembram a paz, que é exatamente o que recebemos do Espírito Santo. Quando recebemos Jesus como nosso Salvador, Deus põem em nós a sua marca. Deus oferece paz aos nossos corações e também nos promete uma herança com ele, nos céus. Não há dinheiro que compre este presente. Use o projeto de hoje como um lembrete de que você herdará um lugar maravilhoso no céu porque foi "selado" em Cristo, exatamente como a pombinha está "selada" dentro do ímã. Para terminar, dê às crianças oportunidade de orar dizendo o que significa ter o Espírito Santo habitando em seus corações.**

ISSO DÁ CERTO!

Como esse projeto é rapidinho, deixe que as crianças façam vários ímãs para dar aos amigos ou colocar em lugares estratégicos da igreja.

PAULO EXPLICA O RELACIONAMENTO DO CRISTÃO COM JESUS
Efésios 2.8-9

8 A 12 ANOS

Atividade: As crianças farão caixas de presentes para dar a pessoas queridas.

Material: tela de plástico para bordado, fita/fio de lã/similar, tesoura.

Preparação: Antes da aula, corte seis quadrados de 8 x 8cm de tela para cada aluno.

FAZER é FÁCIL

É DE GRAÇA!

Ensino Bíblico: A salvação não se compra; ela é um presente de Deus.

1. Corte um pedaço de 30cm de lã. Dê um nó em uma das pontas, e enrole um pedaço bem pequeno de fita adesiva na outra ponta, para fazer a "agulha".

2. Pegue um quadrado de tela para ser a base da caixa; deite outro quadrado em cima dele, para ser um lado da caixa. Para unir os dois quadrados, costure-os em uma das margens, pegando um furinho e pulando o seguinte. Quando terminar esta costura, amarre a ponta da lã. Deite um quadrado ao lado do outro.

3. Coloque um quadrado em cima da base e costure-os em outra beirada. Repita com outros dois quadrados, usando o mesmo processo de costura. Você terá a base e os quatro lados da caixa. Agora, vá costurando um lado no outro. Os quatro lados da caixa estão em pé. Costure o último pedaço de tela em cima da caixa, como tampa. Se quiser, faça uma costura decorativa nas três beiradas da tampa e dê um laço.

4. Quando decidir a quem irá dar a caixa de presente, anote em pedaços de papel algumas coisas que você fará à pessoa como gestos de amor. Por exemplo, se for dar a caixa para sua mãe, escreva: "Vou levar o lixo para fora, sem a senhora ter de mandar" ou "Eu te amo muito".

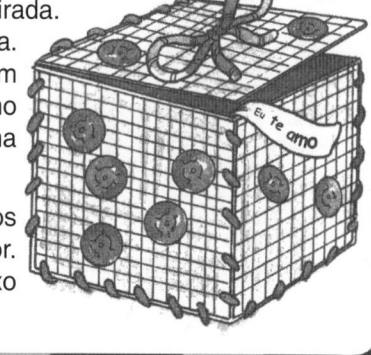

CONEXÃO GAROTADA

Reúna a classe num círculo. Leia Efésios 2.8-9. Pergunte:

- O que você acha quando alguém lhe dá um presente só por dar?
- Que presentes você recebeu na vida que o dinheiro não pode comprar?

Diga: **Se eu comprasse presentes para vocês só por que tive vontade, vocês me achariam o máximo, não é mesmo? Pois foi exatamente isso que Deus fez. Ele presenteou todos nós com seu perdão amoroso. Esse presente nos permite ter comunhão com ele aqui no mundo e a passar a eternidade com ele depois da morte. Vocês não fizeram nada pra merecer isso, e ninguém pode tomar esse presente de vocês.**

ISSO DÁ CERTO!

Se houver tempo, enfeite as caixas com miçangas, fitas e similares. As crianças poderão dizer aos presenteados que, depois que a lista de gestos de amor tiver sido usada, as caixas servirão para guardar pot-pourri de flores, um presente que continua sendo válido por muito tempo!

PERDOAR UNS AOS OUTROS

6 A 10 ANOS

EFÉSIOS 4.32

Atividade: As crianças usarão miçangas para fazer um enfeite de janela.

Material: depressores de língua de madeira/palitos de sorvete grandes, arame bem fininho, miçangas/contas de vidro transparentes e vermelhas, tinta vermelha, pincéis, cola quente, fita/fio de lã, tesouras.

Preparação: Para cada aluno, corte nove pedaços de arame de uns 15cm. Para ajudar na organização da tarefa, providencie uma tigela/vasilha para cada aluno colocar seu material.

FAZER é FÁCIL

REFLETORES DO "FILHO"

Ensino Bíblico: Perdoemos os outros como Deus nos perdoou!

1. Pinte dois palitos de vermelho, e deixe-os secar.

2. Enfie uma miçanga transparente no arame. Dobre a ponta do arame de modo que a miçanga não escape. Enfie mais dez miçangas transparentes nesse mesmo pedaço de arame (total de onze miçangas).

3. Enrole a outra ponta do arame próximo à beirada esquerda de um palito que não foi pintado, e prenda-o com cola quente.

4. Repita o processo com os outros oito pedaços de arame, da seguinte maneira:

2º arame: onze miçangas transparentes; 3º arame: sete miçangas transparentes, uma miçanga vermelha e mais três miçangas transparentes; 4º arame: igual ao terceiro; 5º arame: onze miçangas vermelhas; 6º e 7º arames: iguais ao terceiro; 8º e 9º arames: onze miçangas transparentes.

5. Cole os palitos pintados no palito com os arames, um de cada lado.

6. Amarre um pedaço de fita nas pontas do palito, e pendure o enfeite numa janela.

CONEXÃO GAROTADA

Peça aos alunos para se sentar em círculo, no chão. Apresente ou recapitule o versículo de hoje. Pergunte:

• Que gestos de amor e carinho podemos demonstrar aos outros?

• Que atitudes de carinho e compaixão Deus tem demonstrado para conosco?

• Sabendo que Deus mandou seu único Filho morrer por seus pecados, como você pode se mostrar mais disposto a perdoar os outros?

Diga: **Agora que terminamos o projeto, vemos que foi preciso paciência para seguir as instruções. Tivemos de ser cuidadosos e delicados ao enfiar as miçangas no arame fininho. Tivemos de perdoar a nós mesmos, ao cometer um erro e precisar fazer tudo de novo. O versículo bíblico de hoje afirma que precisamos dessas mesmas qualidades quando trabalhamos e brincamos com os outros. Use a cruz de miçangas como um lembrete de que Jesus entregou a vida dele para perdoar nossos pecados. Porque ele nos perdoou, perdoar os outros é tarefa bem mais simples e fácil!**

ISSO DÁ CERTO!

As crianças mais velhas podem usar barbante ou fio de silicone em vez de arame. Esses materiais dão melhor caimento às miçangas. Em vez de colar os pedaços de barbante, amarre-os com um nó.

VIVER COMO FILHOS DA LUZ
Efésios 5.8-10

8 A 12 ANOS

Atividade: As crianças farão lanternas.

Material: latas de conserva, arame e pregos grossos, martelos, CD markers/pincéis marcadores permanentes, velas curtas arredondadas (opcional), toalhas.

Preparação: Na noite anterior à aula, lave bem as latas e encha-as de água. Coloque-as no congelador; o gelo facilitará o trabalho de furar a lata. Leve-as para a classe em um isopor, para que o gelo dure um pouco mais.

FAZER é FÁCIL

BRILHE, BRILHE!

Ensino Bíblico: Sejamos filhos da luz.

1. Com o CD marker, marque os lugares que você quer furar na lata. Não faça os furos muito juntos, mas fure o suficiente para que a luz da vela brilhe muito através da lata.

2. Coloque a lata em cima de uma toalha, para a água derretida não fazer sujeira no chão. Peça a um amigo para segurar a lata enquanto você faz os furos; depois, retribua-lhe o favor. Se possível, prenda a lata entre duas pedras, e martele em segurança.

3. Com muito cuidado, martele o prego nas marcas que você fez na lata. Por causa do gelo, o prego entrará facilmente. A lata deverá ficar bem furada.

4. Faça um furo nos dois lados da lata, no topo, para fazer a alça. Enrole o pedaço de arame num dedo ou caneta, deixando-o bem encaracolado. Prenda o arame nos furos laterais, vire as pontas para cima e ajeite a alça. Despeje o gelo fora e seque a lata. Coloque a vela dentro da lata, e admire seu trabalho!

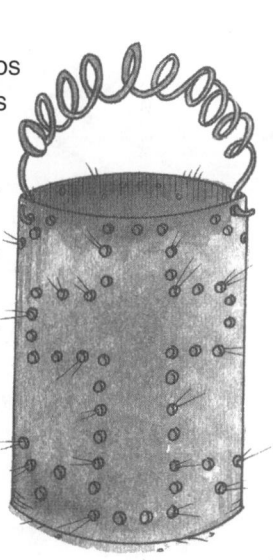

CONEXÃO GAROTADA

Mande a classe se sentar no chão, em círculo. Apresente ou recapitule os versículos. Pergunte:

- **Para você, o que significa viver como "filhos da luz"?**
- **Como você pode ser luz para os outros?**

Diga: É comum sentirmos medo, tristeza e até raiva quando ficamos sozinhos num lugar escuro. Mas quando a luz é acesa, aquele mesmo lugar fica alegre, aconchegante, agradável. Deus diz para sermos luz neste mundo. Mesmo quando as coisas ficam tristes e feias, Deus pede que façamos o que lhe agrada e sejamos a luz da verdade, bondade e justiça para as pessoas que não conhecem seu imenso amor. Assim como uma lanterna joga luz numa sala, lembrem-se de fazer o amor de Deus brilhar onde você estiver.

Termine a lição com o cântico "Minha pequena luz" (APEC, *Cânticos da Salvação*, Vol. 2, #109). Encerre a aula com orações em frases, permitindo que as crianças dêem um exemplo de como podem ser "luz" do mundo.

ISSO DÁ CERTO!

Enfatize às crianças que devem ter sempre um adulto por perto quando acenderem a vela.

A ARMADURA DE DEUS
EFÉSIOS 6.10-17
6 A 10 ANOS

Atividade: As crianças farão enfeites para maçanetas do quarto ou guarda-roupa para se lembrar de usar suas "roupas espirituais".

Material: enfeite de maçaneta de papel cartão colorido (instruções abaixo), cópias da "Armadura de Deus" (p. 181), canetas hidrográficas/lápis de cor/giz de cera, tesouras, cola.

Instruções para confeccionar o enfeite de maçaneta de papel cartão: Recorte o papel em retângulos de 11cm de largura por 29cm de comprimento. Meça 2cm do topo para baixo e corte um círculo de 6cm para a passagem da maçaneta.

Preparação: Faça uma maçaneta de papel cartão e uma cópia da página 181 para cada aluno. Para ajudar crianças menores com a parte escrita do projeto, imprima as palavras em negrito do passo 3 para elas colarem no enfeite.

FAZER é FÁCIL

VESTIDOS PARA O SUCESSO!

Ensino Bíblico: Vista a armadura de Deus todos os dias.

1. Se quiser, pinte o verso do enfeite de maçaneta.

2. Pinte e recorte sua cópia da "Armadura de Deus".

3. Logo abaixo do buraco do enfeite, cole as partes da armadura em linha vertical, do lado esquerdo. Com o pincel permanente escreva do lado direito em letras grandes: "**Vestido para vencer!**" Nas costas do enfeite, escreva: "**Verdade, Justiça, Paz, Fé, Salvação, Espírito**".

CONEXÃO GAROTADA

Quando as crianças terminarem, reúna-as com os enfeites em mãos. Apresente ou recapitule o texto bíblico. Descreva uma peça da armadura, e diga às crianças para fazer de conta que estão com ela no corpo. (Por exemplo: "Primeiro, vamos vestir o cinto da verdade. Isso significa que procuraremos falar sempre a verdade e colocar a verdade de Deus em tudo o que dissermos e fizermos.) Pergunte:

• O que significa vestir a armadura de Deus?

• Qual a importância de fazermos isso?

• Você pode citar um exemplo de como a armadura de Deus ajuda na escola ou em casa?

Diga: **Quando vamos sair e está muito frio e chovendo, colocamos casaco, gorro, luvas e pegamos um guarda-chuva para nos proteger. Mas Deus avisa que devemos nos proteger dos ataques de Satanás todos os dias. Satanás está sempre tentando descobrir um jeitinho de nos enganar e nos levar a fazer o mal, em vez de o bem. Todos os dias, vista a armadura de Deus, e você estará preparado para o que der e vier!**

Leve as crianças a compartilhar, em espírito de oração, algumas situações em que se torna necessário vestir a armadura de Deus. Comece com você. Diga, por exemplo: "Pai, quando eu tiver vontade de brigar, ajude-me a vestir a armadura". Para terminar, digam juntos: "Em nome de Jesus nós oramos. Amém".

ISSO DÁ CERTO!

Para um enfeite mais duradouro, pode encomendar estas maçanetas de madeira com um marcineiro. Antes de colar as figuras da armadura de Deus, mande as crianças envernizar ou pintar suas maçanetas.

Para ser um exemplo realmente vivo, apareça na classe vestido com sua armadura! Faça-a de papel manilha ou papelão. A criançada vai delirar!

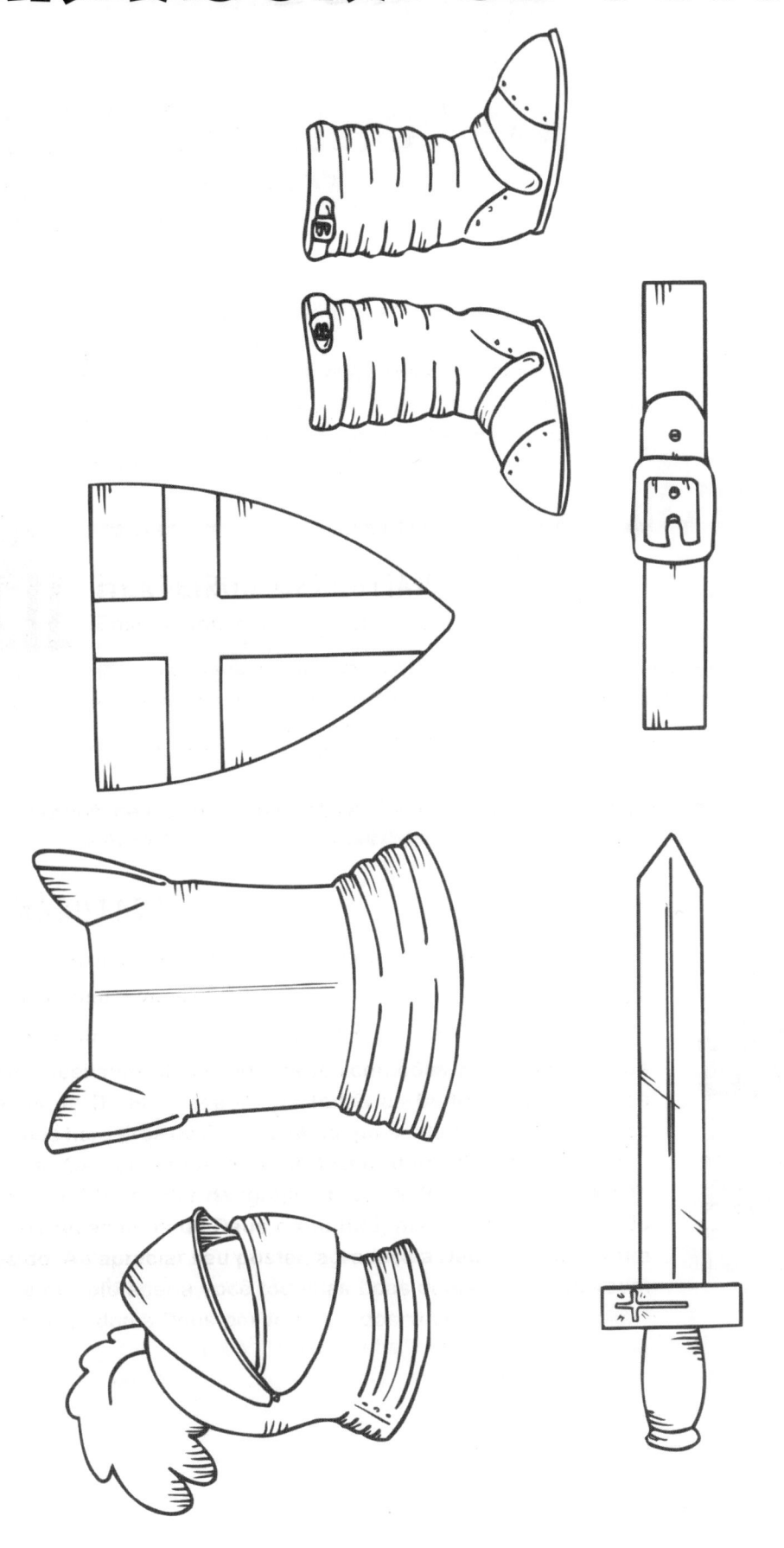

ARMADURA DE DEUS

181

FILIPENSES

AJUDANDO OS OUTROS
FILIPENSES 2.3-4
6 A 10 ANOS

Atividade: As crianças farão vales-flor do carinho para se lembrar das necessidades dos outros.

Material: cópias dos vales-flor do carinho (p. 183), tesouras, arame encapado de chenile verde/palitos de sorvete verde, fita adesiva, folhas de adesivos de florzinhas ou outros.

Preparação: Faça uma cópia dos vales-flor do carinho para cada aluno (p. 183). Deixe todo o material à disposição da classe.

FAZER É FÁCIL

PRESENTES DO CARINHO
Ensino Bíblico: Deus manda cuidarmos uns dos outros.

1. Recorte o círculo da flor.

2. Prenda um pedaço de arame atrás do círculo, com fita adesiva, para ser a haste da flor. Enrole outro pedaço de arame no primeiro e dobre as pontas para o meio; torça o arame para fazer as folhas. Prenda a folha de adesivos nas costas da flor com fita adesiva.

3. Recorte as tiras do vale-carinho e cole-as no círculo como se fossem pétalas.

ISSO DÁ CERTO!

Se não tiver chenile, pode fazer a haste de palito de sorvete/palito de algodão doce pintado de verde (ou coberta de folhas de papel criativo verde). Para deixar o projeto ainda mais legal, providencie potes de iogurte/similares para servir de vasos. As crianças forram o vaso com massinha de modelar e "plantam" a flor. Deixe as crianças enfeitarem seus vasos com fita adesiva florescente ou com algumas gotas de tinta acrílica misturada com cola branca. Esta mistura adere a vasilhas de plástico.

CONEXÃO GAROTADA

Reúna a classe e leia Filipenses 2.3-4. Pergunte:
- O que significa ser egoísta?
- Por que devemos pensar mais nos outros do que em nós mesmos?
- Como podemos cuidar dos "interesses dos outros"?

Diga: **Jesus quer que consideremos os outros mais importantes do que nós mesmos porque ele agiu assim. Jesus não andou por aí batendo no peito e anunciando que era Deus, embora tivesse criado o mundo! Em vez disso, Jesus serviu aos outros sem alarde e com amor. Ele morreu na cruz por nossos pecados para nos livrar do castigo merecido. Um jeito de imitarmos Jesus é descobrindo maneiras de ajudar o próximo. Vocês fizeram uma flor com pétalas que valem ajuda. Leve sua flor para casa, e procure maneiras de ajudar alguém. Assim que a oportunidade surgir, anote a tarefa no vale e entregue-o à pessoa. Realize a tarefa imediatamente ou quando a pessoa achar apropriado. Sempre que entregar um vale-carinho, retire um adesivo das costas da flor e cole-o no lugar da pétala. Quando tiver dado todas as pétalas, você terá uma linda flor como lembrete de que cuidou dos interesses dos outros! Deus quer que cuidemos uns dos outros.**

VALES-FLOR DO CARINHO

Vale um/a ___	Vale um/a ___	Vale um/a ___	Vale um/a ___	Vale um/a ___
Vale um/a ___	Vale um/a ___	Vale um/a ___	Vale um/a ___	Vale um/a ___

Cuide dos interesses dos outros

CONVERSE COM DEUS SOBRE QUALQUER COISA

FILIPENSES 4.6-7

8 A 12 ANOS

Atividade: As crianças farão porta-orações para lembrá-las de apresentar seus pedidos a Deus.

Material: revistas velhas, plástico transparente para encadernação/pasta em L/envelopes plásticos, papel cartão, tesouras, CD markers, mini-adesivos, fita adesiva colorida, canetas hidrográficas, furador de papel, fios de lã.

Preparação: Para cada aluno, corte um folha de papel cartão de aproximadamente 33x50cm e doze quadrados de 7x7cm de plástico transparente. As crianças irão colocar seus pedidos de oração dentro dos bolsos de plástico. Faça um porta-oração para servir de modelo às crianças. Corte pedaços de lã de 50cm.

FAZER é FÁCIL

PORTA-ORAÇÕES

Ensino Bíblico: Não se preocupe—ore!

1. Recorte das revistas algumas figuras que representem seus pedidos de oração. Por exemplo, a figura de uma criança pode representar um novo amigo que você está pedindo a Deus, ou um colega que está doente e você gostaria que ficasse bem. A figura de um alimento pode representar sua oração por uma família cujo pai perdeu o emprego, e assim por diante.

2. Coloque os quadrados de plástico sobre o papel cartão conforme o desenho ao lado. Com a fita adesiva colorida, faça o contorno de cada bolso, sempre deixando o lado de cima aberto para inserir a figura. Guarde uma figura de oração em cada bolso.

3. Enfeite as margens dos bolsos com CD markers. O meio deve ficar livre, para você ver os pedidos de oração lá dentro.

4. Fure cada ponta do papel cartão e amarre a ponta do fio de lã para ter como pregar seu porta-orações na parede ou porta.

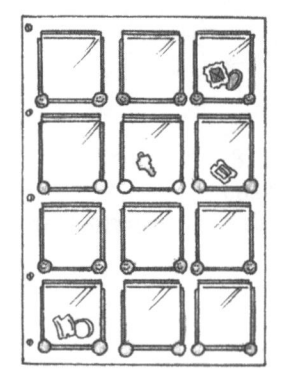

ISSO DÁ CERTO!

Faça os bolsos de cartolina/papel cartão, se preferir.

Ponha uma música de fundo enquanto as crianças trabalham. Instrua os alunos a escreverem um pedido a Deus como forma de iniciar o diário de oração. Diga para incluírem palavras de agradecimento a Deus por ouvi-las sempre. Dê oportunidade para alguns alunos compartilharem suas orações com a classe.

CONEXÃO GAROTADA

Apresente ou recapitule Filipenses 4.6-7 com as crianças. Pergunte:

• Com o que não devemos nos preocupar?

• Sobre o que devemos orar?

Diga: **Deus diz para não nos preocuparmos com nada. Ele quer que oremos sobre tudo. Quando oramos sobre qualquer assunto, o alívio toma conta de nós. Deus nos dá sua paz. Deus quer que tenhamos certeza de sua presença conosco e de que ele ouve nossas orações. Assim, lembre-se: não se preocupe — ore!**

Mostre à classe seu projeto de oração. Em poucas palavras, explique como as figuras representam coisas pelas quais você está orando. Oriente os alunos a levar os porta-orações para casa e acrescentar fotos e pequenos objetos que representem seus pedidos de oração. Sugira que pendurem os bolsos num lugar bem visível. Poderá ser usado como diário de oração — as crianças marcam a data em que começaram a orar por algo e a data em que Deus respondeu. Assim que Deus responder uma oração, a figura é retirada e substituída por outra.

COLOSSENSES

CRISTO É O CABEÇA DA IGREJA

6 A 12 ANOS

COLOSSENSES 1.17-18

Atividade: As crianças farão uma dobradura para lembrá-las de que Cristo é o cabeça da igreja.

Material: papel criativo, papel sulfite, tesouras, giz de cera/lápis de cor/canetas hidrográficas, cola, moldes de cruz, glitter, réguas.

Preparação: Desenhe um molde de cruz de uns 10cm de altura e uma base de 2,5cm de largura. Faça cópias para as crianças recortarem. Ajeite dois locais de trabalho. Em um, as crianças recortarão e desenharão; no outro, colarão e aplicarão o glitter.

FAZER É FÁCIL

DOBRADURA DE CRUZ

Ensino Bíblico: Cristo é o cabeça da igreja.

1. Recorte a cruz, enfeite-a com glitter e deixe secar.

2. Dobre o papel sulfite no meio (como um cartão). No centro da folha, começando na dobra, faça dois cortes de 5cm, distantes 2cm um do outro.

3. Abra a folha e puxe o corte para fora (na sua direção). Feche o cartão e faça o vinco nas dobras, criando uma dobradura. Dobre uma folha de papel criativo, formando um cartão. Cole o papel sulfite dentro do "cartão" de papel criativo (mas não cole a dobradura). Logo abaixo da dobradura, escreva: "Cristo é o cabeça da igreja".

4. Em outro pedaço de papel criativo, desenhe e pinte uma igreja. Recorte-a. Para um efeito especial, recorte a linha entre as portas da igreja e a parte de cima e dobre as laterais das portas para que possam abrir e fechar. Depois cole a igreja na frente do "cartão" de papel criativo.

5. Após colarem a igreja no papel criativo, podem "abrir as portas" e desenhar as pessoas dentro.

6. Cole a cruz na dobradura.

CONEXÃO GAROTADA

Quando as crianças terminarem, reúna-as junto de você. Apresente ou recapitule os versículos bíblicos. Pergunte:

- **Segundo a Bíblia, quem é a igreja?**
- **Qual é a importância de Jesus para a igreja?**

Diga: **A Bíblia afirma que o corpo de cristãos — eu e você — somos a igreja. Jesus é o Filho de Deus, e ele é o cabeça da igreja. Seu cartão-dobradura será um lembrete de que Cristo é o cabeça da igreja. Dê oportunidade para que cada aluno diga porque a igreja é especial para ele/ela. Termine com uma oração de agradecimento a Deus pela igreja.**

UNIDOS EM AMOR
COLOSSENSES 2.2

6 A 10 ANOS

Atividade: As crianças farão corações suspensos como lembretes para serem fortalecidas em coração e unidas em amor.

Material: papel criativo vermelho, papel de seda de várias cores, papel transparente adesivo, furadores de papel, fita, tesouras.

Preparação: Corte o papel criativo em retângulos de 16x22cm e o papel transparente adesivo em retângulos de 16x44cm. Rasgue ou corte papel de seda de várias cores em quadrados de 2cm. Corta a fita em pedaços de 30cm. Em uma área de trabalho, coloque os retângulos de papel criativo, os retângulos de papel transparente adesivo e os papéis de seda em três pilhas, junto com algumas tesouras. Em outra área, coloque mais tesouras, os furadores de papel e a fita.

FAZER é FÁCIL

CORAÇÕES SUSPENSOS

Ensino Bíblico: Sejam fortalecidos em coração e unidos em amor.

1. Dobre o papel criativo no meio. Recorte uma metade de um coração grande (sem cortar a dobra) e recorte um menor dentro dele; ao abrir, você terá um contorno de coração.

2. Dobre o papel adesivo no meio; faça um vinco forte e desdobre. Retire a película protetora de uma metade do papel; cole o esboço de coração sobre essa metade. Encha o coração com quadradinhos de papel de seda.

3. Retire a película protetora da outra metade do adesivo e dobre-a sobre o coração. Apare as sobras do papel adesivo. Faça um furo no topo do coração e amarre um pedaço de fita.

CONEXÃO GAROTADA

Depois que terminarem, reúna as crianças junto de você. Apresente ou recapitule o versículo. Pergunte:

• **O que significa ser fortalecido?**

• **O que significa ser unido?**

• **De que maneira somos fortalecidos em nosso coração e unidos em amor?**

Diga: **O apóstolo Paulo escreveu uma carta aos colossenses com o propósito de que eles fossem fortalecidos em seus corações e unidos em amor. Assim, os colossenses compreenderiam Deus muito melhor porque Deus é amor. Os corações suspensos serão lembretes para sermos encorajados — inspirados, confiantes — em nossos corações. Também irão nos lembrar de sermos unidos — ligados — em amor. Sejamos fortalecidos em nossos corações e unidos em amor. Peça a cada aluno para citar um jeito de ele/ela ser unido aos outros em amor.** Para terminar, ore pedindo que Deus una todos vocês em seu amor.

ISSO DÁ CERTO!

Peça aos alunos que deixem os corações com você, para enfeitarem a sala. Pendure os corações numa janela, parede ou no teto.

FAMÍLIAS OBEDIENTES A DEUS
COLOSSENSES 3.18-21
6 A 12 ANOS

Atividade: As crianças farão famílias de papel para mostrar que todos contribuem para que a família seja feliz.

Material: tesouras, canetas hidrográficas/lápis de cor, revistas velhas, cola, molde de pessoas (p. 188), adesivos de coração, lápis.

Preparação: Faça uma cópia da página 188 para cada aluno. Uma folha de papel sulfite dá para quatro figuras. Faça cópias em papel maior para as crianças que têm famílias grandes. As crianças precisarão de lápis/caneta para a hora do ensino.

ISSO DÁ CERTO!
Se a família de um aluno for maior que o número de pessoas no molde, diga-lhes para dobrar e recortar mais de um molde, e colar um no outro.

FAZER É FÁCIL

DIVERSÃO EM FAMÍLIA

Ensino Bíblico: Deus quer que você cumpra sua parte na família.

1. Dobre seu molde nas linhas pontilhadas e recorte a figura. Cuidado para não cortar a linha pontilhada dos braços e das pernas.

2. Recorte rostos das revistas para representar as pessoas de sua família; cole os rostos nas figuras.

3. Com as canetas hidrográficas, desenhe e pinte roupas nas figuras. Cole nas figuras alguns acessórios (recortados das revistas) que combinem com as pessoas de sua família. Por exemplo, colares e brincos para sua mãe, gravata para seu pai, brinquedos para os irmãos.

CONEXÃO GAROTADA

Depois que as crianças terminarem o projeto, peça que tragam suas "famílias" para junto de você. Diga para apresentarem suas famílias ao colega mais próximo. Explique que cada pessoa tem seu papel na felicidade da família. Leia os versículos para a classe. Pergunte:

- Qual é o papel de seu pai em sua família? De sua mãe?
- Qual é o seu papel?
- Por que é importante que você obedeça a seus pais?
- Por que as famílias são mais felizes quando cada um cumpre sua parte?

Diga: **O plano de Deus é que as famílias sejam felizes. Isso não significa que discussões e problemas vão desaparecer — nenhuma família é perfeita. Mas se cada um fizer sua parte, nossa família será bem mais unida. Mostrem-me a corrente formada por sua família. Observem que todas as pessoas estão ligadas, nenhuma está sozinha. Isso deixa claro o que Deus disse: cada membro da família é importante. Vamos pedir a Deus que nos ajude a cumprir nossa parte em fazer nossa família mais unida e feliz.** Distribua os adesivos de coração; as crianças irão colar um adesivo nos lugares onde as "mãos" se unem. Dê oportunidade para que cada um diga: "Querido Deus, peço que o Senhor me ajude a cumprir minha parte e obedecer a meus pais". Diga: **Mesmo que alguém de sua família não viva de acordo com as ordens de Deus, ele quer que você cumpra a sua parte. Esta é a tarefa dele para você, não importa o que outras pessoas da família façam ou deixem de fazer. Quando você obedece a seus pais, você leva o amor de Deus para sua família. Deus espera que você cumpra seu papel dentro de sua família.**

ISSO DÁ CERTO!
Seja sensível às crianças cujos pais são divorciados e, por isso, tenham de viver também com padrastos, madrastas e meio-irmãos. Algumas crianças podem ter perdido o pai e vivem apenas com a mãe, e vice-versa; outras, por razões diferentes, são criadas por avós ou tios. Seja qual for a situação, todas as crianças devem se sentir parte do estudo em geral. Diga algo assim: "Algumas famílias não têm pai ou mãe. Isso significa que a pessoa que ficou tem de ser pai e mãe ao mesmo tempo. Assim, ela merece o dobro de respeito e amor!"

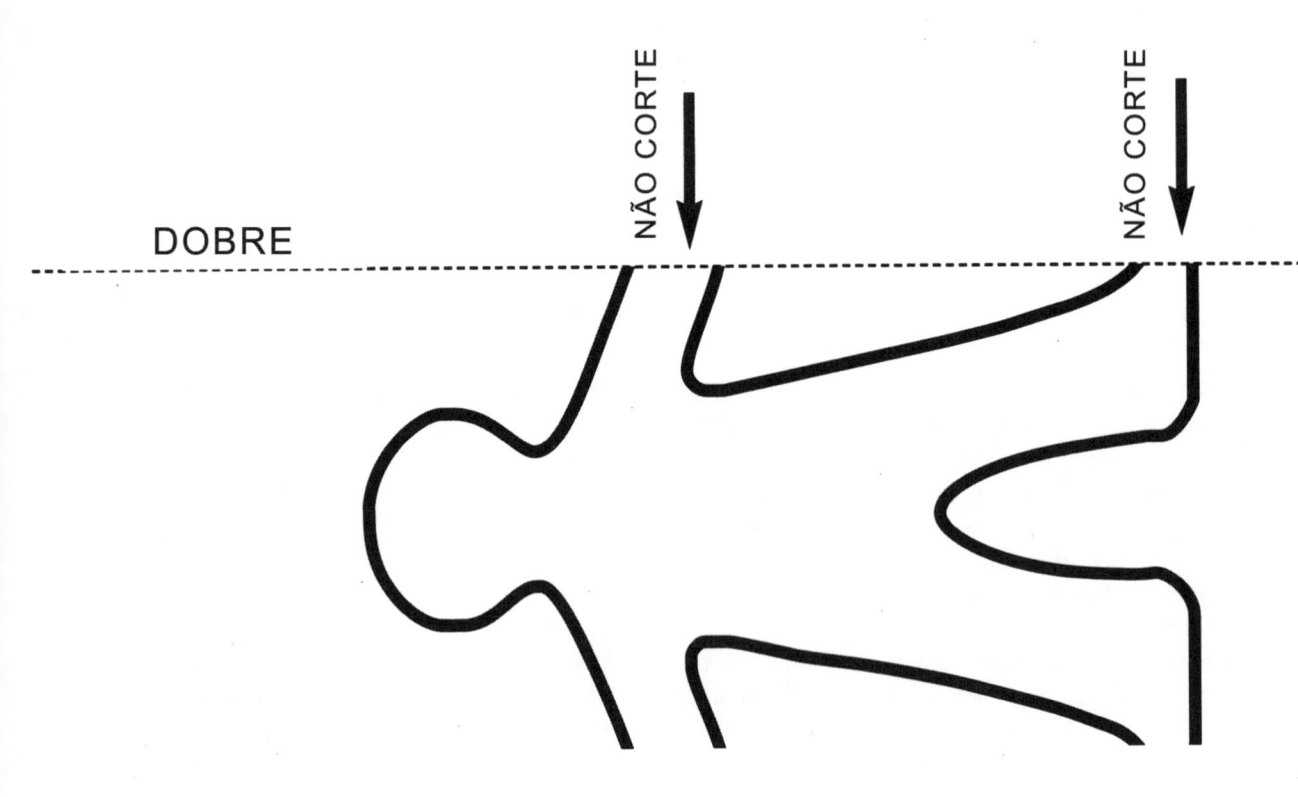

DOBRE

DOBRE

NÃO CORTE

NÃO CORTE

DOBRE

DEDIQUEM-SE À ORAÇÃO

8 A 12 ANOS

COLOSSENSES 4.2-4

Atividade: As crianças farão placas de oração para lembrá-las de orar por gente do mundo todo.

Material: globo ou mapa-múndi, papel cartão/papelão, cola, mistura de cola e água, fio de lã/barbante, papel alumínio, materiais de "escultura", pincéis, copinhos de café.

Preparação: Cada criança deverá receber um pedaço de papel cartão/papelão. Além do fio de lã, cada uma também deverá receber um ou dois dos seguintes itens para acrescentarem às placas: clipes de papel, pregos, botões, miçangas, pedaços de cartolina para recortarem figuras, parafusos e similares. Faça uma mistura com duas partes de cola e uma de água e coloque em copinhos de café.

ISSO DÁ CERTO!

Algumas crianças podem escolher uma cidade ou um bairro. Incentive-as na escolha, e explique que pessoas de todos os lugares precisam de oração.

FAZER é FÁCIL

PLACAS DE ORAÇÃO

Ensino Bíblico: Deus quer que oremos.

1. Examine o globo ou mapa e escolha um país ou continente pelo qual você quer orar.

2. Com a cola, escreva o nome do lugar, em letras maiúsculas, num pedaço de papel cartão. Se quiser, desenhe o mapa e escreva o nome do lugar dentro dele.

3. Cubra as letras de cola com fio de lã para ficar em relevo. Cole alguns objetos de escultura ao redor, como decoração. Por exemplo, recorte o mapa do Brasil num pedaço de papelão ou faça seu contorno com miçangas, clipes de papel e outros objetos; se preferir, faça uma moldura ou outro desenho com os objetos. Quando terminar o desenho e o nome do país, deixe o mapa secar por alguns minutos e, com um pincel, passe a mistura de cola e água em toda a superfície.

4. Ponha um pedaço de papel alumínio em cima dos objetos. Com cuidado, pressione e molde o papel alumínio em volta do fio de lã e dos objetos na cartolina; dobre as margens do papel alumínio atrás da cartolina.

CONEXÃO GAROTADA

Depois que as crianças terminarem as placas de oração, chame-as para junto de você. Leia Colossenses 4.2-4 e explique que "dedicar-se" significa investir tempo, força e energia em alguma coisa. Pergunte:

- **O que significa estar alerta?**
- **Por que devemos ser agradecidos quando oramos?**
- **Segundo os versículos 3 e 4, pelo que devemos orar?**

Explique aos alunos que um modo de estar alerta é assistir/ouvir o noticiário e ler sobre os países que escolheram, e orar pelo que acontece lá. Lembre às crianças de orar pelos missionários e pastores desses lugares, e pelas pessoas que não conhecem Jesus.

Dê oportunidade às crianças para falar um pouco sobre o país que escolheram, e leve a classe a orar por esse lugar.

ISSO DÁ CERTO!

Para acelerar a secagem dos objetos antes de cobri-los com o papel alumínio, deixe as crianças usarem um secador de cabelo em temperatura baixa.

1 TESSALONICENSES

VIVER PARA DEUS
1Tessalonicenses 5.19-24
6 A 10 ANOS

Atividade: As crianças farão extintores como lembretes de que não devem apagar o fogo do Espírito.

Material: garrafas pet de 2 litros (sem tampa), papel de seda vermelho, cola, ficha de arquivo, serpentina branca, canetas hidrográficas pretas, CD markers, papel criativo preto, tesouras, borrifador.

Preparação: Remova os rótulos das garrafas. Arranje uma mesa com bastante espaço para a linha de produção. Se o material for limitado, divida a classe em duplas.

FAZER é FÁCIL

BOMBEIROS DE DEUS
Ensino Bíblico: Não apaguem o Espírito.

1. Cubra a garrafa com um pedaço grande de papel de seda vermelho. Prenda o papel no lugar e ajeite as beiradas na garganta e fundo da garrafa.

2. Passe um pouco de cola no interior da boca da garrafa e enfie serpentina branca, deixando uma cauda para fora.

3. Dobre no meio um pedaço de papel criativo preto. Deite um borrifador no papel e, com giz ou caneta de gel, trace o contorno. Recorte o desenho de borrifador, pegando as duas metades do papel criativo. Cole o "borrifador" na boca da garrafa de modo que a serpentina fique pendurada, entre os dois contornos do borrifador, na mesma direção dele.

4. Para fazer a alavanca, corte uma tira de 20cm de papel preto e cole as extremidades no lado da garrafa. Numa ficha de arquivo, escreva: "Não apaguem o Espírito". Cole a ficha no extintor.

ISSO DÁ CERTO!

Leve os alunos a pensar em coisas que enfraquecem a fé em Deus. Exemplos: dúvida, medo, amizades erradas, orgulho. Diga para anotarem as sugestões na serpentina do extintor com os CD markers. Faça uma exposição dos trabalhos como lembrete do que precisa ser evitado.

CONEXÃO GAROTADA

Apresente ou recapitule os versículos de 1Tessalonicenses. Pergunte:
- Por que é importante viver para Deus?
- Que tipo de coisas nos afastam de Deus?
- O que fazer para continuarmos empolgados com Deus?

Diga: **Paulo estava encorajando os cristãos de Tessalônica para se tornarem firmes na fé. Por meio da obediência a Deus, eles reconheceriam o pecado e fugiriam dele. Assim como o extintor apaga o fogo, o pecado enfraquece nosso viver para Deus. O Senhor quer que estudemos a Bíblia e que o conheçamos cada vez mais, para não apagarmos o fogo do Espírito.**

2 TESSALONICENSES

PERMANECER FIRMES PARA DEUS
2 Tessalonicenses 2.15-17

6 A 10 ANOS

Atividade: As crianças farão estátuas para lembrá-las de permanecer firmes para Deus.

Material: prendedores de roupa, bolas miudinhas de isopor (ou recorte círculos de cartolina e cole nos prendedores), retalhos de tecido, tesouras, cola, canetas hidrográficas pretas e coloridos, papel criativo, arame encapado de chenile, tampas de lata de conserva (sem aparas, claro!), cola quente.

Preparação: Cole bem os prendedores em pé nas tampas, com cola quente.

FAZER é FÁCIL

CRISTÃO CORAJOSO
Ensino Bíblico: Firmes para Deus.

1. Com uma caneta hidrográfica preta, desenhe um rostinho na bola de isopor (ou no papel). Use outras cores para desenhar o cabelo.

2. Enrole um pedaço de arame no prendedor e torça, para fazer os braços. Use retalhos de tecido para fazer a roupa, e cole-a no prendedor.

3. Faça uma Bíblia de papel criativo e cole-a nas pontas dos braços. Deixe a estátua secar.

CONEXÃO GAROTADA

Apresente ou recapitule os versículos de 2Tessalonicenses. Pergunte:
- **Como você permanece firme para Cristo na escola? E em casa?**
- **Que tipo de coisas nos fazem perder a coragem?**
- **Como Deus nos ajuda a ser corajosos?**

Diga: **No estudo de hoje, Paulo está encorajando os cristãos a permanecerem firmes para Deus. Muitos membros da igreja haviam se tornado preguiçosos e desobedientes. Outros pensaram em desistir de viver corretamente por causa de provações e problemas. A mensagem de Paulo é para continuarmos firmes por Cristo. Diante de problemas, não vacile na fé. Peça a Deus para fazer de você um cristão corajoso, e permaneça firme para Deus.**

ISSO DÁ CERTO!
Sugira aos alunos para deixarem as estátuas em lugar visível, em casa, para lembrá-los de ser corajosos para Deus.

1 TIMÓTEO

INCENTIVAR E ORAR
1 TIMÓTEO 2.1-4
8 A 12 ANOS

Atividade: As crianças farão cartões para incentivar líderes da comunidade e dizer-lhes que estão orando por eles.

Material: cartolina, objetos como carimbos e tinta, fitas, canetas hidrográficas/lápis de cor, tesouras de picotar, furador de papel.

Preparação: Recorte a cartolina em folhas de 20x30cm. Se possível, convide alguém da igreja que saiba fazer cartões para ensinar algumas técnicas para as crianças. Escolha alguns líderes do bairro/cidade para receber os cartões. Inclua o pastor, o prefeito, professores. Faça alguns cartões como sugestões às crianças. Escreva mensagens simples para as crianças mais novas copiarem.

FAZER é FÁCIL

CARTÕES DE CLASSE
Ensino Bíblico: Vamos encorajar nossos líderes e orar por eles.

1. Dobre a folha recortada de cartolina ao meio. Enfeite o cartão por dentro e por fora. Com a tesoura de picotar/furador de papel, faça margens diferenciadas ao redor do cartão.

2. Escreva uma nota de incentivo ao destinatário, e assine seu nome.

3. Pare um momento e ore pela pessoa que receberá o cartão.

CONEXÃO GAROTADA

Apresente ou recapitule os assuntos de 1Timóteo 2.1-4. Pergunte:
- Por que devemos orar por nossos líderes e incentivá-los?
- De que outras maneiras podemos incentivar nossos líderes?

Diga: **As cartas de encorajamento de Paulo ajudaram muito Timóteo quando ele estava tendo dificuldades em liderar uma igreja. Com os cartões e orações, estamos incentivando nossos líderes para continuar realizando o trabalho deles da melhor maneira possível.**

Termine com uma oração pedindo que Deus ajude vocês em encorajar as pessoas.

ISSO DÁ CERTO!

Para eliminar o gasto com selos, recolha os cartões e selecione alguns alunos para entregá-los pessoalmente. Incentive grupos de alunos a se revezar semanalmente em oração a favor de seu bairro/cidade e dos seus líderes.

JOVENS TAMBÉM SERVEM A DEUS
1 TIMÓTEO 4.12-13

6 A 10 ANOS

Atividade: As crianças irão fazer e enfeitar bandejas de prata.

Material: bandejas de papelão (instruções abaixo), papel alumínio, papel criativo vermelho, canetas hidrográficas, revistas cristãs, tesouras, cola, tampas de plástico (de latas de cereais ou similares).

Preparação: Desenhe um círculo no meio das tampas e corte-os fora. Cada metade em forma de C será uma alça para a bandeja. Com a cola quente, prenda as "alças" em retângulos de 25 x 30cm de papelão. As alças devem ficar em pé. Quando a cola secar, as bandejas poderão ser decoradas.

FAZER é FÁCIL

A SERVIÇO DE DEUS

Ensino Bíblico: Os jovens também podem servir a Deus.

1. Cubra a bandeja com papel alumínio. Recorte tiras de papel alumínio e encape as alças. Certifique-se de ter encapado tudo muito bem.

2. Faça um coração grande de papel criativo vermelho e escreva: "Jovens também podem servir a Deus". Cole o coração no meio da bandeja.

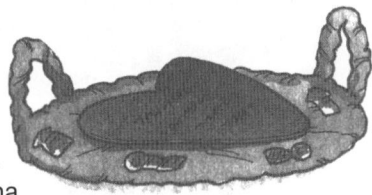

3. Procure nas revistas figuras de jovens e crianças servindo a Deus ou figuras que exemplifiquem maneiras de servi-lo. Cole as figuras na bandeja. Depois que secar, mostre a bandeja aos colegas.

CONEXÃO GAROTADA

Apresente ou revise o assunto de 1Timóteo 4.12-13. Pergunte:

• Alguém já fez pouco caso de você por causa de sua idade? Quando?
• Que conselho Paulo deu a Timóteo sobre este assunto?
• Como você pode usar seus talentos para servir a Deus?

Diga: **Timóteo era o jovem pastor da igreja de Éfeso. Em sua carta, Paulo lembrava a Timóteo que a idade não era obstáculo para ele servir a Deus. Ao olhar sua bandeja prateada, pense em servir. Lembre-se que mesmo as crianças podem servir a Deus e ser muito úteis ao Senhor.**

ISSO DÁ CERTO!

Peça aos alunos que dêem sugestões de como servir a igreja e aos irmãos. Exemplos: molhar as plantas, recolher o lixo depois do culto, varrer a calçada da igreja. Crie uma equipe de serviço para a igreja.

2 TIMÓTEO

PAULO INSTRUI TIMÓTEO A SER CORAJOSO PARA DEUS

4 A 8 ANOS

2 Timóteo 2.3-4

Atividade: As crianças farão soldados de colheres de pau como lembretes para serem "bons soldados" de Jesus Cristo.

Material: colheres de pau, CD markers, canetas hidrográficas/lápis de cor/giz de cera, tesouras, cópias das fardas de soldado (p. 195), cola.

Preparação: Faça cópias da página 195; entregue uma farda para cada aluno. Ajude as crianças mais novas a desenhar um rosto na colher, com os CD markers.

FAZER é FÁCIL

SOLDADO DE COLHER

Ensino Bíblico: Seja um soldado de Cristo.

1. Com os CD markers desenhe um rosto na colher. Deixe espaço para o quepe.

2. Pinte a farda do soldado com as demais opções e recorte-a. Cole a farda no cabo da colher.

ISSO DÁ CERTO!

As crianças vão se divertir cantando "Mesmo que eu não marche na infantaria", enquanto realizam a tarefa. Se houver tempo, incrementem as fardas com botões ou retalhos de tecido.

CONEXÃO GAROTADA

Enquanto os soldados secam, apresente ou recapitule 2Timóteo 2.3-4. Pergunte:

- **Por que é difícil ser soldado?**
- **Por que Deus quer que sejamos corajosos?**
- **Como você pode ser um cristão corajoso?**

Diga: **O soldado tem de ser corajoso e forte. Paulo mandou Timóteo ser um soldado de Jesus e não desanimar por causa das dificuldades que os seguidores dele têm de enfrentar. Quando sentir medo ou solidão, lembre-se de que Deus está com você. Assim como fez com Timóteo, Deus também dará a você o espírito de poder. Vamos ser corajosos em nossa fé e permanecer firmes. Sejamos soldados de Cristo.**

FARDA DO SOLDADO

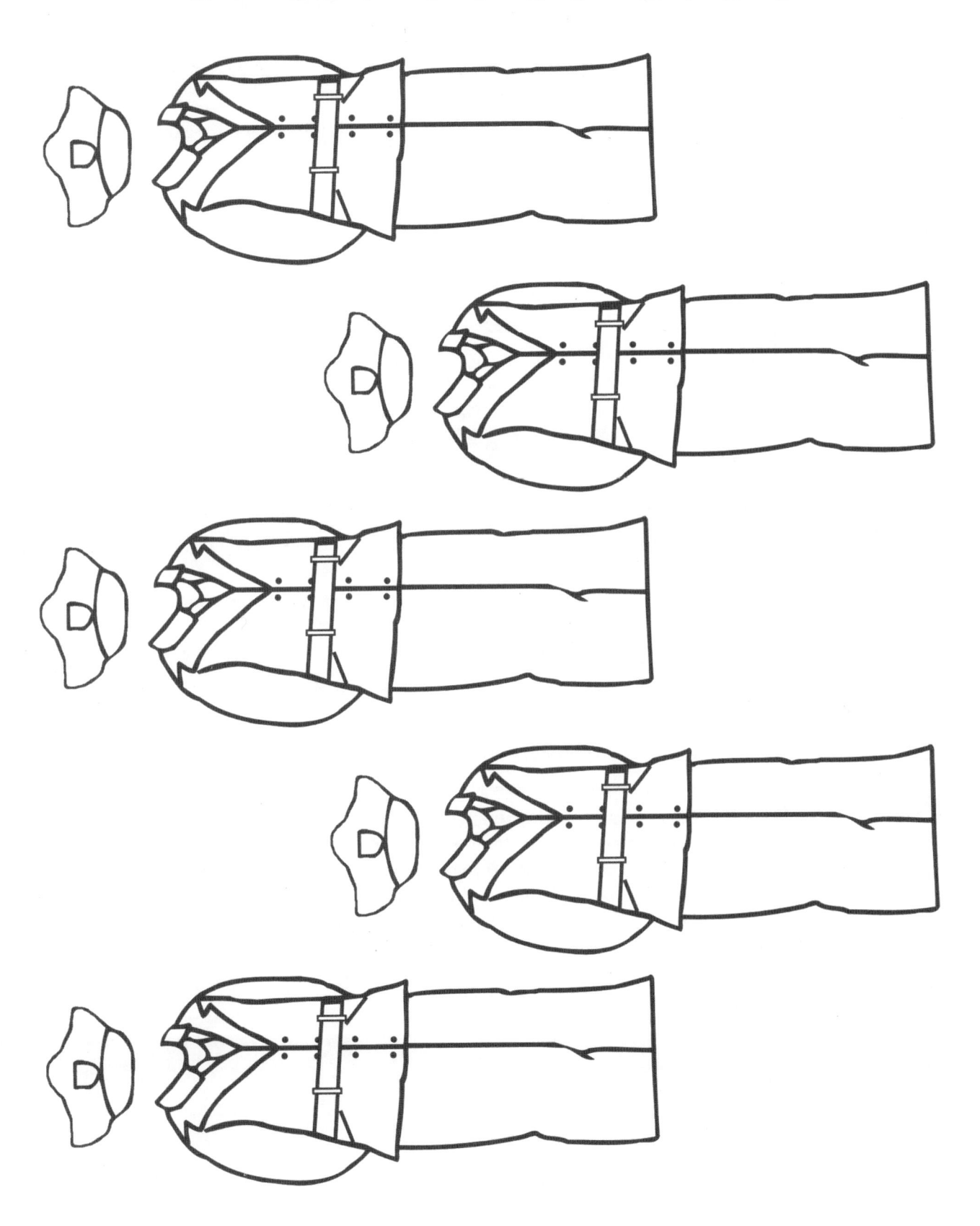

PAULO INCENTIVA TIMÓTEO A LIDERAR

2 TIMÓTEO 3.10-4.8

6 A 10 ANOS

Atividade: As crianças farão tochas como lembretes de que Paulo passou a "tocha" da liderança a Timóteo.

Material: tubos de toalha de papel, papel criativo preto, vermelho, amarelo e laranja, cola, ficha de arquivo, canetas hidrográficas, fita adesiva.

Preparação: Separe o papel criativo por cores: vermelho, amarelo, laranja e preto. Os alunos precisarão de uma folha de cada cor.

FAZER é FÁCIL

TOCHA FLAMEJANTE

Ensino Bíblico: Lidere pessoas a Jesus.

1. Enrole uma folha de papel criativo preto em volta do tubo de papelão e prenda com fita adesiva.

2. Escreva na ficha de arquivo: "Lidere pessoas a Jesus"; cole a ficha no tubo.

3. Recorte chamas dos outros papéis criativos. Enfie as chamas no tubo e cole-as no lugar.

ISSO DÁ CERTO!

Use este projeto com crianças mais velhas. Corte tubos de PVC em pedaços de 30cm. Encha uma ponta do tubo com fitas vermelhas, laranjas e amarelas. Os tubos podem ser enfeitados com tinta e adesivos.

Passe uma "tocha da liderança" pela classe. Escolha uma criança para realizar uma tarefa especial, como ler um versículo ou ajudar na limpeza. Depois que a criança completar a tarefa, diga-lhe para passar a tocha a um colega. Guarde a tocha; escolha uma criança diferente a cada semana.

CONEXÃO GAROTADA

Apresente ou recapitule os versículos de 2Timóteo. Pergunte:

- Por que você acha que Paulo escreveu essa carta a Timóteo?
- Quem você procura quando precisa de incentivo ou conselho?
- Como você pode levar uma pessoa a Jesus?

Diga: **Passar a tocha geralmente significa trocar de corredores. Quando Paulo escreveu estes últimos conselhos a Timóteo, ele estava na prisão, em Roma, preparando-se para morrer. Timóteo estava se tornando um líder dos cristãos. Paulo encorajou Timóteo a usar seus talentos no serviço de Deus. Também podemos liderar pessoas a Cristo com nosso tempo e talentos. Deus quer que levemos pessoas a Jesus.**

TITO

SOMOS HERDEIROS DA VIDA ETERNA
8 A 12 ANOS
Tito 3.4-8

Atividade: As crianças farão cartazes relacionando as bênçãos de Deus a seus herdeiros.

Material: papel cartão de cor viva/cartolina, canetas hidrográficas, adesivos/selos dourados, borracha EVA, papel de rascunho, lápis, cola, papel de presente.

Preparação: Deixe o material à disposição das crianças. Recorte o papel cartão em pedaços de 20x30cm.

FAZER é FÁCIL

HERDEIROS CELESTIAIS
Ensino Bíblico: Somos herdeiros de Deus.

1. Apresente sugestões dos presentes que Deus dá a seus filhos. Faça uma lista no papel rascunho e depois passe a limpo, com a caneta hidrográfica, no papel cartão.

2. Enfeite as beiradas do cartaz com o papel de presente, as canetas hidrográficas e os adesivos dourados.

3. Cole o cartaz num pedaço de borracha EVA. Deixe a cola secar e exiba seu cartaz.

CONEXÃO GAROTADA

Apresente ou recapitule o tema e os versículos de Tito 3.4-8. Pergunte:

• O que Deus já deu a você?

• Como você recebe os presentes de Deus?

Diga: **Quando aceitamos Jesus em nossos corações, nós nos tornamos filhos adotivos de Deus e recebemos todas as bênçãos que ele nos preparou. Somos herdeiros de Deus. O maior presente que ele nos oferece é a vida eterna. Os versículos de hoje fazem parte de uma carta que Paulo escreveu a Tito, o líder da igreja em Creta. Paulo relembra a Tito que tudo o que recebemos de Deus é gratuito, não pode ser comprado nem é merecido. Ao apreciar seu pôster, agradeça a Deus por ele ser um Pai amoroso e por oferecer a você todas as boas dádivas. Termine com uma oração de gratidão a Deus por tornar todos vocês herdeiros dele.**

ISSO DÁ CERTO!
Incentive as crianças a deixarem os cartazes em lugar visível, em casa, para toda a família apreciá-los.

FILEMOM

A BONDADE DE FILEMOM REANIMA OS OUTROS

6 A 10 ANOS

FILEMOM 4-7

Atividade: As crianças farão sachês em forma de coração como lembretes de que a bondade anima o coração das pessoas.

Material: tecido de juta/similar, cartolina, moldes em forma de coração (veja p. 93), cola, tesouras, pot-pourri* de flores, furador de papel, fitas de seda.

Preparação: Prepare alguns moldes de cartolina em formato de coração para as crianças traçarem. Coloque gotas de essência de flores no saco de flocos de serragem para fazer o pot-pourri.

* Pot-pourri é pó de serragem colorido perfumado com essência (encontrado em lojas de flores artificiais e lojas de essências).

FAZER é FÁCIL

ANIMADOR DE CORAÇÃO

Ensino Bíblico: A bondade anima o coração das pessoas.

1. Usando o molde, trace dois corações no pedaço de juta. Recorte os corações e fure o topo de cada um, com o furador de papel.

2. Coloque um punhado de pot-pourri entre os corações. Passe cola em toda a volta dos dois corações e aperte bem um no outro.

3. Passe um pedaço de fita nos furos e dê um laço/nó. Dê o coração a alguém como um presente de bondade.

ISSO DÁ CERTO!

Incentive as crianças para dar os sachês a alguém a quem seja difícil mostrar bondade. Por exemplo, o chato, o briguento ou o injusto da escola ou da vizinhança. Lembre à classe que Paulo incentivou Filemom a ir além do perdão, e a mostrar bondade a alguém que havia agido de modo errado com ele.

CONEXÃO GAROTADA

Apresente ou recapitule o tema de Filemom. Pergunte:

- **Por que devemos ser bondosos com as pessoas?**
- **De que modo um gesto de bondade anima seu coração?**
- **Quando é muito difícil ser bondoso? Por quê?**

Diga: **Filemom era conhecido por sua bondade sincera e seu amor genuíno para com os outros. Paulo escreveu essa carta a Filemom pedindo-lhe que estendesse sua bondade a Onésimo, o escravo fujão. Paulo pede que Filemom veja Onésimo mais como um irmão do que como um escravo. Podemos reanimar o coração dos outros lhes estendendo nossa bondade.**

HEBREUS

A PALAVRA DE DEUS É NOSSA ÂNCORA
8 A 12 ANOS
HEBREUS 2.1

Atividade: As crianças farão marcadores de livros em forma de âncoras para suas Bíblias.

Material: cartolina, CD markers, cola branca, fita de seda de 4,5cm de largura, canetas de glitter ou adesivos (opcional para decoração).

Preparação: Recorte a cartolina em quadrados de 5,5cm. Faça um molde da âncora abaixo e trace-a nos quadrados, um para cada aluno. Disponha todo o material em um único lugar.

FAZER É FÁCIL

ANCORADO EM MINHA FÉ
Ensino Bíblico: Esteja ancorado na Palavra de Deus.

1. Enfeite a sua âncora no quadrado de cartolina. Recorte-o. Cole a âncora no topo do pedaço de fita.

2. Dobre a ponta de baixo da fita e picote um V ao contrário.

3. Com o CD marker, escreva na fita: "Esteja ancorado na Palavra de Deus". Se quiser, decore a fita com canetas de glitter ou adesivos. Seu marcador está pronto. Coloque-o dentro da Bíblia em seu versículo favorito, ou para marcar onde parou a leitura.

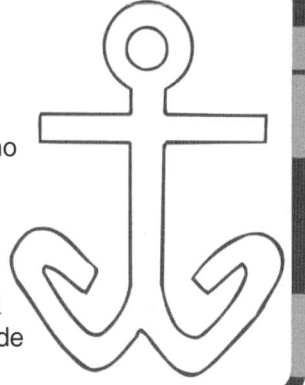

CONEXÃO GAROTADA

Reúna a classe para a leitura do versículo bíblico.

Diga: **A âncora segura o barco no lugar e impede que ele seja levado pela correnteza.** Pergunte:

- **De que modo essa âncora lembra você de não se afastar de Deus?**
- **Como você acha que permanecemos ancorados na Palavra de Deus?**

Diga: **Ouvimos atentamente a Bíblia para ficarmos ancorados e crescermos na fé. Entender por que devemos prestar atenção na leitura nos ajuda a ser melhores ouvintes da Palavra de Deus. Lembrem-se de que a Palavra de Deus nos mantém seguramente ancorados nele.**

ISSO DÁ CERTO!

Explique às crianças que, através dos tempos, muitas igrejas usaram formatos diferentes de cruz. Apresente uma cruz e mostre como ela é parecida com uma âncora. Pergunte aos alunos como eles explicariam este símbolo da cruz a um amigo.

SOMOS CASA DE DEUS

HEBREUS 3.6

6 A 12 ANOS

ISSO DÁ CERTO!

Se não quiser usar maria-mole, dê a cada aluno um pedaço de argila para que façam várias bolinhas. As crianças construirão as casas com argila e palitos de dentes.

Atividade: As crianças construirão casas e, depois, ligarão umas nas outras.

Material: maria-mole cortada em quadrados de 1-1,5cm, palitos de dente coloridos, pratos de papel.

Preparação: Ponha vários quadrados de maria-mole e alguns palitos nos pratos. Cada aluno deve receber um prato.

FAZER é FÁCIL

LAR, DOCE LAR

Ensino Bíblico: Somos a casa de Deus.

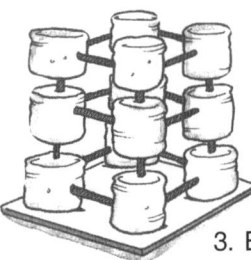

1. Enfie uma maria-mole em cada ponta de dois palitos. Posicione os dois palitos paralelamente no prato e conecte-os com mais dois palitos. Você formou uma base quadrada.

2. Enfie palitos de dentes no topo de cada maria-mole, bem no meio, acrescente mais quatro marias-moles e ligue-as com palitos. Repita mais uma vez, para fazer o terceiro andar da "casa" tridimensional.

3. Encoste seu prato no de um colega e, com palitos e marias-moles, unam suas casas.

CONEXÃO GAROTADA

Deixe as obras de arte em um lugar e reúna a classe em outro. Leia o versículo. Pergunte:

- Por que você acha que Deus nos chama de sua casa?
- Que tipo de casa você gostaria de ser para Deus?
- O que significa ser corajoso e ter esperança em Deus?

Diga: **Nós somos a casa de Deus. Deus nos fez e vive em nós. Ele merece toda a glória por nos ter criado. Deus irá nos usar, se formos corajosos e cheios de esperança.**

TESTE DE ALERGIA

Esteja ciente de que algumas crianças podem ser alérgicas a algum alimento. Conheça bem seus alunos; converse com os pais. Leia cuidadosamente os rótulos dos produtos usados; ingredientes "acima de qualquer suspeita" podem causar alergias gravíssimas, ou outros problemas.

NADA FICA ESCONDIDO DE DEUS

6 A 10 ANOS

Hebreus 4.12-13

Atividade: As crianças descreverão seus atributos em pratos de papel.

Material: pratinhos de papel finos (sem plastificação), colchetes, toalhas de papel, óleo de cozinha, canetas hidrográficas, jornal.

Preparação: Cubra uma área de trabalho com folhas de jornal e deixe ali os colchetes, o óleo e metade dos pratinhos de papel. Em outro local, deixe as canetas hidrográficas e o restante dos pratos.

FAZER é FÁCIL

IDENTIDADE TRANSPARENTE

Ensino Bíblico: Deus nos conhece por dentro e por fora.

1. Desenhe seu rosto no prato, usando canetas hidrográficas; ao redor do prato, escreva palavras que descrevam você. Escreva seu nome atrás do prato.

2. Com a toalha de papel, e com muito cuidado, unte outro prato com óleo até ficar transluzente. Retire o excesso de óleo da frente e das costas do prato, usando a toalha de papel.

3. Use um colchete para unir os dois pratos, no meio, deixando o oleoso por cima. Você deve enxergar seu rosto e qualidades através do prato.

CONEXÃO GAROTADA

Mande a classe recolher o lixo, lavar bem as mãos e formar um círculo junto de você. Pergunte:

• **De que maneira esse projeto nos lembra que Deus nos conhece por dentro e por fora?**

• **Como você se sente ao saber que nada fica escondido de Deus?**

Diga: **Deus sabe tudo a nosso respeito, mesmo as coisas que tentamos esconder. Ele conhece nossas necessidades e sabe como nos sentimos. Deus nos entende mesmo quando nós não nos entendemos. Ele nos conhece o bastante para nos ajudar a escolher o que é certo e a viver da melhor maneira possível. Deus nos conhece por dentro e por fora. E não se esqueçam—Deus nos ama!**

ISSO DÁ CERTO!

Cole um pedaço de fita adesiva atrás dos pratos e prenda-os na parede. Distribua folhas de papel criativo para as crianças recortarem corpos que serão colados nas "cabeças". Vocês terão o retrato da classe na parede.

PERSEVERANÇA NAS DIFICULDADES

6 A 12 ANOS

HEBREUS 12.1-3

Atividade: As crianças farão bandeiras quadriculadas com os nomes de heróis da Bíblia para lembrá-las de que eles torcem por nós.

Material: retângulos de tecido branco brilhante, tinta guache preta, quadrados de 3cm de esponja, CD markers, folhas de jornal, fita adesiva.

Preparação: Corte o tecido em retângulos de 13x23cm. Corte a esponja em quadrados de 3cm. Proteja o local de trabalho com folhas de jornal e deixe ali vasilhas rasas com tinta preta.

FAZER é FÁCIL

RODEADOS DE HERÓIS

Ensino Bíblico: Seja um herói da fé para Deus.

1. Proteja as beiradas do tecido com fita adesiva, para não desfiarem.

2. Deixe o lado brilhante do tecido para cima. Começando pelo topo direito do tecido, carimbe (com a esponja) uma fileira de quadrados de tinta preta, deixando um quadrado branco entre eles. Para não borrar, levante a esponja bem reta depois de carimbar o quadrado. Faça outra fileira de quadrados, mas deixe um quadrado branco embaixo do primeiro quadrado preto da esquerda. Continue até que a bandeira esteja coberta de quadrados pretos e brancos.

3. Enquanto a bandeira seca, enrole duas folhas de jornal bem apertado para fazer o mastro da bandeira. Prenda as beiradas do jornal com fita adesiva, para evitar que se desenrolem.

4. Quando a bandeira estiver seca, use um CD marker para escrever os nomes de heróis da Bíblia em alguns quadrados brancos; escreva o seu também. Enrole o lado esquerdo da bandeira no lado mais grosso do mastro. Com fita adesiva, prenda a beirada do tecido nas costas da bandeira.

CONEXÃO GAROTADA

Reúna a classe para a leitura de Hebreus 12.1-3. Pergunte:

- **Existem coisas difíceis para você fazer? O quê?**
- **Como as pessoas incentivam você nessas coisas difíceis?**
- **Que tipo de coisas atrapalham você de servir a Deus?**
- **Quem incentiva você a continuar seguindo a Deus?**

ISSO DÁ CERTO!

Costure as beiradas do tecido, para não desfiarem.

Diga: **Somos servos de Deus, exatamente como os heróis descritos na Bíblia. Quando a situação fica difícil, a ajuda de Deus nos faz prosseguir. Deus ajudou as pessoas dos tempos bíblicos, e ele nos ajuda também. Somos encorajados a realizar o serviço de Deus e participar na corrida da fé ao saber que outros servos dele torcem para que também façamos o melhor para Deus. Seja um herói da fé para Deus e persevere exatamente como os heróis da Bíblia fizeram.** Dê oportunidade para os alunos explicarem por que escolher este ou aquele herói da Bíblia e citar um herói da fé que eles conheçam pessoalmente—alguém da igreja, da família, de entre os amigos.

TIAGO

PENSE ANTES DE FALAR
Tiago 1.19-20

6 A 12 ANOS

Atividade: As crianças farão enfeites em formato de boca para canudinhos.

Material: retângulos de 8x10cm de borracha EVA rosa ou vermelha, cartolina, tesoura, canudinhos, CD markers, fita adesiva.

Preparação: Desenhe moldes de bocas em vários pedaços de cartolina para as crianças copiarem. Prepare uma área de trabalho ampla para as crianças desenharem e recortarem na EVA.

FAZER é FÁCIL

MINHA BOCA É UM TÚMULO

Ensino Bíblico: Deus quer que pensemos antes de falar.

1. Trace o molde de boca num pedaço de borracha EVA e recorte-o.

2. Dobre a boca no meio e, com a tesoura, faça dois cortes horizontais pequenos, um no lábio superior e outro no inferior.

3. No lábio superior, escreva: "Pense antes de falar". Enfie um canudo nos lábios, e prenda-o atrás, com fita adesiva.

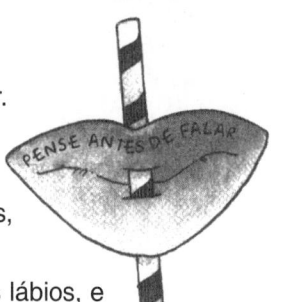

CONEXÃO GAROTADA

Quando as crianças terminarem os enfeites de canudinho, reúna a classe. Apresente ou recapitule os versículos. Pergunte:

- O que acontece quando você fala sem pensar?
- Como você se sente quando magoa uma pessoa?
- Como podemos nos lembrar de pensar antes de falar?

Diga: A Bíblia ensina que Deus nos manda prestar atenção ao que falamos. É fácil "perder os cadernos" e dizer coisas só da "boca pra fora". Deus quer que tenhamos domínio próprio para ouvir mais e falar menos. Ao usarmos os canudinhos, vamos olhar bem para os lábios e lembrarmos de pensar antes de falar.

ISSO DÁ CERTO!

Ofereça suco para as crianças, e deixem que usem seus canudinhos.

MOLDE DE BOCA

SUA FÉ EM AÇÃO
TIAGO 2.14-17
8 A 12 ANOS

Atividade: As crianças farão cartazes vivos retratando atos de fé.

Material: folhas de cartolina, canetas hidrográficas/giz de cera, tesouras.

Preparação: Limpe um espaço no chão para os alunos trabalharem. Coloque o material no meio deste espaço. Divida a classe em grupos de 2-3 crianças. Antes de começar, peça aos alunos para sugerirem atitudes que mostrem que eles crêem em Deus. Por exemplo, tratar bem os animais, dividir coisas com os outros, ajudar os pais ou professores são comportamentos que demonstram amor e fé em Deus.

FAZER é FÁCIL

CARTAZES VIVOS E ATIVOS

Ensino Bíblico: Nossas ações provam nossa fé em Deus.

1. Em um pedaço de cartolina, desenhe um cenário que mostre como você e seu companheiro podem colocar a fé em ação. Faça desenhos grandes. Recorte círculos para que suas mãos, pés, pernas ou rosto sejam mostrados. Se precisarem, peçam a ajuda de um adulto. Por exemplo, vocês podem desenhar duas pessoas uma do lado da outra, e recortar círculos para o rosto e as mãos. Vocês encenam um compartilhando ou entregando um brinquedo para o outro. Se quiserem, desenhem uma criança e um animalzinho de estimação e recortem círculos para os rostos e círculos para as mãos da criança. Vocês encenam a criança cuidando do animalzinho.

2. Pintem e completem seu cartaz.

3. Enfie suas mãos (ou pernas ou rosto) pelos círculos e coloque sua fé em prática, juntamente com seu parceiro.

ISSO DÁ CERTO!

Incentive os alunos a por a criatividade para funcionar, e usar seus corpos de maneiras surpreendentes nos cartazes. Por exemplo, os braços não precisam mesmo ser braços—podem ser as folhas de uma flor, as pernas de um animal ou os ponteiros de um relógio. Rostos podem ser flores ou animais, e assim por diante. Circule pela classe e, se necessário, ajude as duplas a escolher cenários que usem uma variedade de tamanhos e locais para os círculos.

CONEXÃO GAROTADA

Quando as crianças terminarem seus cartazes, reúna a classe e cartazes junto de você. Apresente ou recapitule os versículos. Pergunte:

• **O que Deus quer que façamos com nossa fé?**

• **Se cremos mesmo em Deus, como devemos agir? Citem alguns exemplos.**

Diga: **Nossas ações geralmente são exemplos mais eficientes que nossas palavras. Se dizemos que somos cristãos, temos de nos comportar como cristãos. Se afirmamos que amamos a Deus, porém somos maldosos com os outros, por exemplo, a Bíblia afirma que nossa fé é morta. Se dizemos que cremos em Deus, então vamos agir de acordo! Não seja um defunto—prove que você está vivo, com suas atitudes!** Dê oportunidade para os alunos porem os cartazes vivos em ação. Enquanto uma dupla encena, o restante da classe tenta adivinhar o que a fé está pondo em ação. Quando todas as duplas tiverem exibido seu cartaz vivo, deixe os alunos explicar como irão, durante a semana, exercitar a fé em Cristo.

1PEDRO

ELE TEM CUIDADO DE VOCÊS
1PEDRO 5.7
6 A 12 ANOS

Atividade: As crianças farão cartazes das preocupações.

Material: cartolina azul ou branca, papel criativo marrom e verde, tesouras, giz de cera, cola, clipes de papel.

Preparação: Corte a cartolina em retângulos de 30 x 45cm. Deixe todo o material à disposição das crianças. Recorte moldes de árvores, caso algumas crianças prefiram copiar do que desenhar suas próprias árvores.

FAZER é FÁCIL

ÁRVORE DO DESCANSO
Ensino Bíblico: Lance sobre Jesus toda a sua ansiedade.

1. Desenhe uma árvore grande (tronco de 20x27cm) no papel marrom e recorte-a. Ela deve ter pelo menos cinco galhos grandes. Cole a árvore no retângulo de cartolina.

2. Recorte cinco folhas grandes de qualquer formato. Nas folhas, escreva ou desenhe coisas que lhe causam ansiedade ou preocupação.

3. Enganche os clipes nas folhas. Prenda as folhas nos galhos da árvore. No cartaz, escreva: "Lance sobre Jesus as suas preocupações".

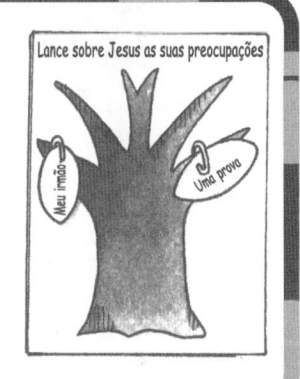

CONEXÃO GAROTADA

Quando as árvores estiverem prontas, leia 1Pedro 5.7. Pergunte:
- **O que lhe causa preocupação nesta vida?**
- **O que a Bíblia nos manda fazer com as preocupações e ansiedades?**
- **Como você se sentiria se não tivesse nenhum tipo de preocupação?**

Diga: **Deus se interessa muito por nós e quer que sejamos felizes e, por isso, diz para lançarmos sobre ele todas as nossas ansiedades porque ele tem nos ajudado. Vamos entregar, em oração, as nossas preocupações a Deus. Olhe para sua árvore da ansiedade e decida qual é sua maior preocupação. Em silêncio, peça que Deus leve essa ansiedade para bem longe de você. Vire a folha de maneira que a ansiedade fique escondida.** As crianças continuam até que todas as folhas estejam viradas.

Cada vez que nos sentirmos ansiosos, vamos nos agarrar na certeza de que Deus está sempre pronto a nos ajudar. Se você tiver qualquer outra preocupação, pendure-a em sua árvore e peça que Deus a leve para bem longe. Lembre-se de sempre lançar sobre Deus toda a sua ansiedade.

ISSO DÁ CERTO!

Faça uma árvore da vida bem grande para a sala. Deixe que as crianças pendurem nela seus pedidos de oração, preocupações e alegrias da semana. Quando orarem por uma preocupação, as crianças viram a folha. Os pedidos de oração que forem respondidos também podem ser virados.

2 PEDRO

O CRESCIMENTO CRISTÃO
2 PEDRO 1.3-9

8 A 12 ANOS

Atividade: As crianças farão espetinhos de frutas.

Material: palitos de churrasco, marias-moles cortadas em quadrados de 3cm, frutas picadas (maçã, banana, abacaxi, uva, morango, melão, laranja), pratos de papel, guardanapos/toalhas de papel.

Preparação: Deixe todo o material à disposição das crianças. Lembre-as de lavar as mãos antes de começar o projeto.

FAZER é FÁCIL

RECEITA DE CRESCIMENTO CRISTÃO

Ensino Bíblico: Deus supre todas as nossas necessidades.

1. Enfie um quadrado de maria-mole no palito.
2. Acrescente as sete frutas em qualquer ordem.

TESTE DE ALERGIA

Esteja ciente de que algumas crianças podem ser alérgicas a algum alimento. Conheça bem seus alunos; converse com os pais. Leia cuidadosamente os rótulos dos produtos usados; ingredientes "acima de qualquer suspeita" podem causar alergias gravíssimas, ou outros problemas.

CONEXÃO GAROTADA

Quando os espetinhos ficarem prontos, leia o texto bíblico. Pergunte:

• Por que você acha que Deus escreveu na Bíblia uma receita para o nosso crescimento?

Diga: **Deus nos providencia tudo o que precisamos para ser cristãos fortes, saudáveis. Só precisamos saber o que Deus quer. Vamos checar a lista na Bíblia e trocar exemplos com um companheiro. Divida a classe em duplas.** Para cada "ingrediente", dê tempo para as crianças citarem um exemplo e comerem um pedaço de fruta do espetinho. **Fé.** Conte ao seu parceiro em que você tem fé. **Virtude.** Conte sobre uma coisa boa em sua vida. **Conhecimento.** Conte sobre algo que aprendeu. **Domínio próprio.** Conte sobre uma ocasião em que teve de parar uma coisa errada que estava fazendo. **Perseverança.** Conte sobre uma ocasião em que pensou em desistir, mas não desistiu. **Piedade.** Conte o que você pode fazer para mostrar que ama a Deus. **Fraternidade.** Conte sobre uma ocasião em que você foi gentil com um amigo.

1 JOÃO

DEUS NOS PERDOA
1João 1.9
4 a 8 anos

Atividade: As crianças farão marcas do perdão como lembretes de que Jesus nos perdoa.

Material: toalha de plástico, creme de barbear, tinta guache vermelha, papel sulfite, canetas, toalhas de papel, jalecos/camisetas velhas, bacia com água e sabão, saco de lixo.

Preparação: Disponha o material. Deixe a água com sabão e as toalhas de papel ao alcance das crianças. Cubra a mesa (ou chão) com a toalha de plástico.

FAZER é FÁCIL

MARCAS DO PERDÃO
Ensino Bíblico: Jesus sempre nos perdoa quando pedimos perdão.

1. Vista o jaleco. Depois que um líder espremer creme de barbear no plástico à sua frente, espalhe bem a espuma com os dedos. Um líder vai pingar duas gotas de tinta vermelha no creme de barbear. Misture bem e cubra um espaço (no plástico) do tamanho de uma folha de papel.

2. No meio da "tinta", faça um desenho, que simboliza o perdão, como uma cruz ou um coração, por exemplo. Lave e seque bem as mãos. Pegue uma folha de papel sulfite e escreva seu nome em um dos lados. Com cuidado, pressione o outro lado do papel no desenho (seu nome ficou virado para você). Retire o papel cuidadosamente por uma das pontas e leve para secar.

3. Retire todo o creme de barbear das mãos e jogue no lixo. Limpe suas mãos e sua área de trabalho com água e papel toalha.

CONEXÃO GAROTADA

Reúna a classe. Chame um voluntário para ler 1João 1.9. Pergunte:
- **O que significa confessar os pecados?**
- **O que significa purificar uma coisa?**
- **Você já teve de pedir perdão a alguém? O que aconteceu?**
- **Como você se sente quando alguém o perdoa?**

Diga: Jesus promete nos perdoar quando confessamos nossos pecados. Nosso projeto de hoje se chama Marcas do Perdão. Vocês começaram com uma pocinha branca. Depois, alguém pingou tinta nela. Isso aconteceu para mostrar que, às vezes, fazemos coisas erradas. Depois, vocês limparam toda a sujeira do plástico; é assim que acontece com Jesus. Ele nos perdoa e deixa limpinhos de novo. O desenho que vocês fizeram é um lembrete de que Jesus nos perdoa quando lhe pedimos perdão.

ISSO DÁ CERTO!

Pense em fazer Conexão Garotada enquanto as crianças realizam o projeto.

O creme de barbear rende mais do que você pensa. Um punhado do tamanho de uma bola de pingue-pongue é mais que suficiente para cada aluno. Muito creme de barbear significa mais trabalho na hora da limpeza.

2 JOÃO

AMEM UNS AOS OUTROS
2João 5-6

8 A 12 ANOS

Atividade: As crianças farão adesivos da amizade com mensagens escondidas para encorajar outras pessoas.

Material: revistas velhas, tesouras, papel manteiga, mistura de cola, pincéis, sacos de plásticos que fechem bem ou envelopes, copinhos descartáveis.

Preparação: Para acelerar o processo, recorte uma boa quantidade de letras e palavras de revistas antigas. Misture duas colheres de sopa de cola branca e uma de vinagre branco; armazene bem fechado até a hora da aula. Na hora do projeto, despeje a mistura em copinhos descartáveis. Essa quantidade é suficiente para dez crianças. Corte quadrados de papel manteiga para a secagem dos adesivos.

FAZER é FÁCIL

GRUDE COM AMOR

Ensino Bíblico: Deus nos manda amar uns aos outros.

1. Pense em alguém a quem você queira encorajar ou mostrar o amor de Deus. Escolha, nas revistas, três ou quatro figuras pequenas que você acha que seriam do agrado da pessoa. Recorte também letras ou palavras que expressem uma mensagem simples para a pessoa, como: "O máximo" ou "Amigos".

2. Passe uma camada fina da mistura nas costas de cada figura ou palavra.

3. Deite as figuras no papel manteiga, para secar, com o lado da cola para cima.

CONEXÃO GAROTADA

Enquanto os adesivos secam, reúna a classe no local do ensino. Chame um voluntário para ler 2João 5-6. Pergunte:

• O que estes versículos nos mandam fazer?
• O que significa "andar em amor"?
• De que maneira podemos mostrar amor pelas pessoas que nos rodeiam?

Diga: **Deus quer que amemos uns aos outros. Há muitos jeitos de mostrarmos o amor de Deus às pessoas. Vocês podem convidar alguém para brincar junto com sua turma; se uma pessoa estiver triste, seja gentil ao conversar com ela ou dê-lhe um presentinho. Hoje nós fizemos adesivos especiais para presentearmos alguém. Quando entregar os adesivos à pessoa, explique que há uma mensagem especial escondida no envelope.**

ISSO DÁ CERTO!

Permita que as crianças também façam adesivos para si mesmas. Se quiserem, podem desenhar seus próprios adesivos. Se as crianças tiverem interesse, dê-lhes a receita da cola, para que possam fazer adesivos em casa.

3 JOÃO

IMITEM O QUE É BOM
3João 11
4 a 12 anos

Atividade: As crianças pintarão e imprimirão desenhos como lembretes para imitarem o que é bom.

Material: papel sulfite/papel criativo, canetas hidrográficas, tinta guache, pincéis, jalecos/camisetas velhas.

Preparação: Forre a mesa com folhas de jornal, e coloque o material à disposição das crianças. Se não houver pia na sala, providencie uma bacia com água e sabão e também toalhas de papel para uma limpeza rápida.

FAZER é FÁCIL

IMITAÇÃO PURA!

Ensino Bíblico: Deus fica contente quando imitamos o que é bom.

1. Proteja a roupa com o jaleco/camiseta velha. Dobre uma folha de papel no meio, de maneira que se abra como um livro. Junte-se a um colega e pensem em atitudes boas que vocês viram em algumas pessoas, coisas que vocês acham que também poderiam fazer. No lado de fora dos seus "livros", escrevam uma lista pequena das coisas boas que querem imitar. Depois, enfeitem a lista.

2. Abram o papel e façam uma pintura simples no lado direito da folha. Antes de a tinta secar, feche o papel e aperte-o cuidadosamente sobre a pintura. Abra o papel bem devagar para ver o que aconteceu com sua pintura. Ela foi copiada—imitada! Deixe a pintura secando.

CONEXÃO GAROTADA

Enquanto a pintura seca, reúna a classe. Pergunte:

• Vocês acham que é bom ou ruim imitar alguém? Por quê?

Diga: **João, um dos discípulos de Jesus, escreveu três cartas para ajudar os cristãos de todos os lugares a amar a Deus e ao próximo.** Chame um voluntário para ler 3João 11 em voz alta. Pergunte:

• **Quando é bom imitar alguém?**

• **O que você acha que Deus quer nos ensinar com este versículo?**

Diga: **Jesus é amor, e tudo o que ele faz é bom. Ele quer que sejamos iguais a ele. Então, ele fica muito contente quando fazemos coisas boas também. João escreveu esse versículo para nos incentivar a fazer coisas boas, e esquecer as ruins. Portanto, se você observar alguém fazendo o que é certo, imite a pessoa. Deus vai ficar feliz em ver que você é um desses imitadores! Deus fica muito contente quando copiamos o que é bom.**

ISSO DÁ CERTO!

Mostre algumas das pinturas e enfatize que as cópias ou "imitações" foram feitas quando um lado do papel foi apertado contra o desenho original. Elogie todas as crianças pelo trabalho realizado. Diga-lhes para imitar tudo o que é bom—e ser cópias e imitadores de Jesus!

JUDAS

LEMBRANÇAS DA FÉ
6 A 12 ANOS

JUDAS 17-23

Atividade: As crianças farão leques como lembretes de cada aspecto de sua fé.

Material: molde de leque (p. 211) em papel cartão, tesouras, fio de lã, furador de papel, canetas hidrográficas.

Preparação: Faça uma cópia do molde (p. 211) em papel cartão para cada aluno. Corte o fio de lã em pedaços de 15cm. Entregue a cada aluno um molde de leque, tesouras e canetas hidrográficas.

FAZER é FÁCIL

LEQUE DA FÉ

Ensino Bíblico: Saber no que cremos nos ajuda a continuar firmes.

1. Recorte as partes do leque e enfeite um de seus lados com canetas hidrográficas.

2. No outro lado, escreva o que você acredita sobre Jesus. Por exemplo: "Creio que Jesus morreu na cruz por mim".

3. Perfure a ponta estreita de cada parte. Passe cada parte do leque no fio e amarre de leve.

4. Fure o meio de cada parte do leque. Passe cada parte do leque no fio e amarre de leve, de modo que o leque se abra o necessário para que as partes continuem se sobrepondo.

CONEXÃO GAROTADA

Recapitule a carta de Judas. Chame alguns voluntários para a leitura dos versículos 17-23. Pergunte:

- **Judas nos adverte sobre algumas coisas. O quê?**
- **Por que é importante nos lembrarmos do que cremos?**
- **Às vezes você se esquece de que é seguidor de Cristo? Quando?**

Diga: Judas avisa para mantermos nossa fé firme e forte, pois ela nos protege da maldade que existe no mundo. Os leques serão um lembrete das coisas que Deus pede para vocês se lembrarem aonde quer que vão. Quando a situação estiver difícil, abra seu leque e lembre-se das coisas maravilhosas que Deus faz por você. Use o leque para falar de Jesus aos amigos. Os leques também refrescarão vocês, deixando-os com mais energia, e gente com energia é gente firme e forte. Deus quer que permaneçamos firmes na fé. Saber no que cremos nos ajuda a permanecer firmes.

ISSO DÁ CERTO!

Escrevam uma declaração de fé em Jesus para a classe toda. Por exemplo: "Eu creio que Jesus é o Filho de Deus". Num pedaço grande de papel, escreva a declaração para as crianças copiarem em seus leques.

MOLDE DE LEQUE

APOCALIPSE

JESUS QUER ENTRAR
APOCALIPSE 3.20

4 A 8 ANOS

TESTE DE ALERGIA

Esteja ciente de que algumas crianças podem ser alérgicas a algum alimento. Conheça bem seus alunos; converse com os pais. Leia cuidadosamente os rótulos dos produtos usados; ingredientes "acima de qualquer suspeita" podem causar alergias gravíssimas, ou outros problemas.

Atividade: As crianças farão e comerão um lanche para saber que Jesus quer ser nosso melhor amigo.

Material: pratos de papel, bolachas de maisena, glacê (ver p. 5)/creme chantilly, colheres, granulado colorido, copinhos descartáveis, guardanapos.

Preparação: Coloque um prato de papel com duas bolachas de maisena para cada criança. Disponha o glacê, as colheres e copinhos de granulado ao alcance das crianças.

FAZER é FÁCIL

TOQUE, TOQUE!

Ensino Bíblico: Jesus quer ser o nosso melhor amigo.

1. Espalhe uma colher cheia de glacê no meio do prato, formando um quadrado. A quantidade deve ser do tamanho das duas bolachas. Com o granulado colorido, faça o formato de um coração no meio do glacê branco.

2. Com cuidado, coloque as duas bolachas lado a lado em cima do glacê como se fossem uma porta de duas abas. Faça maçanetas pequenas e janelas com pingos de glacê. Não coma ainda!

CONEXÃO GAROTADA

Reúna as crianças e as portas de bolacha. Leia Apocalipse 3.20. Pergunte:

- Quando um amigo bate à porta de sua casa, o que você faz?
- O que você faz quando um amigo visita você em sua casa?

ISSO DÁ CERTO!

Tenha bolachas extras para acabarem com o glacê!

Diga: **Esses versículos dizem que Jesus quer ser nosso amigo. Vamos fazer de conta que somos Jesus e bater gentilmente à porta de biscoitos que vocês fizeram.** Mostre às crianças como abrir as portas e descobrir o coração de glacê. **Quando você convida Jesus para ser seu amigo, ele aceita imediatamente. Ele quer ficar perto de você, exatamente como um amigo que aparece na sua casa pra lanchar e brincar. Vamos comer nosso lanchinho agora e agradecer a Jesus por querer ser nosso amigo.**

O CÉU NOS ESPERA

6 A 12 ANOS

Apocalipse 21.1-22.6

Atividade: As crianças farão colagens celestiais.

Material: papel criativo, cola, tesouras, cola com glitter, adesivos de estrelas douradas e prateadas, uma variedade de itens de colagens, tais como papel de presente dourado e prateado, papel de seda colorido, pedaços de fita de seda, fitilhos, renda, miçangas de vidro, bijuterias adesivas.

Preparação: Estude o texto bíblico e escolha os versículos que irá ler para a classe. Esteja preparado para ler os versículos antes de as crianças começarem o projeto e enquanto trabalham nele. Disponha todo o material na área de trabalho, menos os adesivos de estrelas.

FAZER é FÁCIL

É UM BRILHO SÓ

Ensino Bíblico: Jesus nos espera para viver com ele no Céu.

1. Feche os olhos e escute a descrição que a Bíblia faz do Céu. Imagine como o Céu deve ser e como você vai se sentir quando chegar lá.

2. Enquanto o líder lê novamente alguns versículos sobre o céu, cole numa folha de papel criativo os itens das colagens, formando um desenho que represente o Céu para você.

3. Converse com um colega ao lado sobre o motivo de você querer ir para o Céu.

CONEXÃO GAROTADA

Enquanto as crianças dão o retoque final em suas colagens celestiais, pegue os adesivos de estrelas.

Diga: **Ninguém sabe exatamente como é o Céu. Quando lemos o Apocalipse, temos de usar a imaginação, e nada mais. Porém, sabemos que o Céu é um lugar belíssimo e alegre. Vamos ouvir a leitura de Apocalipse 21.4, e depois vocês irão me dizer quatro coisas que não existirão no Céu.**

Chame um voluntário para ler o versículo. Pergunte:

• **Quais são as quatro coisas que não existirão no Céu?**

• **Como será que é viver num lugar assim?**

Diga: **Há muita coisa maravilhosa nos aguardando no Céu! Vamos louvar a Deus por ter criado um lugar tão maravilhoso para nós. Quando eu chamar seu nome, louve a Deus dizendo algo assim: "Deus, o senhor é tão bom!" ou "Jesus, obrigado por nos prometer o Céu!" Eu vou lhes entregar estrelas douradas e prateadas para vocês acrescentarem à colagem. Ao admirar sua colagem, lembre-se de adorar a Jesus por ele estar esperando você para viver com ele no Céu para todo o sempre.**

ISSO DÁ CERTO!

Toque música de louvor e adoração enquanto você lê os versículos e as crianças trabalham.

SUMÁRIO

TEMAS E PASSAGENS BÍBLICAS

GÊNESIS
Deus criou o mundo
 Gênesis 1.14-19 6
Deus criou o mundo
 Gênesis 1.20-31; 2.15 7
Noé constrói a arca
 Gênesis 6.9-22 8
A construção da torre de Babel
 Gênesis 11.1-9 10
O pacto de Deus com Abraão
 Gênesis 15.5-6 12
Isaque e Rebeca se casam
 Gênesis 24.1-4, 10-27 13
O sonho de Jacó em Betel
 Gênesis 28.10-22 14
Os sonhos estranhos de José
 Gênesis 37.3-4 15

ÊXODO
Deus protege Moisés
 Êxodo 2.1-10 16
Moisés encontra Deus no
 arbusto em chamas
 Êxodo 3.1-10 17
Os israelitas atravessam o Mar Vermelho
 Êxodo 14.21-31 18
O cântico de Miriã
 Êxodo 15.19-21 19
Deus envia codornizes e maná
 Êxodo 16.11-21, 31, 35 20
Deus entrega os Dez Mandamentos
 Êxodo 19.3-6a; 20.1-17 21
A arca da aliança
 Êxodo 25.10-22 22

LEVÍTICO
Deus escolhe sacerdotes para servi-lo
 Levítico 8.7-13 23
O bode expiatório
 Levítico 16.6-18 24

NÚMEROS
Moisés envia espiões à Terra prometida
 Números 13 25
Moisés envia espiões à Terra prometida
 Números 13.33 26
O lembrete de Deus
 Números 15.37-41 27
Moisés e a serpente de bronze
 Números 21.6-20 28
A jumenta de Balaão falou
 Números 22.21-38 29

DEUTERONÔMIO
Deus ordena que o povo
 recorde sua Palavra
 Deuteronômio 6.4-8 31

Deus ajuda Israel a conquistar
 a Terra Prometida
 Deuteronômio 7 32

JOSUÉ
Deus vence Jericó
 Josué 6.1-21 33
O sol dá uma parada
 Josué 10.1-15 34

JUÍZES
Débora se responsabiliza pela batalha
 Juízes 4.1-16 35
Deus e Gideão vencem a batalha
 Juízes 7 36

RUTE
Rute é fiel
 Rute 1.1-18 37
Rute se casa com Boaz
 Rute 2.2-23 38

1SAMUEL
Saul se torna rei
 1Samuel 9.25-10.1 39
Deus escolhe Davi para o lugar de Saul
 1Samuel 16.1-13 40
Davi vence Golias
 1Samuel 17 41
Jônatas avisa Davi
 1Samuel 20 42

2SAMUEL
Davi se torna rei
 2Samuel 2.1-7 43
Davi é bondoso com Mefibosete
 2Samuel 9 44

1REIS
Salomão reina com sabedoria
 1Reis 3.5-15; 4.29-30 45
A rainha de Sabá visita Salomão
 1Reis 10.1-13 46

2REIS
Deus cura Naamã da lepra
 2Reis 5.1-16 47
Ezequias remove os ídolos
 2Reis 18.1-7 48

1CRÔNICAS
A oração de Jabez
 1Crônicas 4.9-10 49

2CRÔNICAS
Josafá confia na vitória de Deus
 2Crônicas 20.1-30 50

ESDRAS
Trabalhar para Deus
 Esdras 3.1-6; 6.12 51

Esdras se dedica ao estudo da Palavra
 Esdras 7.6, 10 52

NEEMIAS
Neemias reconstrói o muro
 Neemias 2.11-20 53
A dedicação dos muros de Jerusalém
 Neemias 12.27-43 54

ESTER
Ester se torna rainha para
 salvar seu povo
 Ester 2.1-18 55
Ester e o decreto do rei
 Ester 3.10-12; 8.8 56
Ester salva seu povo
 Ester 4.10-17 57

JÓ
Jó continua fiel no sofrimento
 Jó 1.1-2.10; 42.10-17 58

SALMOS
Quem se alegra em Deus é abençoado
 Salmo 1.1-6 59
Os céus são obras das mãos de Deus
 Salmo 8 60
Somos ovelhas de Deus
 Salmo 23 61
A Bíblia nos dá sabedoria
 Salmo 119.96-106 62
Deus nos protege sempre
 Salmo 121 63
Vamos todos louvar a Deus!
 Salmo 150 64

PROVÉRBIOS
A sabedoria vence
 Provérbios 2.1-15 65
Confie no Senhor
 Provérbios 3.5-6 67

ECLESIASTES
Somente Deus nos satisfaz
 Eclesiastes 2.24-26 68
Um tempo para cada coisa
 Eclesiastes 3.1-8 69

CÂNTICO DOS CÂNTICOS
O amor eterno de Deus
 Cânticos 2.11-13 71

ISAÍAS
O perdão de Deus
 Isaías 1.18 72
Deus nos chama pelo nome
 Isaías 43.1 73

JEREMIAS
Na casa do oleiro
 Jeremias 18.1-17 74

Os planos de Deus para nós
  Jeremias 29.11 75
LAMENTAÇÕES
As misericórdias de Deus
  nunca terminam
  Lamentações 3.22-23 76
EZEQUIEL
A glória de Deus
  Ezequiel 1.25-28 77
DANIEL
Daniel interpreta um sonho
  Daniel 2.1-28 78
Os amigos de Daniel são
  protegidos na fornalha ardente
  Daniel 3 79
Escrito na parede
  Daniel 5 80
Deus protege Daniel na cova dos leões
  Daniel 6.1-23 81
OSÉIAS
Conheçamos e reconheçamos o Senhor
  Oséias 6.3 82
JOEL
Deus derramará seu Espírito
  Joel 2.28-29 83
AMÓS
Só Deus pode nos transformar
  Amós 9.11-15 84
OBADIAS
Deus manda Edom ser humilde
  Obadias 1.1-21 85
JONAS
Jonas aprende uma lição
  Jonas 1-2 86
Jonas aprende uma lição
  Jonas 1.1-3.3 88
Jonas reclama da compaixão de Deus
  Jonas 4.5-11 89
MIQUÉIAS
Deus promete remover nossos pecados
  Miquéias 7.19 90
NAUM
Deus nos oferece paz
  Naum 1.15 91
HABACUQUE
Habacuque reclama do castigo de
  Deus sobre o povo
  Habacuque 1.12-17 92
SOFONIAS
Deus dá esperança a seu povo
  Sofonias 3 94
AGEU
Deus promete usar Zorobabel
  Ageu 1.1-2.9 95
ZACARIAS
O Senhor vem e reina
  Zacarias 14.20-21 96

MALAQUIAS
Deus está chegando
  Malaquias 4.1-3 97
Deus promete alegria na vinda do Messias
  Malaquias 4.2 98
MATEUS
Os sábios encontram Jesus
  Mateus 2.1-12; Lucas 2.1-20 100
Jesus é batizado
  Mateus 3.13-17; Marcos 1.9-11;
  Lucas 3.21-22 101
Jesus ensina as bem-aventuranças
  Mateus 5.1-11 102
Jesus ensina que somos sal e luz
  Mateus 5.13-16 104
Jesus nos ensina a orar
  Mateus 6.5-15; 7.7-11 106
Jesus anda sobre a água
  Mateus 14.25-33; Marcos 6.45-52;
  João 6.16-21 107
Perdoar setenta vezes sete
  Mateus 18.21-35 108
O povo fica alegre com
  Jesus em Jerusalém
  Mateus 21.1-11; Marcos 11.1-11;
  Lucas 19.28-44; João 12.12-19 109
A última ceia
  Mateus 26.26-30; Marcos 14.12-26;
  Lucas 22.7-38; João 13.1-38 110
MARCOS
Os discípulos seguem a Jesus
  Marcos 1.16-20; Mateus 4.18-22;
  Lucas 5.27-32; João 1.35-51 111
Jesus escolhe seus discípulos
  Marcos 1.16-20; Mateus 4.18-22;
  Lucas 5.27-32; João 1.35-51 113
A parábola da semente de mostarda
  Marcos 4.30-34; Mateus 13.31-32;
  Lucas 17.5-6 114
Jesus cura um cego
  Marcos 10.46-52; Mateus 20.29-34;
  Lucas 18.35-43 115
Jesus observa a oferta da viúva
  Marcos 12.41-44; Lucas 21.1-4 116
Maria leva um presente a Jesus
  Marcos 14.3-9 117
A ressurreição de Jesus
  Marcos 16.1-20; Mateus 28.1-7;
  Lucas 24.1-12; João 20.1-31 118
Anunciando o evangelho em
  todos os lugares
  Marcos 16.15-17; Mateus 28.18-20;
  Lucas 24.44-49 119
LUCAS
O nascimento de Jesus
  Lucas 2.8-20 120
Simeão e Ana saúdam Jesus
  Lucas 2.22-40 121
Jesus cresce
  Lucas 2.41-52 122

Satanás tenta Jesus
  Lucas 4.1-13; Mateus 4.1-11;
  Marcos 1.12-13 123
O construtor sábio e o tolo
  Lucas 6.47-49; Mateus 7.24-29 124
O semeador e as sementes
  Lucas 8.4-15; Mateus 13.1-23;
  Marcos 4.1-20 125
Jesus conta sobre o bom samaritano
  Lucas 10.30-37 127
Jesus visita Maria e Marta
  Lucas 10.38-42 128
Jesus cura a mulher corcunda
  Lucas 13.10-17 129
Jesus procura a ovelha perdida
  Lucas 15.3-7; Mateus 18.10-14 130
Zaqueu sobe numa árvore para ver Jesus
  Lucas 19.1-10 131
JOÃO
Deus habita entre nós
  João 1.4-5 132
Jesus realiza seu primeiro milagre
  João 2.1-10 133
Jesus explica a vida eterna
  para Nicodemos
  João 3.16 134
Jesus conversa com a mulher samaritana
  João 4.1-26 135
Cinco mil pessoas são alimentadas
  João 6.1-15; Mateus 14.15-21;
  Marcos 6.34-44; Lucas 9.10-17 136
Jesus é o pão da vida
  João 6.35 138
Jesus é o bom pastor
  João 10.11-16 139
ATOS
Jesus sobe ao céu
  Atos 1.9-11; Marcos 16.19-20;
  Lucas 24.50-53 140
Jesus envia poder de Deus
  Atos 2.1-4 141
Os cristãos cuidam uns dos outros
  Atos 2.42-47 142
Pedro cura um aleijado
  Atos 3.1-11 143
Enquanto é apedrejado, Estêvão
  perdoa seus inimigos
  Atos 6.9-7.60 144
Filipe testemunha de Jesus ao etíope
  Atos 8.26-40 145
Saulo encontra Jesus perto de Damasco
  Atos 9.1-31 146
Um anjo liberta Pedro da cadeia
  Atos 12.3-19 147
A conversão de Lídia
  Atos 16.11-15 148
O carcereiro de Paulo crê em Jesus
  Atos 16.25-34 149
Áquila e Priscila
  Atos 18.1-3 150

ROMANOS
A graça de Deus é um presente
Romanos 6.23 151
Paulo descreve a vida no Espírito Santo
Romanos 8.15-16 152
O amor de Deus nunca desaparece
Romanos 8.38-39 153
Deus nos faz diferentes
Romanos 9.20-21 154
Anunciemos as boas notícias
Romanos 10.15; Isaías 52.7 155
Amor não se compra
Romanos 13.8-10 156
Desperte para a mensagem de Deus
Romanos 13.11-12 157
Edifique o próximo
Romanos 15.2 158

1CORÍNTIOS
Deus produz a colheita
1Coríntios 3.6-9 159
Jesus é o construtor-chefe
1Coríntios 3.9-15 160
Nosso corpo é o templo de Deus
1Coríntios 6.20 161
Corrida pelo prêmio
1Coríntios 9.24-27 162
Paulo ensina sobre os dons espirituais
1Coríntios 12.12-26 163
Paulo descreve o amor verdadeiro
1Coríntios 13 164

2CORÍNTIOS
Estamos selados
2Coríntios 1.21-22 165
Somos perfume para os outros
2Coríntios 2.14-17 166
Luz na escuridão
2Coríntios 4.4-6 167
Nova criação
2Coríntios 5.17 168
Somos embaixadores de Cristo
2Coríntios 5.20 169
Oferte com alegria
2Coríntios 9.7-8 170

GÁLATAS
Filhos e filhas de Deus
Gálatas 3.26-29 171
Ame o seu próximo
Gálatas 5.13-15 172
O fruto do Espírito
Gálatas 5.22-26 173
Faça o bem a todos
Gálatas 6.7-10 174

EFÉSIOS
Escolhidos por Deus
Efésios 1.3-6 175
Selados com o Espírito
Efésios 1.13-14 176
Paulo explica o relacionamento do cristão com Jesus
Efésios 2.8-9 177
Perdoar uns aos outros
Efésios 4.32 178
Viver como filhos da luz
Efésios 5.8-10 179
A armadura de Deus
Efésios 6.10-17 180

FILIPENSES
Ajudando os outros
Filipenses 2.3-4 182
Converse com Deus sobre qualquer coisa
Filipenses 4.6-7 184

COLOSSENSES
Cristo é o cabeça da igreja
Colossenses 1.17-18 185
Unidos em amor
Colossenses 2.2 186
Famílias obedientes a Deus
Colossenses 3.18-21 187
Dediquem-se à oração
Colossenses 4.2-4 189

1TESSALONICENSES
Viver para Deus
1Tessalonicenses 5.19-24 190

2TESSALONICENSES
Permanecer firmes para Deus
2Tessalonicenses 2.15-17 191

1TIMÓTEO
Incentivar e orar
1Timóteo 2.1-4 192
Jovens também servem a Deus
1Timóteo 4.12-13 193

2TIMÓTEO
Paulo instrui Timóteo a ser corajoso para Deus
2Timóteo 2.3-4 194
Paulo incentiva Timóteo a liderar
2Timóteo 3.10-4.8 196

TITO
Somos herdeiros da vida eterna
Tito 3.4-8 197

FILEMOM
A bondade de Filemom reanima os outros
Filemom 4-7 198

HEBREUS
A palavra de Deus é nossa âncora
Hebreus 2.1 199
Somos casa de Deus
Hebreus 3.6 200
Nada fica escondido de Deus
Hebreus 4.12-13 201
Perseverança nas dificuldades
Hebreus 12.1-3 202

TIAGO
Pense antes de falar
Tiago 1.19-20 203
Sua fé em ação
Tiago 2.14-17 204

1PEDRO
Ele tem cuidado de vocês
1Pedro 5.7 205

2PEDRO
O crescimento do cristão
2Pedro 1.3-9 206

1JOÃO
Deus nos perdoa
1João 1.9 207

2JOÃO
Amem uns aos outros
2João 5-6 208

3JOÃO
Imitem o que é bom
3João 11 209

JUDAS
Lembranças da fé
Judas 17-23 210

APOCALIPSE
Jesus quer entrar
Apocalipse 3.20 212
O céu nos espera
Apocalipse 21.1- 22.6 213

Esta obra foi impressa pela Imprensa da Fé

em papel Offset Extraprint 75 g/m² e

cartão Royal 250 g/m² em junho de 2009.
